面向自动驾驶的交通管控理论与方法

郝　威　张兆磊　胡　笳　王正武　段续庭　著

人民交通出版社股份有限公司

北　京

内 容 提 要

本书主要在交通层面阐述面向自动驾驶的交通管控理论与方法的基本概念，并通过案例分析验证相关方法的可行性。本书共7章，主要内容如下：绪论、智能网联混合交通基本图、智能网联混合交通流稳定性、智能网联车辆混合交通安全性、高速公路混合交通流管理方法、城市路网混合交通流管理方法、交通流理论与管控方法新发展。

本书可作为高等院校交通运输类专业研究生和高年级本科生的参考资料，同时也可以作为交通运输规划与管理、交通控制、智能交通等专业领域科研人员的参考书。

图书在版编目(CIP)数据

面向自动驾驶的交通管控理论与方法/郝威等著
.—北京：人民交通出版社股份有限公司，2023.7
ISBN 978-7-114-18759-9

Ⅰ.①面… Ⅱ.①郝… Ⅲ.①汽车驾驶—自动驾驶系统—交通控制—研究 Ⅳ.①U491.5

中国国家版本馆CIP数据核字(2023)第074288号

Mianxiang Zidong Jiashi de Jiaotong Guankong Lilun yu Fangfa

书　　名：面向自动驾驶的交通管控理论与方法
著 作 者：郝　威　张兆磊　胡　箛　王正武　段续庭
责任编辑：郭　跃
责任校对：赵媛媛　魏佳宁
责任印制：张　凯
出版发行：人民交通出版社股份有限公司
地　　址：(100011)北京市朝阳区安定门外外馆斜街3号
网　　址：http://www.ccpcl.com.cn
销售电话：(010)59757973
总 经 销：人民交通出版社股份有限公司发行部
经　　销：各地新华书店
印　　刷：北京虎彩文化传播有限公司
开　　本：787×1092　1/16
印　　张：12.25
字　　数：279千
版　　次：2023年7月　第1版
印　　次：2023年7月　第1次印刷
书　　号：ISBN 978-7-114-18759-9
定　　价：60.00元

前言

随着自动驾驶技术、车联网和人工智能等新兴技术的逐渐成熟，智慧交通的发展迎来重大的变革期，新理论、新方法、新技术如何赋能交通健康发展成为交通领域的研究热点和难点。当前，我国车路协同的发展仍处于初期阶段，相关概念的内涵和外延仍然不清晰，相关理论的有待加深，相关技术的统一性和标准化仍需进一步建设。

随着科技发展，面向自动驾驶的交通管控理论与方法的内容不断丰富与更新，其研究方法和手段也不断升级。著者以国内外面向自动驾驶的交通管控理论与方法的研究成果为基础，结合课题组在该方向的研究积累，完成了本书的撰写，旨在为读者提供近年来前沿的交通管控理论和方法。

本书的特色包括：

(1)注重内容的关联性和系统性。本书以自动驾驶作为研究对象，介绍了混合交通流的基本图、稳定性、安全性等交通流特性，由点及面系统地介绍了高速公路以及城市道路各个场景下的混合交通流管控方法。

(2)注重理论研究与前沿动态相结合。本书基于现有国内外自动驾驶的交通管控理论与方法的研究成果，增加了本团队的理论研究以及未来研究的发展动态，以保证读者能基于传统的交通流理论知识深入学习最新的理论与方法。

(3)注重所提出的交通管控方法的工程应用。本书将理论推导与数值仿真等方法结合，提高读者对理论知识的理解，增加内容的可读性，帮助读者深度理解混合交通流特性对路段及路网的影响。

本书由长沙理工大学郝威教授主持完成，第1～2章由长沙理工大学郝威教授撰写；第3章由长沙理工大学张兆磊博士撰写；第4章由同济大学胡笳教授撰写；第5章由长沙理工大学王正武教授撰写；第6章由长沙理工大学郝威教授撰写；第7章由北京航空航天大学段续庭博士撰写。同时，在资料整理、文献查找和全书校订过程中，得到了硕士研究生梁聪、刘新月、张璐、罗归权、龚雅馨和黄彪等同学的大力支持和帮助，在此谨向参与本书工作的人员致以诚挚的谢意。

本书的出版得到了国家重点研发计划项目(2022YFC3803700)、国家自然科学基金项目

(52172339)、湖南省科技创新计划项目(2022WZ1011)、长沙市科技重大专项(kh2301004)和长沙理工大学交叉学科建设项目的资助。同时,本书在编写的过程中参考了国内外大量的书籍、文献,在此一并表示感谢!

由于作者学识有限,书中难免存在认识不足和疏漏之处,恳请读者批评指正。

著　者

2023年3月

目录

第1章 绪论

随着人工智能、大数据等技术的快速发展,自动驾驶技术的研究被认为是未来汽车行业发展的必然趋势,自动驾驶技术也将从根本上改变未来的出行模式。本章主要对面向自动驾驶的交通管控方法的研究现状、研究意义进行分析。

1.1 自动驾驶简介

自动驾驶汽车又称为无人驾驶汽车、计算机驾驶汽车或轮式移动机器人,是一种通过计算机系统实现无人驾驶的智能汽车。自动驾驶汽车依靠人工智能、视觉计算、雷达、监控装置和全球定位系统协同合作,让计算机可以在没有任何人类主动的操作下,自动安全地操作机动车辆。

自动驾驶技术是对驾驶人在长期驾驶实践中,对环境感知-决策与规划-控制与执行过程的理解、学习和记忆的物化。自动驾驶汽车是一个复杂的软硬件结合的智能自动化系统,运用到自动控制技术、现代传感器技术、计算机技术、信息与通信技术以及人工智能等。

通常根据驾驶人介入的程度和自动控程度不同,将自动驾驶汽车分为若干等级,如国际汽车工程师协会从驾驶操作干预程度、周边环境识别监控、支援、系统作用域几个方面,将自动驾驶等级分为0~5级,共6级,见表1-1。

自动驾驶分级 表1-1

分级	名称	车辆横向和纵向运动控制	目标和事件探测与响应	动态驾驶任务接管	设计运行条件
0级	应急辅助	驾驶人	驾驶人和系统	驾驶人	有限制
1级	部分驾驶辅助	驾驶人和系统	驾驶人和系统	驾驶人	有限制
2级	部分驾驶辅助	系统	驾驶人和系统	驾驶人	有限制
3级	有条件自动驾驶	系统	系统	动态驾驶任务接管用户(接管后成为驾驶人)	有限制
4级	高度自动驾驶	系统	系统	系统	有限制
5级	完全自动驾驶	系统	系统	系统	无限制(排除商业与法规因素等限制)

自动驾驶汽车之所以受到全球各国的重视,国内外各院校、研究机构也都投入了大量的人力、物力、财力,车企、科技公司、汽车零部件供应商以及自动驾驶汽车创业公司也纷纷投入这个领域,其具有以下的价值。

(1)改善交通安全。驾驶人的过失责任是导致交通事故的主要因素。自动驾驶汽车不受人的心理和情绪干扰,保证遵守交通法规,按照规划路线行驶,可以有效地减少人为疏失所造成的交通事故。

(2)实现节能减排。由于通过合理调度实现共享出行,减少了私家车购买数量,车辆绝对量的减少将使温室气体排量大幅降低。

(3)消除交通拥堵,提升社会效率。自动驾驶汽车可以通过提高速度、缩小车距以及选择更有效路线来减少通勤所耗时间。

(4)个人移动更加便利。

(5)拉动汽车、电子、通信、服务、社会管理等协同发展,对促进我国汽车产业转型升级具有重大战略意义。

1.2 自动驾驶交通管控方法研究现状

2019 年 9 月 19 日,中共中央、国务院印发了《交通强国建设纲要》,明确了交通强国建设时间表和八个主要发展方向,提出到 2035 年,基本建成交通强国。2020 年 4 月 20 日,国家发展改革委正式明确了“新基建”的概念和范围,主要包括信息基础设施、融合基础设施、创新基础设施。2020 年 10 月 29 日,中共十九届五中全会通过的《中共中央关于制定国民经济和社会发展第十四个五年规划和二〇三五年远景目标的建议》明确提出加快交通强国建设。国家出台的各项政策为交通产业建设创造了机遇,为交通体系转型指明了新的发展方向。在智能网联环境下,如何发挥网联化、数字化、智能化基础设施的使用效率,高度耦合人、车、路、环境的关联,成为提高国家交通效率的研究热点。智慧交通高速发展脉络如图 1-1 所示。

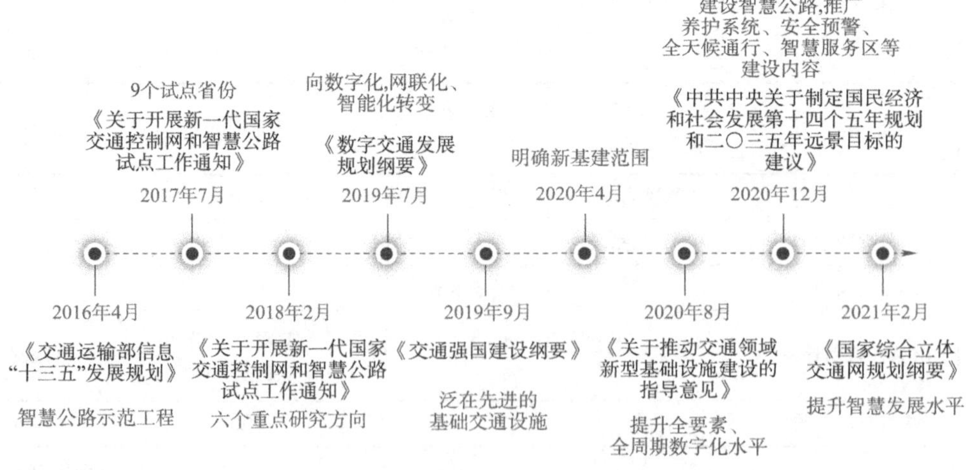

图 1-1 智慧交通高速发展脉络

1.2.1 交通流特性

交通流特性(traffic flow characteristic)定义为交通体系中人流、车流在不同条件下变化规律及其相互关系的定量或定性描述的总和。网联自动驾驶汽车的出现,改变了混合交通流中仅有传统的人工驾驶车辆的局面,因此,对自动驾驶车辆与人工驾驶车辆的行驶特性的分析尤为重要,从而在此基础上总结混合交通流稳定性、安全性等特性。

对于混合交通流稳定性的分析是交通流特性研究的一个重要的方面。目前,混合交通流稳定性分析方法主要有两种:一种是采用现场实验或仿真实验模拟混合交通流运行场景,研究特定环境下车流稳定性变化规律;另一种则主要从控制理论的角度,结合系统稳定性的判定准则进行理论推导分析,得出稳定性条件。混合交通流稳定性研究的一般思路为:分别选择能表征自动驾驶车辆和人工驾驶车辆行驶特性的跟驰模型,基于传递函数理论、李雅普诺夫、根轨迹法等系统稳定性分析方法,研究混合交通流在不同智能网联汽车(Connected Automated Vehicle,CAV)渗透率场景下的稳定性演绎机理。Ward[1]应用传统车辆跟驰模型推导了同质交通流下不同车辆长度的混合交通流稳定性解析框架。在此基础上,Talebpour[2]进一步推导了人工驾驶车辆与自动驾驶车辆的混合交通流稳定性解析框架。李霞等[3]针对搭载不同通信技术的网联车辆与传统人工车辆构成的复杂混合交通流进行了稳定性研究,并通过数值仿真实验进行验证。在此基础上,秦严严等[4]针对 CAV 紧跟人工驾驶车辆(Human-driven Vehicle,HDV)行驶这一常见场景提出了考虑多前车信息反馈的 CAV 优化跟驰模型,并设计仿真实验验证了优化后的 CAV 跟驰模型能有效提升混合交通流稳定性。以上研究均以网联自动驾驶车辆为对象展开研究,而忽略了人工驾驶车辆驾驶人属性和车辆特征对跟车间距有较大影响,因此,CAV 与 HDV 在跟车间距上表现出明显的差异性。任胜利等[5]在全速度差(Full Velocity Difference,FVD)跟驰模型中的车头间距项引入动态参数项,在满足安全车头间距的基础上,提出了一种可变车头间距的车辆跟驰模型来表征不同类型车辆在跟车间距上的差异性,并应用 MATLAB 软件进行仿真实验验证了跟驰模型的稳定性与合理性。以上学者虽然对 CAV 和 HDV 组成的混合交通流进行了深入探讨,但均未考虑驾驶人和车辆通信系统的时间延误。然而,现有研究[6]表明,时间延误对于交通流的稳定性起着至关重要的作用。Wang 等[7]提出了一种用于补偿传感器延迟和执行器延迟来提高自适应巡航控制(Adaptive Cruise Control,ACC)车辆稳定性的超前控制策略,通过估计当前系统状态来补偿传感器延迟时间,将延迟纳入状态预测模型中来补偿执行器延迟。姚志洪等[8]同时考虑时延和智能网联汽车功能退化这两个因素,通过评价车间距、速度、加速度等参数相对于车辆的演变,由此判定混合交通的队列稳定性,通过数值实验分析了网联自动驾驶汽车的渗透率、驾驶人的感知时延和车辆通信时延对于混合交通流稳定性的影响。

对于混合交通流安全性的分析,几十年来对交通安全评估的研究已经产生了大量的统计方法,这些方法可以预测在相对较长的时期内产生的事故数量及其严重程度。交通安全评估依赖于运输机构和执法部门定期收集的高度汇总的数据。根据道路特征和平均交通量估计每年的事故频率,有时通过事故严重程度来衡量。但该方法无法估计在短时间内安全性发生明显变化的某条道路的安全水平,如在 1h 内的安全水平。因此,对交通安全进行评估是一个急需解决的问题。特别是随着智能驾驶等技术的研究和应用,将会给交通状态安全评估带来新的变化。尽管交通事故的数量会逐渐减少,但即使所有人类驾驶人都被机器取代,交通事故也不会消失,仍然会有行人以及自行车与车辆互动。此外,车辆仍然需要与环境进行交互,并且受到车辆动力学的制约,同时,自动驾驶车辆也有其自身缺陷。因此,在未来的环境中,交通事故可能会变得比现在更罕见,但由于环境中存在更高的速度和更小的车辆距离,一旦发生交通事故,可能会更加严重,因此,需要更有效的安全评估方法。

1.2.2 交通管控方法

交通管控即为"交通管理与控制",其主要目的是在最小化改变既有交通基础设施条件下,通过交通法规、政策、设施改造、信号控制等方面的技术手段,实现交通系统的安全、有序、通畅和可持续发展等目标。

对于交通管控方法的研究,大多分为城市道路与高速公路两部分开展。特别是随着车路协同、自动驾驶等技术的迅速发展,考虑到未来的交通流发展趋势必然是自动驾驶车辆与人工驾驶车辆组成的混合交通流,因此,在混合交通流的发展趋势下,如何对高速公路和城市道路进行交通流管控也是当前的一个研究热点。

对于高速公路混合交通流管理,大多针对车道管理方法、匝道合流引导方法、可变限速方法等内容开展研究。为有效解决潮汐式交通拥堵问题,研究学者提出了潮汐车道(High Occupancy Vehicle Lane,HOV);而针对潮汐现象比较严重的路口车辆流向,研究学者们提出了可变车道这一交通管控方法,以提高道路的时空资源利用率;针对自动驾驶车辆逐渐出现在人们视野当中,研究学者提出了自动驾驶专用车道(Connected Automated Vehicle Lane,CAVL)这一概念。

目前,对混合交通流环境下专用车道的研究主要包括以下两个方面:城市路网的专用车道部署[9-12]和高速公路的专用车道部署[13-16]。近几年,在自动驾驶专用车道领域,学者们主要聚焦于专用车道布设策略及其对交通流运行效率的影响两个方面,通过构建混合交通流道路通行能力模型并结合仿真模拟来展开研究。Laan 等基于元胞传输模型研究了一条专用车道对交通流的影响,发现低渗透率下专用车道的布设会导致交通流的恶化,只有当渗透率大于 30% 时,专用车道才有增益效果,车头时距和安全间距越小,则增益效果越大[17]。Xiao 等评估了中低渗透率条件下(小于 50%)HOV 车道转换为专用车道对交通流的影响。作者指出在较低的渗透率(30%)下,专用车道会加重普通车道的拥堵。渗透率为 30% ~50% 时,交通拥堵将极大缓解,同时,出行时间和行车延误也将显著减少[18]。Li 等以双混合车道车流状况为基准,分析了全渗透率范围下布设一条专用车道对交通量的影响程度,得到了与文献[17-18]相似的结果。此外,有部分学者对多车道(车道数≥3)场景下如何布设专用车道以最大化交通量进行了一些研究[19]。

针对面向自动驾驶背景下城市道路交通管控方法研究,大多数以路网作为研究对象开展研究,而因自动驾驶技术的发展产生的自动驾驶专用车道为路网的研究提供了一种新的思路。车道管理问题属于交通网络设计中的子问题,在 CAVL 部署优化研究方面,吴晓东考虑车道的拓宽和 CAVL 的优化部署,提出了用以刻画车道拓宽和 CAVL 优化部署的双层规划模型[12]。其下层为多类用户混合交通流的均衡问题，即 CAV 与 HDV 混行下的交通分配问题，并将其转化为变分不等式问题；上层为道路建设成本和总出行成本之和最小，分别设计了基于可替换路径多用户交通分配算法和改进的 ConstrLMSRBF 算法求解下层问题和上层规划模型。该 CAVL 优化部署模型没有考虑时间价值、能耗和通行能力动态变化。张金金等[20]和赵鑫[21]运用元胞自动机分析了路段 CAVL 设置的必要性和布设条件，研究表明在 CAV 渗透率大于 30% 时，合理布设 CAVL 能够有效提升道路通行能力，并可以显著提高车流的稳定性和安全性。

总之，对 CAVL 优化部署方面的相关研究较少，目前还处于起步阶段探索阶段。在网络均衡方面研究仅仅是考虑路径选择原则的差异，在 CAVL 车道部署方面仅仅是提出了相关概念，缺乏系统的研究。

1.3 自动驾驶交通管控方法研究现状总结

(1)在交通流特性方面，现有研究主要探索了网联自动驾驶汽车对交通流的影响，围绕通行能力、稳定性和安全性三个基本特性展开研究。主要研究方法为理论分析，通过数学推导和仿真实验分析三个基本特性的演变机制。为简化模型，大多数方法都进行了理想化的假设，导致理论结果过于乐观，实车实验也仅仅是小规模的封闭测试，而道路环境复杂，车-路、车-车的交互关系仍然不清晰。未来需要采集大规模的实车数据，充分利用数据分析通行能力、稳定性和安全性三个基本特性。

(2)目前，面向自动驾驶的交通管控方法众多，学科交叉性极强，但方法及技术的共识性、标准化、实用性、统一性、泛化性仍然较差。在车辆工程领域主要研究车辆的控制，利用车辆动力学模型进行车辆的底层控制，而交通工程领域主要研究轨迹规划，在规划层面进行车辆控制。车辆工程领域的控制目标主要在于控制的精准度和稳定性，交通工程领域的控制目标为优化出行效率、安全和能耗。此外，智慧交通领域还涉及自动化控制、通信工程、计算机等专业。在研究对象方向，研究内容大多偏向于车，忽略了智慧道路的建设，导致网联自动驾驶汽车的落地存在较大瓶颈。未来，需要更多地完善道路基础设施，强化车路协同技术，搭建车-路-云一体化的综合交通管控平台。

本章参考文献

[1] WARD J A. Heterogeneity, lane-changing and instability in traffic: A mathematical approach [J]. University of Bristol, 2009.

[2] TALEBPOUR A, MAHMASSANI H S, HAMDAR S H. Effect of information availability on stability of traffic flow: Percolation theory approach [J]. Transportation Research Procedia, 2017, 23: 81-100.

[3] 李霞，汪一戈，崔洪军，等. 智能网联环境下复杂混合交通流稳定性解析[J]. 交通运输系统工程与信息，2020，20(6)：114-120.

[4] 秦严严,王昊. 智能网联车辆交通流优化对交通安全的改善[J]. 中国公路学报,2018,31(4):202-210.

[5] 任胜利,黄益绍,王正武,等. 考虑驾驶员和车型特征的全速度差跟驰模型与控制稳定性[J]. 系统工程,2020,38(6):90-96.

[6] NGODUY D. Analytical Studies on the Instabilities of Heterogeneous Intelligent Traffic Flow[J]. Communications in Nonlinear Science and Numerical Simulation, 2013, 18(10): 2699-2706.

[7] WANG M, HOOGENDOORN S P, DAAMEN W, et al. Delay-compensating Strategy to Enhance String Stability of Adaptive Cruise Controlled Vehicles[J]. Transportmetrica B, 2018, 6(3):211-229.

[8] 姚志洪,顾秋凡,徐桃让,等. 考虑时延的智能网联汽车混合交通流稳定性分析[J]. 控制与决策,2021:1834.

[9] CHEN Z, HE F, ZHANG L, et al. Optimal deployment of autonomous vehicle lanes with endogenous market penetration[J]. Transportation Research Part C, 2016, 72:143-156.

[10] LIU Z, SONG Z. Strategic planning of dedicated autonomous vehicle lanes and autonomous vehicle/toll lanes in transportation networks[J]. Transportation Research Part C: Emerging Technologies, 2019, 106:381-403.

[11] GHIASI A, HUSSAIN O, QIAN Z S, et al. Lane Management with Variable Lane Width and Model Calibration for Connected Automated Vehicles[J]. Journal of Transportation Engineering, Part A: Systems, 2020, 146(3):04019075.

[12] 吴晓东. 多用户均衡条件下的无人驾驶专用道设计问题研究[D]. 合肥:合肥工业大学,2019.

[13] KUMAR A, GUHATHAKURTA S, VENKATACHALAM S. When and where should there be dedicated lanes under mixed traffic of automated and human-driven vehicles for system-level benefits? [J]. Research in Transportation Business & Management, 2020, 36:100527.

[14] LI Y, ZHENG F, CHU F. The Planning of Automated Truck Dedicated Lanes Considering the Traffic Flow Equilibrium[C]//2019 International Conference on Industrial Engineering and Systems Management, September 25-27, 2019, Shanghai, China: IESM, 2019:1-6.

[15] CHEN Z, HE F, ZHANG L, et al. Optimal deployment of autonomous vehicle lanes with endogenous market penetration[J]. Transportation Research Part C: Emerging Technologies, 2016, 72:143-156.

[16] LIU Z, SONG Z. Strategic planning of dedicated autonomous vehicle lanes and autonomous vehicle/toll lanes in transportation networks[J]. Transportation Research Part C: Emerging Technologies, 2019, 106:381-403.

[17] VANDER L Z, SADABADI K F. Operational performance of a congested corridor with lanes dedicated to autonomous vehicle traffic[J]. International Journal of Transportation Science and Technology, 2017, 6(1):42-52.

[18] XIAO L, WANG M, VAN A B. Traffic flow impacts of converting an HOV lane into a dedicated CACC lane on a freeway corridor[J]. IEEE Intelligent Transportation Systems Magazine, 2019, 12(1): 60-73.

[19] LI T, GUO F, KRISHNAN R, et al. Right-of-way reallocation for mixed flow of autonomous vehicles and human driven vehicles[J]. Transportation Research Part C: Emerging Technologies, 2020, 115: 102630.

[20] 张金金, 尹升, 马克, 等. 智能网联环境下 CAV 专用道对道路通行能力的影响[J]. 公路交通科技(应用技术版), 2019, 15(9): 294-297.

[21] 赵鑫. 基于元胞自动机的联网车辆专用车道设置研究[D]. 哈尔滨: 哈尔滨工业大学, 2020.

第2章 智能网联混合交通基本图

随着人工智能及车联网、车路协同等新一代信息技术的深度融合发展,CAV 应运而生,打破了以往传统交通流的状态,HDV 与 CAV 混行模式逐渐普及,这种智能网联汽车与人工驾驶车辆的混合交通流称为异质交通流(以下简称异质流)。异质流的混合特性体现了 CAV 对传统交通流的改善规律,具有前瞻性的理论研究价值及实际研究意义[1]。本章主要针对智能网联混合交通的跟驰状态、车头时距分布特征、混合交通基本图以及通行能力的变化这四部分来介绍 CAV 对传统交通流的改善规律。

2.1 跟驰模型

2.1.1 经典跟驰模型

2.1.1.1 跟驰行为及跟驰特性

车辆跟驰(Car Following,CF)行为是最基本的微观驾驶行为,描述了在限制超车的单行道上行驶车队中相邻两车之间的相互作用。

按交通流密度的大小,在道路上行驶的一队汽车可分成两种运行状态:一种是低密度的情况,车间距大,车队中任一辆车的速度都不受前车的制约,驾驶人可采用自由车速(称为自由行驶状态);另一种是高密度的情况,车间距不大,车队中任一辆车的速度都受前车速度的制约,驾驶人只能按前车所提供的信息采用相应的速度(称为非自由行驶状态)。

非自由行驶状态的车队有以下三个特性。

(1)制约性。

在一队汽车中,跟随前车运行的后车驾驶人总不愿意落后很多,而且紧随前车速度跟驶前进,但从安全角度出发,跟驰车辆要满足两个条件:一是后车的速度不能长时间地大于前车速度,只能在前车速度附近摆动,否则会发生碰撞,这是车速条件;二是前后车之间必须保持一个安全距离,即在前车制动后,两车间有足够的距离,从而有足够的时间供后车驾驶人作出反应,采取制动措施,这是间距条件。显然,速度快时,制动距离长,安全距离也长。紧随条件加上车速条件和间距条件构成了一队汽车跟驰行驶的制约性,即前车速度制约着后车速度和两车之间的距离。

(2)延迟性。

从跟驰车队的制约性可知,前车改变运行状态后,后车也要改变,但前后车运行状态的改变不是同步的,而是有延迟。这是由于后车驾驶人对前车运行状态的改变要有一个反应过程,这个过程包括以下 4 个阶段:

①感觉阶段——前车运行状态的改变被察觉;

②认识阶段——对这一改变加以识别;

③判断阶段——对本车将要采用的措施作出判断;

④执行阶段——根据判断通过手脚对车辆进行相关的操纵动作。

这 4 个阶段所需的时间称为反应时间.假设反应时间为 T,那么前车在 t 时刻的动作,要经 T 时间后,在 $(t+T)$ 时刻,后车才能作出相应的动作,这就是延迟性。

(3)传递性。

由制约性可知,第 1 辆车的运行状态制约着第 2 辆的运行状态,第 2 辆又制约着第 3 辆的运行状态……第 n 辆制约着第 $n+1$ 辆的运行状态,一旦第 1 辆车改变运行状态,它的效应将会一辆接一辆地向后传递直至车队的最后一辆车,这就是传递性。由延迟性可知,运行状态的传递是具有延迟性的,这种具有延迟性的向后传递的信息不是平滑连续,而是像脉冲一样间断连续的。

制约性、延迟性和传递性是非自由行驶状态下车队的主要跟驰特性。

2.1.1.2　跟驰模型

跟驰模型是运用动力学的方法来研究前导车(Leading Vehicle,LV)运动状态变化所引起跟驰车(Following Vehicle,FV)的相应行为,通过分析各车辆逐一跟驰的方式来理解单车道交通流特性,从而在驾驶人微观行为与交通宏观现象之间架起一座桥梁。回顾跟驰理论的发展历程,依据建模思想不同,跟驰行为模型可以分为交通工程角度和统计物理角度,如图 2-1 所示。交通工程角度的跟驰模型包括刺激-反应类、安全距离类、心理-生理类及人工智能类模型;统计物理角度的跟驰模型包括优化速度、智能驾驶和元胞自动机模型。其中,刺激-反应模型将前车状态的变化看作对后车的刺激(一般为跟驰过程中前后车的相对速度),后车依据刺激强度做出相应的操作;安全距离模型基于牛顿运动学公式,假定车辆在跟驰过程中,试图维持一个安全的车间距;模糊推理模型对跟驰行为习惯进行模糊化,应用模糊集合和模糊规则来表述车辆跟驰行为,可在一定程度上描述难以准确表达的跟驰行为特性;优化速度模型在模型中引入期望度量变量(例如期望速度、期望车间距等),并假定驾驶人在跟驰过程中一直维持该期望值。经过不断发展,跟驰模型在微观交通仿真、通行能力分析、自适应巡航控制、交通安全评价等领域都有着广泛的应用价值,车辆跟驰理论也已经成为道路交通流理论的核心内容之一[2]。

针对部分经典跟驰模型作以下介绍。

(1)GM 模型。

1950 年,Reuschel[3]对道路中行驶的车流运用动力学知识进行研究,慢慢出现了车辆跟驰的概念,后 Chandler 等基于刺激-反应理论来描述后车加速度与前后车速度差之间的关系,并依据 GM 试车场的数据建立了线性跟驰模型。但线性跟驰模型只考虑前后车速度差对跟驰车的加速度变化,具有局限性,Gazis 等人在线性跟驰模型的基础上提出了 GM 模型的表达式(又称 GHR 模型),成为刺激-反应理论中最经典的跟驰模型,但此模型更多适用于跟驰车流停顿减速频繁的情况,并不适用于一般的跟驰状态。GHR 模型的基本公式为:

$$a_n(t+T)=\lambda v_n^m(t+T)\frac{\Delta v(t)}{\Delta x^l(t)} \tag{2-1}$$

式中:$a_n(t+T)$——第 n 辆车在 $t+T$ 时刻的加速度;

$v_n(t+T)$——第 n 辆车在 $t+T$ 时刻的速度;

$\Delta v(t)$——t 时刻前导车与跟驰车的速度差;

$\Delta x^l(t)$——t 时刻前导车与跟驰车的车头间距;

λ——跟驰车敏感系数;

T——反应时间;

m、l——常数。

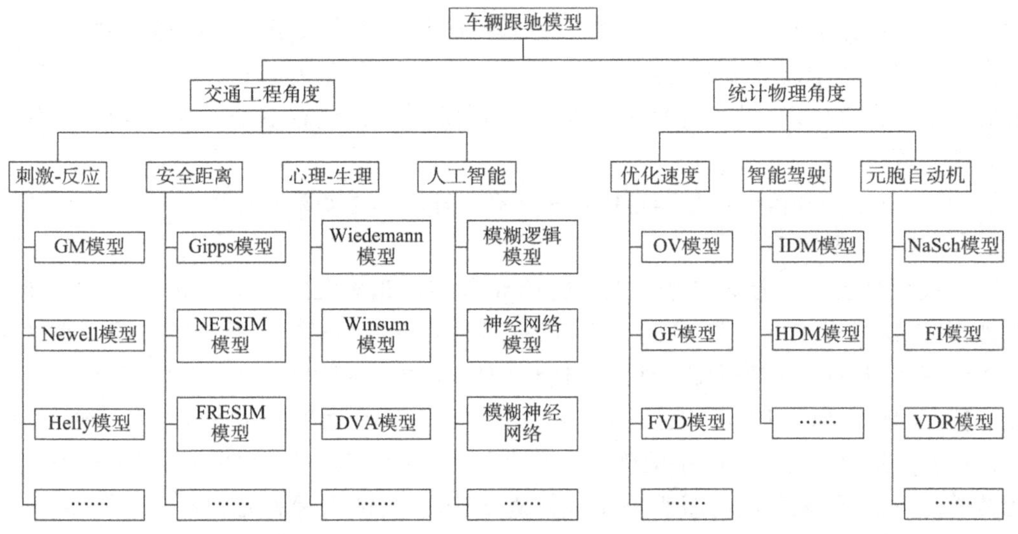

图 2-1 跟驰模型分类

针对 GHR 模型,后继学者发现该模型存在一些缺陷,因此,Addision 等人在 GHR 模型的基础上考虑了车间距的非线性函数,完善了 GHR 模型。

(2)OV 模型。

1995 年,Bando[4] 提出了优化速度(Optimal Velocity,OV)模型,构建了一个通过车间距和安全距离来表示的优化速度函数,即根据车辆间距来约束跟驰车的速度,以优化跟驰车速度实现交通流的稳定性,其基本公式为:

$$a_n(t)=a\{V[\Delta X_n(t)]-v_n(t)\} \tag{2-2}$$

式中:$a_n(t)$——跟驰车在 t 时刻的加速度;

$\Delta X_n(t)$——跟驰车在 t 时刻的位置;

$v_n(t)$——跟驰车在 t 时刻的速度;

α——敏感系数;

$V[\Delta X_n(t)]$——优化速度函数,表达式如下:

$$V[\Delta X_n(t)] = V_{max}[\tanh(\Delta x - L) + \tanh(L)] \tag{2-3}$$

式中：V_{max}——最大行驶速度；

Δx——前导车与跟驰车的车间距；

L——最小安全距离。

OV 模型的核心思想是以车间距为基础优化出跟驰车的最优速度，但考虑仍不够全面，因此，许多学者对 OV 模型进行了后续扩展。胡之英等人在此基础上，纳入前车加速度的特性构建了完善后的跟驰模型；在优化速度函数方面，杨晓明等人同时考虑了车间距、前导车与跟驰车的相对速度的影响，对优化速度函数进行改进，使模型考虑因素更加全面。

(3) GF 模型。

1998 年，Helbing[5] 等人提出广义力(Generalized Force，GF)模型，将速度差这一关键词纳入对跟驰车加速度的影响范围。速度差即为跟驰车与前导车二者的速度之差，并构造了关于负速度差的 Heaviside 函数：当跟驰车速度大于前导车速度时，则考虑两车相对速度对跟驰车加速度的影响；若跟驰车速度小于前导车速度，则不考虑。GF 模型的基本公式为：

$$a_n(t) = h\{V[\Delta X_n(t)] - V_n(t)\} + \lambda H[\Delta V_n(t)]\Delta V_n(t) \tag{2-4}$$

式中：$\Delta V_n(t)$——跟驰车与前导车的速度差；

h——前导车反应时间的倒数；

λ——系数；

$H[\Delta V_n(t)]$——单位阶跃函数：

$$H(x) = \begin{cases} 1 & (x \geqslant 0) \\ 0 & (x < 0) \end{cases} \tag{2-5}$$

相较于前几种模型而言，GF 模型更符合实际的交通流运行状态，但仍有不足之处。针对该模型，后来学者作出了以下改进：张蓉蓉等人略去了 Heaviside 函数，加入了前导车与跟驰车车头间距的高次项对跟驰车加速度的影响，提出了一种新的优化速度模型；许世燕等人考虑了车头间距来限制跟驰车的最大速度，避免了 GF 模型过大车头间距的不足。

(4) FVD 模型。

对速度差进行全面分析，JIANG[6] 等人建立并提出了全速度差(Full Velocity Difference，FVD)模型，该模型不仅考虑了前导车速度小于跟驰车的情况，还考虑了前导车速度大于跟驰车的情况，使应用情况更加广泛实际，其基本公式为：

$$a_n(t) = h\{V[\Delta X_n(t)] - V_n(t)\} + \lambda\Delta V_n(t) \tag{2-6}$$

针对 FVD 模型的不足，有学者作出了以下改进：王建都等人同时考虑了多辆前导车的最优速度，构建了 IFVD 模型；王涛等人通过多辆前导车之间的速度差对跟驰车速度的影响构建了 MVD 模型，预留了更多时间来进行自车速度判断调整。

此外，Li[7] 等人提出了考虑电子节气门开度的 T-FVD 模型，以此研究车辆自身因素与运动状态之间的相互关系，具体公式为：

$$a_n(t) = k\{V[\Delta X_n(t)] - V_n(t)\} + \lambda\Delta V_n(t) + \kappa\Delta\theta_n \tag{2-7}$$

电子节气门开度与车辆速度及位置间的关系为：

$$a_n(t) = -b(V_n(t) - V_0) + c\,\bar{\theta}_n + d_n \tag{2-8}$$

式中：$\bar{\theta}_n$——当前电子节气门开度与理想节气门开度之间的误差；

$X_n(t)$、$V_n(t)$、$a_n(t)$——时间为 t 时车辆 n 的位置、速度和加速度；

k、λ、κ——模型的敏感系数；

V_0——交通流处于稳定状态时车辆的速度；

$\Delta X_n(t)$、$\Delta V_n(t)$、$\Delta\theta_n$——时间为 t 时车辆 $n+1$ 与车辆 n 之间的位置差、速度差以及电子节气门开度差；

b、c——参数；

d_n——细小波动；

$V[\Delta X_n(t)]$——优化速度函数。

T-FVD 模型引入了车辆间的电子节气门开度差对跟驰车辆驾驶行为的影响，κ 为 0 时，则不考虑电子节气门开度差的影响，此时，T-FVD 模型便为 FVD 模型。

2.1.2 混合交通流跟驰模型

2.1.2.1 混合交通流特性

本节先从自动驾驶车辆与人工驾驶车辆的行驶特性入手，并以此为基础总结混合交通流特性。

(1)自动驾驶汽车特性。

CAV 按照驾驶行为过程可以划分为感知、决策及控制三个阶段。对于感知阶段，CAV 探测与感知系统能采集得到车辆内、外部环境的信息，包括交通信号与标志、行人和障碍物、道路线形、天气状况、车辆自身状况等，与此同时，CAV 的车间通信功能可以采集车与车之间的位置、速度、加减速行为以及换道行为等信息；对于决策阶段，各传感器将实时搜集的大量信息输入电子控制单元(Electronic Control Unit，ECU，又称行车计算机)，行车计算机对搜集到的大量信息进行融合处理，并应用车辆控制算法发布决策控制信息，如车辆加速、减速、换道、制动等行为决策；对于控制阶段，行车计算机根据 CAV 精准的控制机制与稳定的动力输出使得车辆具备拟人化行驶特性，进一步提升驾驶安全性与舒适性。

基于上述 CAV 车辆行驶特性，其对微观驾驶行为的影响主要体现在以下几方面：更小的安全距离、更高行驶速度与更少的加减速行为。

①更小的安全距离。

安全距离是指车辆跟驰过程中，当前导车辆采取紧急制动时，跟驰车辆在保障安全的前提下完成制动过程所需要的最小距离。由于 CAV 具有更快的信息获取速度以及更少的决策响应时间，因此，最小安全距离会相应减小。

②更高的行驶速度。

CAV 的车间通信功能使得前车和后车可以分享速度信息，因此，车辆间可以保持较高的行驶速度进行编队巡航，使得整体交通流更加稳定。

③更少的加减速行为。

在智能网联环境下，CAV 能够以较小的车头时距跟驰行驶，与此同时，CAV 由于具备 V2X/V2I 等通信能力和极低的反应时延，可使其实现编队行驶。编队行驶模式下，车队中所有 CAV 能保持稳定的跟驰状态、较小的车头时距与较高的行驶速度，减少了低速行驶的时间与不必要的加速与减速行为。

(2)人工驾驶车辆特性。

在整个驾驶任务中，HDV 完全由人为接管。人工驾驶时，驾驶人的操作是决定车辆状态变化的主要因素。驾驶人通过对周围道路设施的观察和对周围车辆位置、速度和运动趋势的目测判断之后，根据自身驾驶经验进行车辆操纵。影响人工驾驶的因素有心理状态、生理状态、驾驶经验、驾驶谨慎程度等。人工驾驶操纵的不稳定性是导致车辆纵向速度轨迹非平滑和横向位置偏移的主要原因。

(3)混合交通流特性。

根据以上对 CAV 与 HDV 车辆特性的分析并基于仿真验证，总结出自动驾驶技术对混合交通流的影响大致有以下几个方面：更高的行驶速度和更小的速度波动、更高的通行能力、更高的安全性和更少的交通拥堵。

①更高的速度和更小的速度波动。

CAV 渗透率的提高会相应地减少车流中 HDV 的比例，进一步减少车流中产生驾驶波动的 HDV 数量，在一定程度上抑制了车流平均速度的波动幅度，最终提高车流的平均速度。

通过应用 SUMO 软件仿真在道路限速为 120km/h(33.3m/s)、CAV 渗透率为 0%、50%、100% 条件下的车流平均速度，得出以下结论：当 CAV 渗透率为 100%，即车流全为 CAV 时，在整个仿真时间段内，CAV 车速始终稳定保持在 33.3m/s；而当 CAV 渗透率为 0%，即车流全为 HDV 时，车速明显低于道路限速值且呈现明显的随机波动；当 CAV 渗透率提升至 50% 时，车速明显提高且随机波动现象基本得到抑制。

②更高的通行能力。

相较于 HDV，CAV 具备更精确的感知能力、更迅速决策的能力与更稳定的控制能力，因此，CAV 可以保持更小的车头间距和更高的车速行驶，从而 CAV 的通行效率比 HDV 更高。由此可知，CAV 的引入将有效提高混合交通流的最大通行能力。这里引入通行能力比(Capacity Ratio)作为 CAV 对混合交通流通行能力影响作用的评价指标，即：

$$\text{Capacity Ratio} = \frac{C(p_A)}{C(0)} \tag{2-9}$$

式中：$C(p_A)$——CAV 渗透率为 p_A 时的基本通行能力；

$C(0)$——CAV 渗透率为 0，即车流全为 HDV 时的基本通行能力。

通过应用 SUMO 软件仿真不同 CAV 渗透率条件下的单车道通行能力，并应用式(2-9)计算通行能力比，得出结论：通行能力比随着 CAV 渗透率的提高而提高，且当渗透率高于 60% 时，通行能力比增幅显著。

③更高的安全性。

CAV 搭载的先进高级驾驶辅助系统(Advanced Driving Assistance System，ADAS)可以通过车辆探测与感知系统实时获取周围的环境状态信息，为驾驶人提供相关的危险警告，并在必要时通过主动式干预以规避危险的发生，因此，混合交通流整体的安全性亦将提高。

④更少的交通拥堵。

在智能网联环境下，首先 CAV 会根据实时路网信息，基于系统最优（System Optimal，SO）准则为驾驶人规划最佳行驶路线，因此，能够减少路网产生拥堵的机会；其次，CAV 行驶稳定性与安全性更高，因此，能够有效减少甚至避免交通事故的发生，亦可以减少由交通事故引起的交通拥堵；最后，CAV 具备更高车行驶车速与更小的车头间距，因此，能够有效减少因人类驾驶人通行效率低引起的交通拥堵。

2.1.2.2 混合交通流跟驰模型

网联自动驾驶汽车在行驶过程中会存在两种跟驰状态，分别为自适应巡航控制（ACC）及协同自适应巡航控制（Cooperative Adaptive Cruise Control，CACC）跟驰状态。ACC 是一种通过车载测量设备获得与前车的实时车间距离及速度等信息，并应用加速度优化算法控制车辆与前车保持稳定车间时距行驶的车辆纵向跟驰控制技术，可视为自动驾驶汽车技术的重要组成部分；CACC 车辆不再通过车载设备检测前车行驶状态，而是应用车-车无线通信技术，由前车将速度与加速度等行驶状态发送至 CACC 车辆。根据 CAV 与 HDV 组合的不同跟驰行为，道路交通流将会历经 ACC 与 HDV 混合（前期）、ACC 与 CACC 及 HDV 混合（中期）和 CACC 与 HDV 混合（后期）三个阶段。

随着网联自动驾驶汽车的普及，跟驰行为也随着车辆类型的不同而发生了变化，本节主要介绍以下三种。

（1）IDM 模型。

德国学者 Treiber 等提出的智能驾驶人（Intelligent Driver Model，IDM）跟驰模型被广泛应用于 HDV 跟驰特性研究，适用于表征人类驾驶人的行为特性。

IDM 车辆跟驰模型如下：

$$\dot{v}_n(t) = a\left[1 - \left(\frac{v_n(t)}{v_0}\right)^4 - \left(\frac{h_n^*(t)}{h_n(t) - l_{\mathrm{veh}}}\right)^2\right] \tag{2-10}$$

其中：

$$h_n^*(t) = l_{\mathrm{safe}} + v_n(t)t_{\mathrm{m}} - \frac{v_n(t)\Delta v_n(t)}{2\sqrt{\alpha\beta}} \tag{2-11}$$

式中：$\dot{v}_n(t)$——HDV 目标加速度；

$v_n(t)$——HDV 当前时刻速度；

a——最大加速度；

v_0——自由流速度；

l_{safe}——最小安全停车间距；

t_{m}——IDM 车辆期望车间时距；

$\Delta v_n(t)$——前车与后车的速度差项；

β——舒适减速度；

$h_n(t)$——当前时刻车头间距；

$h_n^*(t)$——期望车头间距；

l_{veh}——车辆长度。

根据文献[8]标定结果,IDM 模型所有参数取值见表 2-1。

IDM 模型参数标定取值　　表 2-1

参数	取值	参数	取值
α(m/s)	1	v_0(m)	33.3
β(m/s)	2	l_{safe}(m)	2
t_m(s)	2	l_{vch}(m)	5

(2)CACC 跟车模型。

CACC 通过实时获取前车的信息调整自身的运行状态,达到实时自适应控制,是 CAV 最具潜力的控制模式,并成为目前最有可能应用的 CAV 控制系统。

CACC 车辆跟驰模型如下:

$$\begin{cases} v_n(t+\Delta t) = v_n(t) + k_p e_n(t) + k_d \dot{e}_n(t) \\ e_n(t) = h_n(t) - l_{safe} - l_{veh} - t_c v_n(t) \end{cases} \tag{2-12}$$

式中:$v_n(t)$——CACC 在 t 时刻的速度;

$v_n(t+\Delta t)$——CACC 在 $t+\Delta t$ 时刻的速度;

k_p、k_d——控制系数;

$e_n(t)$——实际车头间距与期望车头间距误差;

$\dot{e}_n(t)$——$e_n(t)$ 对时间的微分项;

t_c——CACC 车辆期望保持的恒定车间时距。

然后,对式(2-12)的速度求导,可得:

$$\dot{v}_n(t) = \frac{k_p(h - l_{vch} - l_{safe}) - k_p t_v v_n(t) + k_d \Delta v_n(t)}{k_d t_c + \Delta t} \tag{2-13}$$

式中:Δt——速度更新时间间隔,取 0.01s。

根据文献[9]实车数据标定结果,CACC 模型所有参数取值见表 2-2。

CACC 模型参数标定取值　　表 2-2

参数	取值	参数	取值
t_c(s^{-1})	0.6	k_d(s^{-1})	0.25
k_p(s^{-1})	0.45	—	—

(3)ACC 跟车模型。

ACC 是 CACC 退化后的控制模式,车辆具有自动驾驶功能,但没有通信功能。

ACC 车辆跟驰模型如下:

$$\dot{v}_n(t) = k_1(h_n(t) - l_{veh} - l_{safe} - t_a v_n(t)) + k_2 \Delta v_n(t) \tag{2-14}$$

式中:k_1——车间距误差控制系数;

k_2——速度差控制系数;

t_a——ACC 车辆期望保持的恒定车间时距。

根据文献[9]实车数据标定结果,ACC 模型所有参数取值见表 2-3。

ACC 模型参数标定取值 表 2-3

参数	取值	参数	取值
$t_a(s^{-1})$	1.1	$k_2(s^{-1})$	0.07
$k_1(s^{-2})$	0.23	—	—

通过以上介绍可知,在智能网联环境下车辆跟驰模型主要有两类结构:第一类结构是车辆具备车间通信功能,其车辆纵向跟驰模型能够依据自身速度与紧邻前车的速度差、车头间距及加速度反馈动态调整自身加速度,达到与前车同步的效果,如 CACC 跟驰模型;第二类是车辆不具备车间通信功能,其车辆纵向跟驰模型仅能依据自身速度与紧邻前车的速度差、车头间距调整自身加速度输出的纵向跟驰模型结构,如 IDM 跟驰模型、ACC 跟驰模型。

2.2 车头时距分布特征

2.2.1 车头时距分布模型

2.2.1.1 车头时距介绍

车头时距是指在同一车道上行驶的车辆队列中,两连续车辆车头端部通过某一断面的时间间隔,一般用 h_t 表示,单位为 s/veh。车头时距是计算通行能力、构建车辆跟驰模型以及交通安全评价的重要依据,通过研究车头时距可分析车辆的跟驰特性、换道特性等内容。车头时距有平均车头时距与极限车头时距之分,主要计算方式如下:

$$平均车头时距 = 平均车头间距/平均车速 \tag{2-15}$$

$$\begin{aligned}&极限车头间距(一般情况为了行车安全,最短车头时距取 2s 左右的行程)\\&= 最短车头时距 \times 速度\end{aligned} \tag{2-16}$$

在实际道路交通中,由于实际情况不同,驾驶人的跟驰行为可以分成两种状态,第一种为强跟驰状态,第二种为弱跟驰状态。

在强跟驰状态下,驾驶人紧紧跟随前车,与之保持着较短的车头时距,此时的车头时距称为最短车头时距(Minimum Time Headway,MTH)。对于弱跟驰状态,驾驶人并不紧紧跟随前车,而是在最短车头时距的基础上增加一定心理裕量(Psychological Margin,PM),为自己预留更加充足的时间来应对前车速度的变化,因此,前车微小的速度变化并不会影响后车的驾驶行为,此时的车头时距称为舒适车头时距(Comfortable Time Headway,CTH)[10]。

2.2.1.2 车头时距分布模型

现阶段已存在很多不同的车头时距分布模型,如负指数分布、移位负指数分布、正态分布、皮尔逊Ⅲ型分布、爱尔朗分布模型以及概率分布模型等,这些车头时距分布模型是在不同的状态、交通条件下构建的。因此,每个模型都适用于不同的交通流情况,下面作详细介绍[11]。

(1)负指数分布(Negative Exponential Distribution)模型。

负指数分布模型是车头时距分布的一个最基本模型,用于描述有充分超车机会的单列车流和低密度的多列车流的车头时距分布。即当车辆的到达是随机的、符合泊松分布(Poisson Distribution)时,就会使用负指数分布函数来模拟车头时距的分布,模型如下:

$$F(x)=\begin{cases}1-e^{-\lambda x} & (x\geqslant 0)\\ 0 & (x<0)\end{cases} \tag{2-17}$$

式中:λ——交通流率。

这种分布模型拟合适用于交通量比较小、车流密度不大的情况。

(2)移位负指数分布(Displaced Negative Exponential Distribution)模型。

负指数分布拟合单车道交通流车头时距分布时,较小的车头时距出现的概率较大,这与实际情况不符。为了克服负指数分布这种局限性,引入了移位的负指数分布,即:

$$F(X)=\begin{cases}1-e^{-\gamma(x-\tau)} & (x\geqslant \tau)\\ 0 & (x<\tau)\end{cases} \tag{2-18}$$

车头时距的期望值为:

$$E(X)=\tau+\gamma^{-1} \tag{2-19}$$

移位负指数分布将跟驰行驶时间等于最小的车头时距间隔τ。实验表明,服从移位负指数分布的车头时距越接近τ,其出现的概率就越大,这与实际情况不符。此外,当交通较拥挤时会出现部分车辆成车队状态行驶的场景,此时将车流分为聚集车流和自由车流,分别考虑两类车流车头时距特性建立模型,即M3模型,该模型是典型的二分车头时距模型,但仍未跳出负指数分布的范畴。

(3)爱尔朗分布(Erlang Distribution)模型。

通过研究发现,无论负指数分布还是移位负指数分布,都只能描述随机到达车流,当交通比较拥挤时,都不能很好地描述车头时距的实际情况。为了解决以上两种分布模型的局限,W. Lerzbach提出了爱尔朗分布,模型如下:

$$F(x)=\begin{cases}\int_0^x \frac{(k\lambda)^k}{(k-1)!}x^{k-1}e^{-k\lambda x}dx & (x\geqslant 0)\\ 0 & (x<0)\end{cases} \tag{2-20}$$

式中:k——正整数。

(4)皮尔逊Ⅲ型分布(Pearson Type Ⅲ Distribution)模型。

爱尔朗分布和皮尔逊Ⅲ型分布克服了负指数分布和移位负指数分布的局限性,在非拥挤状况下能够较准确地描述车头时距的分布。皮尔逊Ⅲ型分布模型为:

$$F(x)=\begin{cases}\int_0^x \frac{\lambda^k}{\Gamma(k)}x^{k-1}e^{-\lambda x}dx & (x\geqslant 0)\\ 0 & (x<0)\end{cases} \tag{2-21}$$

式中:k——任意正数。

(5)对数正态分布(Log-Normal Distribution)模型。

对数正态分布模型为:

$$F(x) = \begin{cases} \int_0^x \frac{1}{\sqrt{2\pi}\sigma} e^{\frac{(\ln x-\mu)2}{2\sigma^2}} dx & (x \geq 0) \\ 0 & (x < 0) \end{cases} \tag{2-22}$$

其中:

$$\mu = \frac{\sum_{i=1}^{n} \ln x_i}{n}; \quad \sigma^2 = \frac{\sum_{i=1}^{n} (\ln x_i - \mu)^2}{n-1} \tag{2-23}$$

该模型在交通流没有受到交通信号灯的干扰下,对不同情况下的交通流都比较适用。

(6)聚束负指数分布(Bunched Negative Exponential Distribution)模型。

聚束负指数分布模型在克服负指数分布和移位负指数分布模型的局限性基础上,还保持了模型的简单化,综合了以上几个分布模型的特点。该模型假定:与前导车的车头时距小于 τ(受到约束)的跟随车认为是聚束车辆,此类型车辆的比例为 θ;其余大于 τ 的跟随车是自由车辆。聚束负指数分布模型一般形式如下:

$$F(x) = \begin{cases} \theta B(x) + (1-\theta) \int_0^x B(x-u) \gamma e^{-\gamma u} du & (x \geq 0) \\ 0 & (x < 0) \end{cases} \tag{2-24}$$

(7)双倍移位负指数(Double Displaced Negative Exponential Distribution)模型。

与聚束负指数分布模型类似,双倍移位负指数分布模型在拟合小车头时距的情况下也较为精确,并且精度高于聚束负指数分布模型,但模型相对于聚束负指数分布模型来说较为复杂。双倍移位负指数分布模型为:

$$F(x) = \begin{cases} \Phi \lambda_1 e^{\lambda_1 (x-\tau)} + (1-\Phi) \lambda_2 (x-\tau) & (x \geq \tau) \\ 0 & (x < \tau) \end{cases} \tag{2-25}$$

式中:Φ——权重因子($0 < \Phi \leq 0.5$);

τ——位移量;

λ_1、λ_2——与交通量有关的常数。

2.2.2 可变 CACC 车头时距理论

基于混合交通流,CACC 车头时距是 CACC 应用设计中的一种重要参数,影响着交通流的通行能力以及安全,因此,本节主要介绍 CACC 车头时距取值策略的相关标准,即根据车头时距与混合交通流稳定域之间的关系,介绍相应的可变 CACC 车头时距策略[12]。

CACC 车辆的跟驰模型采取 PATH 实验标定模型,人工驾驶车辆的跟驰模型采取优化速度模型(Optimal Velocity Model,OVM),有学者基于传递函数理论推导出混合交通流稳定性判别条件,得到关于 CACC 比例与平衡态速度的混合交通流稳定域图,如图 2-2 所示[12]。

在图 2-2 中,阴影区域表示在一定的 CACC 渗透率与平衡态速度下混合交通流处于非稳定状态，而空白区域则表示稳定状态。当 CACC 比例为 0 时，即只存在传统人工驾驶车辆时速度在 21.5 ~ 33.0m/s 的范围内稳定，在小于 21.5m/s 的范围内不稳定；当 CACC 比例为 1 时，取不同的车头时距 t_h 值，CACC 车辆均可在任意速度下稳定。由图 2-2 可以看出，当 $t_h = 2.2$s 时，混合交通流在 CACC 比例大于 0.340 时，可在任意速度下稳定；当 $t_h = 0.6$s 时，若要混合交通流在任意速度下稳定，则要求 CACC 比例应大于 0.865，这表明 t_h 越大，越有利于混合交通流稳定性的提升。

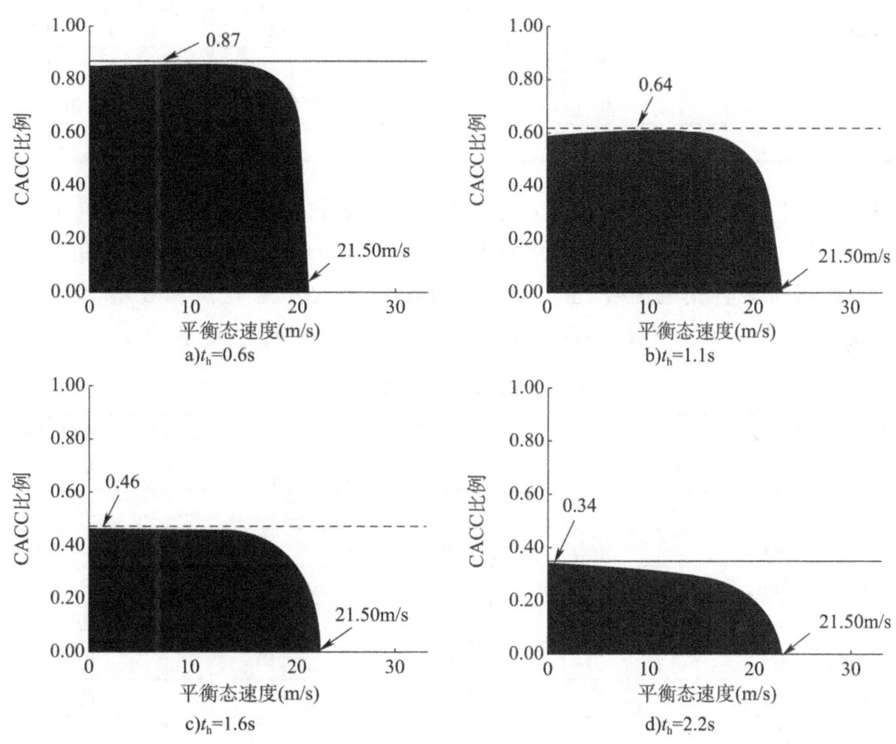

图 2-2　混合交通流稳定域示意图

由以上分析结果，相关学者提出了与 CACC 比例有关的可变 t_h 设计策略。但是要注意，此次介绍的 CACC 可变车头时距策略并不是指各 CACC 车辆之间的车头时距变化情况，而是在不同 CACC 比例下，面向整个混合交通流，所有 CACC 车辆车头时距统一发生变化的策略[12]。

CACC 车头时距 t_h 的取值应当综合混合交通流稳定域以及通行能力两个方面来考虑。依据混合交通流稳定性判别式[式(2-26)]，计算不同车头时距取值下使混合交通流在任意速度下稳定的临界 CACC 比例值。

$$\| G_1(\mathrm{j}w) \|_\infty^{(1-p)} \| G_2(\mathrm{j}w) \|_\infty^{p} \leqslant 1 \tag{2-26}$$

式中：　j——虚轴单位；

w——频率域的频率，$w \geqslant 0$；

$\| \cdot \|_\infty$——传递函数在频率域中幅频特性的最大幅值。

t_h 与临界 CACC 比例解析关系结果见表 2-4。

t_h 与临界 CACC 比例解析关系 表 2-4

临界 CACC 比例	t_h(s)	临界 CACC 比例	t_h(s)
0.340	2.2	0.550	1.3
0.355	2.1	0.590	1.2
0.370	2.0	0.635	1.1
0.390	1.9	0.680	1.0
0.410	1.8	0.725	0.9
0.430	1.7	0.770	0.8
0.455	1.6	0.820	0.7
0.480	1.5	0.865	0.6
0.515	1.4		

由表 2-4 看出，当临界 CACC 比例大于 0.340 时，t_h 取值 2.2s 时混合交通流可在任意速度下稳定；当临界 CACC 比例增加至 0.635 时，t_h 取值 1.1s 时混合交通流可在任意速度下稳定。因此，为了保持混合交通流在任意速度下的稳定，当 CACC 比例从 0 增至 1 的过程中，t_h 值可逐渐减小。对此表结果进行整理，得出可变取值的车头时距策略，见表 2-5。

CACC 模型参数标定取值 表 2-5

临界 CACC 比例所在范围	t_h 期望设计值(s)	混合交通流是否在任意速度下稳定
[0.00,0.35)	2.2	否
[0.35,0.40)	2.2	是
[0.40,0.50)	2.9	是
[0.50,0.60)	1.5	是
[0.60,0.70)	1.2	是
[0.70,0.80)	1.0	是
[0.80,0.90)	0.8	是
[0.90,1.00]	0.6	是

在表 2-5 所示的可变车头时距策略下，当 CACC 比例小于 0.35 时，不能满足混合交通流在任意速度下稳定的要求；当 CACC 比例增大至大于 0.35 时，依据表 2-5 的可变车头时距策略进行设计。这样，一方面可以使得在任意速度下混合交通流保持稳定，另一方面车头时距期望设计值随 CACC 比例的增加而减小，能够保证在较高 CACC 比例时不影响混合交通流的通行能力。

2.3 不同 CAV 集聚策略下混合交通流基本图模型

2.3.1 同质流基本图解析

令式(2-10)、式(2-13)、式(2-14)中速度为交通流稳态速度、加速度和速度差为零，即表示车流达到稳态，由此可分别计算出交通流稳态下全 IDM 车辆车头间距(h_m)、全 ACC 车辆车头间距(h_a)和全 CACC 车辆车头间距(h_c)：

$$
\begin{cases}
h_{\mathrm{m}} = \dfrac{l_{\mathrm{safe}} + v_{\mathrm{e}} t_{\mathrm{m}}}{\sqrt{1 - (v_{\mathrm{e}}/v_0)^4}} + l_{\mathrm{veh}} \\
h_{\mathrm{a}} = v_{\mathrm{e}} t_{\mathrm{a}} + l_{\mathrm{veh}} + l_{\mathrm{safe}} \\
h_{\mathrm{c}} = v_{\mathrm{e}} t_{\mathrm{c}} + l_{\mathrm{veh}} + l_{\mathrm{safe}}
\end{cases}
\tag{2-27}
$$

式中：v_{e}——自车当前车速；

v_0——自由流速度。

根据交通流密度等于平衡态车头间距的倒数，即：

$$
k = \frac{1}{h} \tag{2-28}
$$

将式(2-27)代入式(2-28)，可分别得到全 IDM 车辆交通流密度(k_{m})，全 ACC 车辆交通流密度(k_{n})和全 CACC 车辆交通流密度(k_{c})，即：

$$
\begin{cases}
k_{\mathrm{m}} = \dfrac{\sqrt{1 - {\dfrac{v_{\mathrm{e}}}{v_0}}^4}}{s_0 + v_{\mathrm{e}} t_{\mathrm{m}} + l\sqrt{1 - {\dfrac{v_{\mathrm{e}}}{v_0}}^4}} \\
k_{\mathrm{a}} = \dfrac{1}{v_{\mathrm{e}} t_{\mathrm{a}} + l_{\mathrm{veh}} + l_{\mathrm{safe}}} \\
k_{\mathrm{c}} = \dfrac{1}{v_{\mathrm{e}} t_{\mathrm{c}} + l_{\mathrm{veh}} + l_{\mathrm{safe}}}
\end{cases}
\tag{2-29}
$$

根据流量等于密度与速度乘积的基本关系式 $q = kv$，由式(2-29)可得到全 IDM 车辆、全 ACC 车辆和全 CACC 车辆同质交通流的流量-密度基本图关系式为：

$$
\begin{cases}
q_{\mathrm{m}} = k_{\mathrm{m}} v_{\mathrm{e}} \\
q_{\mathrm{a}} = k_{\mathrm{a}} v_{\mathrm{e}} \\
q_{\mathrm{c}} = k_{\mathrm{c}} v_{\mathrm{e}}
\end{cases}
\tag{2-30}
$$

依据式(2-29)、式(2-30)，分别计算 IDM 车辆、ACC 车辆以及 CACC 车辆在交通流平衡态下的流量-密度关系，可得到该状态下的流量-密度曲线，如图 2-3 所示。

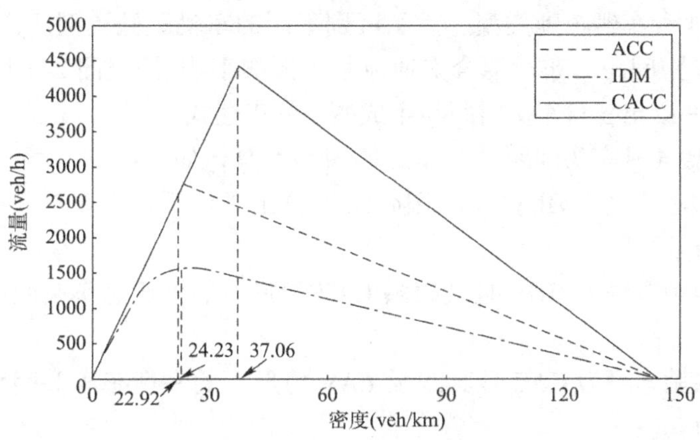

图 2-3　同质交通流流量-密度曲线

由式(2-12)、式(2-14)可知，CACC 与 ACC 车辆跟驰模型均为线性模型，因此，在图 2-3

中,其流量-密度曲线缺少自由态曲线,图中黑色实线为补充的自由态曲线。不同虚线对应的横坐标分别表示不同车辆跟驰模型的临界密度,即 IDM、ACC 以及 CACC 车辆跟驰模型的临界密度分别为 24.23veh/km、22.92veh/km 与 37.06veh/km。临界密度越大,则表明车辆以自由流速度行驶时的交通流密度越大。此外,当车流全为 IDM 车辆时,其最大通行能力为 1581veh/h;当车流全为 ACC 车辆时,其最大通行能力为 2742veh/h;当车流全为 CACC 车辆时,其最大通行能力为 4429veh/h。

2.3.2 混合流基本图解析

混合交通流平衡态车头间距可记为所有类型车辆平衡态车头间距与其生成概率乘积的累和,即:

$$h = \sum_i p_i h_i \tag{2-31}$$

式中:i——车辆跟驰模型类别标号;

p_i——对应跟驰模型生成概率;

h_i——交通流稳态下对应跟驰模型车头间距。

$$h_i = f_i(v_e) \tag{2-32}$$

式中:f_i——交通流稳态下对应跟驰模型关于速度与车头间距的函数关系式。

联立式(2-28)、式(2-31)、式(2-32),可得混合交通流密度:

$$k = \frac{1}{\sum_i p_i f_i(v_e)} \tag{2-33}$$

混合交通流中所有车辆以平衡态速度 v_e 行驶,则混合流基本图一般表达式为:

$$\begin{cases} k = \dfrac{1}{\sum_i p_i f_i(v_e)} \\ q = kv_e \end{cases} \tag{2-34}$$

2.3.2.1 无组织混行交通流基本图

在无集聚策略(No Agglomeration Strategy,NAS)中,所有 CAV 与 HDV 处于无组织混行模式,由此产生了 4 种车辆跟驰类型。为了区别不同的车辆跟驰类型所产生的车头间距差异以及研究不同车头间距分布对混合交通流基本图的影响,按照图 2-4 所示的框架定义 4 种车头间距类型,并给出各自车头时距与生成概率的表达式。

基于 NAS 框架,4 种车头间距类型如图 2-5 所示,具体如下:

(1)h_{HH}表示跟驰车辆为 HDV 且其跟随 HDV 情形下的平衡态车头间距,其跟驰模型为 IDM,生成概率为 p_{HH};

(2)h_{HA}表示跟驰车辆为 HDV 且其跟随 CAV 情形下的平衡态车头间距,其跟驰模型为 IDM,生成概率为 p_{HA};

(3)h_{AA}表示跟驰车辆为 CAV 且其跟随 CAV 情形下的平衡态车头间距,其跟驰模型为 CACC,生成概率为 p_{AA};

(4)h_{AH}表示跟驰车辆为 CAV 且其跟随 HDV 情形下的平衡态车头间距,其跟驰模型为 ACC,生成概率为 p_{AH}。

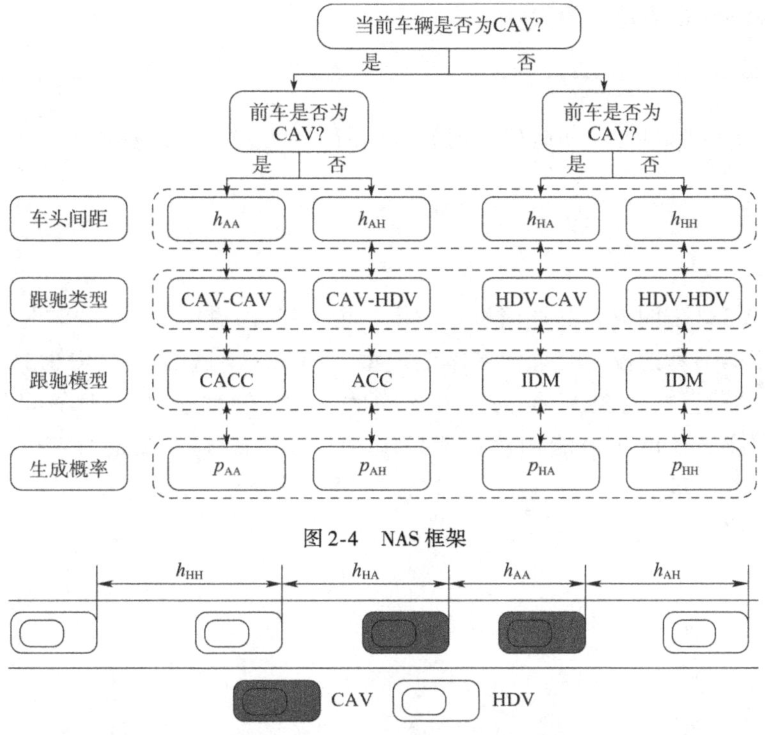

图 2-4　NAS 框架

图 2-5　4 种车头间距类型示意图

根据图 2-5，车头间距类型 h_{AH} 生成的充分必要条件是跟驰车辆为 CAV 且其跟随 HDV，跟驰车辆为 CAV 的概率即为 CAV 渗透率 p_A，CAV 前车为 HDV 的概率即为 HDV 渗透率 $1-p_A$。若车道中车辆总数为 N，则某一车道车流中存在车头间距类型 h_{AH} 的车辆数量的数学期望为 $Np_A(1-p_A)$，即车头间距类型 h_{AH} 的生成概率 $p_{AH}=p_A(1-p_A)$，车头间距类型 h_{AA} 的车辆数量的数学期望为 $Np_A-Np_A(1-p_A)=Np_A^2$，即车头间距类型 h_{AA} 的生成概率 $p_{AA}=p_A^2$，车头间距类型 h_{HH}、h_{HA} 的车辆数量的数学期望为 $N(1-p_A)$，即车头间距类型 h_{HH}、h_{HA} 的概率之和为 $p_{HH}+p_{HA}=1-p_A$。

由此可得，NAS 策略下混合交通流中 4 种车头间距类型生成概率 p_{AA}、p_{AH}、p_{HH}、p_{HA} 如下：

$$\begin{cases}p_{AA}=p_A^2\\p_{AH}=p_A(1-p_A)\\p_{HH}+p_{HA}=-1-p_A\end{cases}\tag{2-35}$$

根据 NAS 策略框架，NAS 策略混合流密度为：

$$k_{NAS}=\frac{1}{p_{AA}h_{AA}+p_{AH}h_{AH}+p_{HA}h_{HA}+p_{HH}h_{HH}}\tag{2-36}$$

联立式(2-27)、式(2-35)、式(2-36)得：

$$k_{NAS}=\frac{1}{p_A^2(v_et_c+l_{safe}+l_{veh})+p_A(1-p_A)(v_et_a+l_{safe}+l_{veh})+(1-p_A)\left(\frac{l_{safe}+v_et_m}{\sqrt{1-\left(\frac{v_e}{v_0}\right)^4}}+l_{veh}\right)}\tag{2-37}$$

则 NAS 策略混合流基本图为：

$$\begin{cases} k_{\mathrm{NAS}} = \dfrac{1}{p_{\mathrm{A}}^2(v_{\mathrm{e}}t_{\mathrm{c}} + l_{\mathrm{safe}} + l_{\mathrm{veh}}) + p_{\mathrm{A}}(1-p_{\mathrm{A}})(v_{\mathrm{e}}t_{\mathrm{a}} + l_{\mathrm{safe}} + l_{\mathrm{veh}}) + (1-p_{\mathrm{A}})\left[\dfrac{l_{\mathrm{safe}} + v_{\mathrm{e}}t_{\mathrm{m}}}{\sqrt{1-\left(\dfrac{v_{\mathrm{e}}}{v_0}\right)^4}} + l_{\mathrm{veh}}\right]} \\ q_{\mathrm{NAS}} = k_{\mathrm{NAS}}v_{\mathrm{e}} \end{cases} \tag{2-38}$$

显然，式(2-38)表明混合交通流基本图模型由 CAV 渗透率 p_{A}、车间时距、平衡态速度 v_{e} 共同确定，由于本节考虑混合交通流基本图模型，将 CAV 渗透率在区间[0.1,0.9]范围内按照 0.1 的增量加载至式(2-38)，在 p_{A} 由 0.1 增加至 0.9 的过程中，可计算得到不同 CAV 渗透率条件下，平衡态速度 v_{e} 在自由流速度范围(0 ~ 33.3m/s)内的混合交通流的流量-密度基本图，如图 2-6 所示。

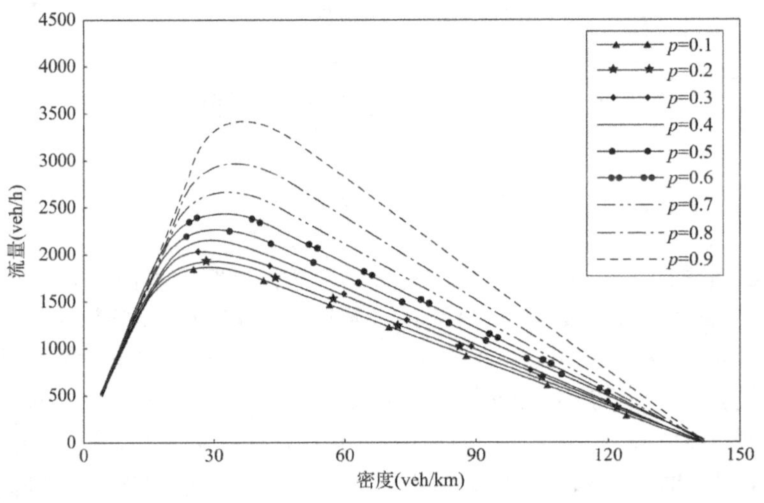

图 2-6 NAS 混合流基本图

从图 2-6 中可以看出，NAS 混合交通流临界密度随着 CAV 渗透率 p_{A} 的增加而增大，当 $p_{\mathrm{A}} = 0.9$ 时，临界密度为 37.06veh/km，这表明相比于纯人工驾驶车辆交通流，CAV 的引入能够有效地提升混合交通流最大通行能力。当 $p_{\mathrm{A}} = 0.9$ 时，最大通行能力达到 3444veh/h，相比于 $p_{\mathrm{A}} = 0.1$ 时的 1888veh/h，混合交通流最大通行能力提高了 1.83 倍。然而，当 $p_{\mathrm{A}} \leqslant 0.3$ 时，混合流的流量-密度解析曲线变化趋势不明显，这表明，当 CAV 渗透率 p_{A} 较小时，CAV 的引入对混合流最大通行能力的提升作用不大。

2.3.2.2 多车道混行交通流基本图

根据交通流特性分析，纯 CAV 交通流能够以更小的间距和更高的车速运行，且其在提高道路通行效率、安全性、舒适性等方面已成为共识，但是 CAV 的普及并非一蹴而就，未来将进入并将长期处于 CAV 与 HDV 混行的阶段。基于多车道的车道级集聚策略(Lane Level Agglomeration Strategy，LLAS)，可以针对 CAV 渗透率与整体交通需求之间的关系来确定最优车道集聚策略。

(1)双车道策略。

在双车道场景下,交通流运行方向最左侧车道设定为 CAV 专用车道,右侧车道为通用车道。

假设 CAV 渗透率为 p_A,整体交通需求为 D,自动驾驶专用车道最大通行能力为 C_{max},本书考虑优先为专用车道分配车流原则,即在保证分配至专用车道的 CAV 车流需求不大于专用车道通行能力 C_{max}的前提下,尽可能将更多的 CAV 分配至专用车道。记分配给专用车道的 CAV 需求占总交通需求的比例为 p_{DL},则 p_{DL}的约束表示为:$p_{DL} \leqslant p_A$且 $p_{DL} \leqslant \frac{C_{max}}{D}$。若 $p_A D > C_{max}$,表示 CAV 需求高于专用车道最大通行能力,则将满足专用车道通行能力最大化的 CAV 需求优先分配至专用车道,记为 $p_{DL} = \frac{C_{max}}{D}$,将剩余的 CAV 需求分配至通用车道,记为 $p_{GL} = p_A - p_{DL}$;若 $p_A D \leqslant C_{max}$,表示 CAV 需求不超过专用车道最大通行能力,则将全部 CAV 需求分配至专用车道,记为 $p_{DL} = p_A$,$p_{GL} = 0$。

根据以上分析,双车道策略具体表达式如下:

$$\begin{cases} p_{DL} + p_{GL} = p_A, p_{GL} = 0 & (p_A D \leqslant C_{max}) \\ p_{DL} = \frac{C_{max}}{D}, p_{GL} = p_A - p_{DL} & (p_A D > C_{max}) \end{cases} \tag{2-39}$$

(2)多车道策略。

基于双车道策略,将其拓展至由 a 条专用车道与 b 条通用车道($a \geqslant 1, b \geqslant 1; a + b \geqslant 3$)构成的多车道场景,并分析多车道场景下的 CAV 车流集聚策略。

基于多车道场景下的 CAV 车流集聚策略与双车道策略分析方法一致,若 $p_A D > aC_{max}$,表示 CAV 需求高于专用车道最大通行能力,则将满足专用车道通行能力最大化的 CAV 需求优先分配至专用车道,记为 $p_{DL} = \frac{aC_{max}}{D}$,那么,平均分配给各条专用车道的最大 CAV 需求比例为 $p_i (i = 1, 2, \cdots, a; p_i \geqslant 0)$,$p_i$与 p_{DL}之间的关系为 $p_{DL} = \sum_{i=1}^{a} p_i$,将剩余的 CAV 需求分配至通用车道,记为 $p_{GL} = p_A - p_{DL}$;若 $p_A D \leqslant C_{max}$,表示 CAV 需求不超过专用车道最大通行能力,则将全部 CAV 需求分配至专用车道,记为 $p_{DL} = \sum_{i=1}^{a} p_i = p_A$,$p_{GL} = 0$。

根据以上分析,多车道策略具体表达式如下:

$$\begin{cases} p_{DL} = \sum_{i}^{a} p_i = p_A, p_{GL} = 0 & (p_A D \leqslant aC_{max}) \\ p_{DL} = \sum_{i}^{a} p_i = \frac{aC_{max}}{D}, p_{GL} = p_A - p_{DL} & (p_A D > aC_{max}) \end{cases} \tag{2-40}$$

(3)数学模型。

为验证车道级集聚策略的可行性与有效性,针对上述车道级集聚策略构建对应的数学模型,以 a 条专用车道、b 条通用车道组成的道路为例进行数值分析与仿真模拟,研究过程不考虑车辆间的换道行为,且相同类型车道上的车流到达与分布状况均相等。

记每条专用车道的交通量为 q_{DL}，其满足 $q_{DL} \leqslant C_{max}$。按照上述优先为专用车道分配车流原则，q_{DL} 表达公式如下：

$$q_{DL} = \min\left(\frac{p_A D}{a}, C_{max}\right) \tag{2-41}$$

首先为专用车道优先分配满足专用车道通行能力最大化的 CAV 需求，其比例为 $\frac{a \cdot q_{DL}}{D}$，然后将剩余的 CAV 需求继续分配给通用车道，其比例为 p_{GL} [p_{GL} 表达式见式(2-42)]。在将剩余的 CAV 需求分配至通用车道后，通用车道的 CAV 渗透率变为 p_M，其表达式见式(2-43)。

$$p_{GL} = p_A - \frac{a \cdot q_{DL}}{D} \tag{2-42}$$

$$p_M = \frac{p_{GL} D}{\max(1, D - a \cdot q_{DL})} = \frac{p_A D - a \cdot q_{DL}}{\max(1, D - a \cdot q_{DL})} = \frac{p_A D - \min(p_A D, aC_{max})}{\max[1, D - \min(p_A D, aC_{max})]} \tag{2-43}$$

通用车道车流车头间距分布与所述 NAS 相同，即通用车道混合交通流中存在与 NAS 同样的 4 种车辆跟驰类型，则 LLAS 下，4 种车头间距类型生成概率 p_{AA}、p_{AH}、p_{HH}、p_{HA} 计算分别如下：

$$\begin{cases} p_{AA} = p_M^2 \\ p_{AH} = p_M(1 - p_M) \\ p_{HH} + p_{HA} = 1 - p_M \end{cases} \tag{2-44}$$

平均每条通用车道的交通量 p_{GL} 为：

$$q_{GL} = \min\left[\frac{D - a \cdot q_{DL}}{b}, C(h(p_M))\right] \tag{2-45}$$

式中：$h(p_M)$——通用车道变化后的 CAV 渗透率为 p_M 下混合车头间距函数。

道路总交通量 $Q(Q \leqslant D)$ 即为通用车道交通量与专用车道交通量之和，即：

$$Q = aq_{DL} + bq_{GL} \tag{2-46}$$

基于 LLAS 框架，其混合流密度为 k_{LMS}：

$$k_{LMS} = \frac{qk_{DL} + bk_{GL}}{a + b} \tag{2-47}$$

式中：a——专用车道数量；

b——通用车道数量；

k_{DL}——专用车道交通流密度，$k_{DL} = \frac{1}{h_{AA}}$；

k_{GL}——通用车道交通流密度，$k_{GL} = \frac{1}{h_{GL}} = \frac{1}{p_{AA}h_{AA} + p_{AH}h_{AH} + p_{HA}h_{HA} + p_{HH}h_{HH}}$。

联立式(2-27)、式(2-44)，可得 k_{DL}、k_{GL}：

$$k_{DL} = \frac{1}{h_{AA}} = \frac{1}{v_e t_c + l_{safe} + l_{veh}} \tag{2-48}$$

$$
\begin{aligned}
k_{\mathrm{GL}} &= \frac{1}{h_{\mathrm{GL}}} \\
&= \frac{1}{p_{\mathrm{M}}^{2}(v_{\mathrm{e}}t_{\mathrm{c}}+l_{\mathrm{safe}}+l_{\mathrm{vch}})+p_{\mathrm{M}}(1-p_{\mathrm{M}})(v_{\mathrm{e}}t_{\mathrm{a}}+l_{\mathrm{safe}}+l_{\mathrm{vch}})+(1-p_{\mathrm{M}})\left[\dfrac{l_{\mathrm{safe}}+v_{\mathrm{e}}t_{\mathrm{m}}}{\sqrt{1-\left(\dfrac{v_{\mathrm{e}}}{v_0}\right)^4}}+l_{\mathrm{veh}}\right]}
\end{aligned}
\tag{2-49}
$$

综上所述,LLAS 混合流基本关系为:

$$
\begin{cases}
k_{\mathrm{LMS}} = \dfrac{ak_{\mathrm{DL}}+bk_{\mathrm{GL}}}{a+b} \\
q_{\mathrm{LMS}} = \min\left(\dfrac{p_{\mathrm{A}}D+bk_{\mathrm{GL}}v_{\mathrm{e}}}{a+b}, k_{\mathrm{LMS}}v_{\mathrm{c}}\right)
\end{cases}
\tag{2-50}
$$

显然,式(2-50)表明混合交通流基本图模型由 CAV 渗透率 p_{A}、专用车道布设数量、整体交通需求等共同确定,本节考虑研究路段总车道数为 3 条,D 为整体交通流交通需求,参照单车道交通需求为 4000veh/h,则 $D=12000$veh/h。故可以从以下种 2 种专用车道部署方案对车道级集聚策略下混合流基本图模型展开分析,即方案Ⅰ:部署 1 条 CAV 专用车道、2 条通用车道;方案Ⅱ:部署 2 条 CAV 专用车道、1 条通用车道。然后将 CAV 渗透率在区间[0.1,0.9]范围内按照 0.1 的增量加载至式(2-50),在 p_{A} 由 0.1 增加至 0.9 的过程中,可计算得到在上述 2 种车道部署方案下,平衡态速度 v_{c} 在自由流速度范围(0~33.3m/s)内的混合交通流的流量-密度解析曲线,如图 2-7 所示。

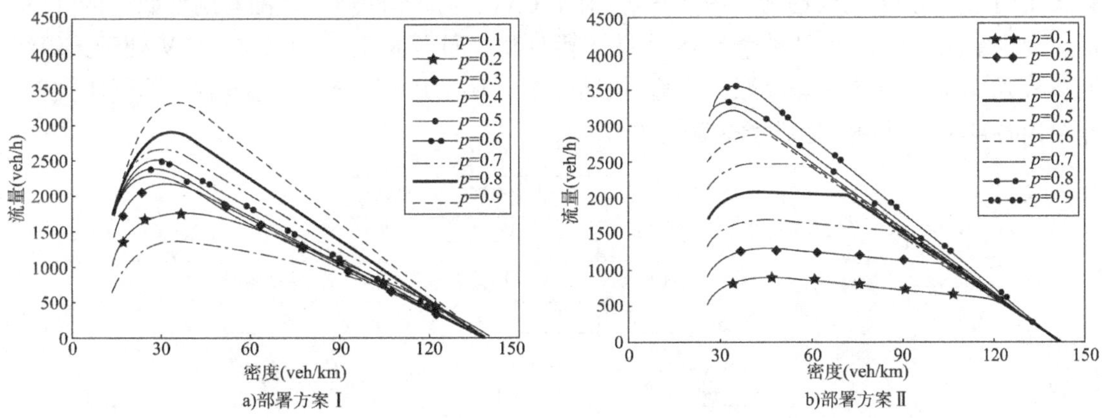

a)部署方案Ⅰ　b)部署方案Ⅱ

图 2-7　LLAS 混合流基本图

对比图 2-7a)与图 2-7b),可以发现,当渗透率 $p_{\mathrm{A}} \geqslant 0.5$ 时,方案Ⅱ流量明显高于方案Ⅰ,反之亦然。这一结果表明,当渗透率较小时,部署较少的专用车道有利于提升道路通行能力,当渗透率达到一定条件后,可以通过适当增加专用车道数量以提升道路通行能力。根据 NAS 混合基本图的流量-密度解析曲线(图 2-6),分别计算部署方案Ⅰ相对于 NAS、部署方案Ⅱ相对于 NAS、部署方案Ⅱ相对于部署方案Ⅰ的交通量增长率,如图 2-8 所示。

图 2-8 表明,当渗透率 $p_{\mathrm{A}} < 0.25$ 时,部署方案Ⅰ与部署方案Ⅱ相对于 NAS 的交通量增长率均为负值,即此时部署专用车道反而会降低道路通行能力;当渗透率 $0.25 \leqslant p_{\mathrm{A}} \leqslant 0.5$

时，部署方案Ⅰ相对于 NAS 的交通量增长率为正，即此时部署 1 条专用车道效果最佳；当渗透率 $0.5 < p_A < 0.9$ 时，部署 2 条专用车道效果最佳；当渗透率 $p_A \geqslant 0.9$ 时，部署方案Ⅰ与部署方案Ⅱ相对于 NAS 的交通量增长率均趋于 0，即此时部署专用车道对道路通行能力提升无明显增益。

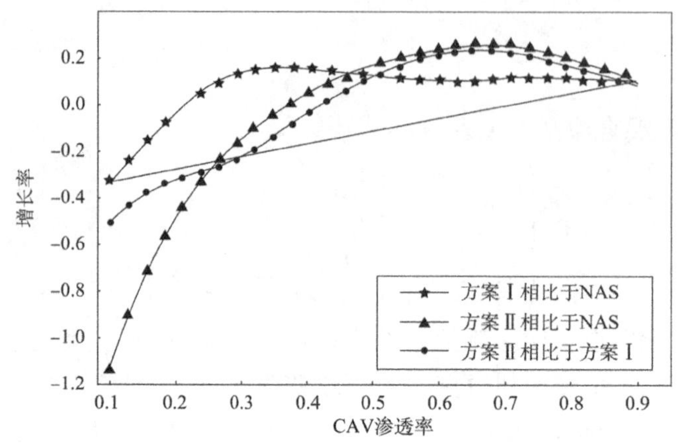

图 2-8　部署方案对比图

2.3.2.3　车辆编队交通流基本图

(1)车队级集聚策略框架。

在车队级集聚策略(Platoon Level Agglomeration Strategy，PLAS)中，对于 HDV，由于其不具备车间通信功能，均考虑为非编队车辆；对于 CAV，考虑车间通信范围与网络稳定性，设置最大允许编队规模为 R，即单个 CAV 车队车辆总和。同样地，CAV 车队与 HDV 处于无组织混行模式，由此产生 5 种车辆跟驰类型，按照图 2-9 中所示的框架定义了 5 种车头间距类型，并给出各自车头时距与生成概率表达式。

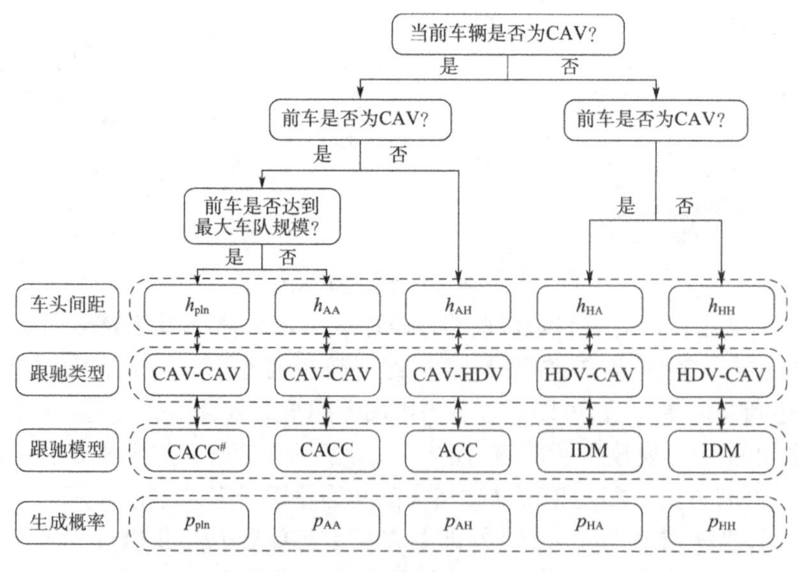

图 2-9　PLAS 框架

基于 PLAS 框架,5 种车头间距类型具体如下:

①h_{HH}表示跟驰车辆为 HDV 且其跟随 HDV 情形下的平衡态车头间距,其跟驰模型为 IDM,生成概率为 p_{HH};

②h_{HA}表示跟驰车辆为 HDV 且其跟随 CAV 情形下的平衡态车头间距,其跟驰模型为 IDM,生成概率为 p_{HA};

③h_{AA}表示跟驰车辆为 CAV 且其跟随 CAV 情形下平衡态车头间距,其跟驰模型为 CACC,生成概率为 p_{AA};

④h_{AH}表示跟驰车辆为 CAV 且其跟随 HDV 情形下平衡态车头间距,其跟驰模型为 ACC,生成概率为 p_{AH};

⑤h_{pln}表示 CAV 车队队内均为 CAV 跟驰情形下的平衡态车头间距,其跟驰模型为 CACC,生成概率为 p_{pln}。

为符合 CAV 车队队内 CAV 跟驰特点,CACC 车辆跟驰模型表达式如下:

$$\dot{v}_n(t)=k_d(h_n(t)-l_{veh}-t_{pln}v_n(t))+k_v(v_{n-1}(t)-v_n(t))+k_a\dot{v}_{n-1}(t) \tag{2-51}$$

式中:t_{pln}——CAV 车队队内 CAV 期望恒定车头时距,$t_{pln}=0.6$s;

k_d——车间距误差项控制系数;

k_v——速度差项控制系数;

k_a——前车加速度项反馈系数;

$\dot{v}_{n-1}(t)$——前车加速度。

为了研究 CAV 编队对车头间距的影响,Ghiasi 等人[13]定义了编队强度来表示混合交通流中 CAV 的聚集程度,用参数 O 来表示,$\forall O\in[-1,1]$。在相同 CAV 渗透率、不同编队强度条件的三种场景下(即 $p_A=0.5, O=-1; p_A=0.5, O=0; p_A=0.5, O=1$),编队强度随 O 的变化而改变,即 O 量化了 CAV 聚集程度。

(2)马尔可夫链模型。

①马尔可夫链定义。

马尔可夫链是随机变量 $X_1, X_2, X_3\cdots$的一个数列。这些变量的范围,即所有可能取值的集合,被称为“状态空间”,而 X_n 的值则是在时间 n 的状态。在马尔可夫链的每一步,系统根据概率分布,可以从一个状态变到另一个状态,也可以保持当前状态,状态的改变叫作转移,与不同的状态改变相关的概率叫作转移概率。

简而言之,马尔可夫链模型是状态空间中经过从一个状态到另一个状态的转换的随机过程。该过程要求具备无记忆的性质:下一状态的概率分布只能由当前状态决定,在时间序列中它前面的事件均与之无关。这也就是说,马尔可夫链是一个随机系统,它必须满足两个条件:

a. 系统任意时刻可以用有限个可能状态之一来描述;

b. 系统无后效性,即某阶段的状态一旦确定,则此后过程的演变不再受此前各种状态及决策的影响。

马尔可夫链通常用来建模排队理论和统计学中的建模,还可作为信号模型用于熵编码技术,如算术编码(著名的 LZMA 数据压缩算法就使用了马尔可夫链与类似于算术编码的区间编码)。

②数学表达。

A. 状态向量：

$$\boldsymbol{X}^{(n)} = (x_1^{(n)} \quad x_2^{(n)} \quad \cdots \quad x_k^{(n)}) \tag{2-52}$$

注意：a. 概率向量的每个元素都是概率，并且元素之和为 1；

b. 系统的可能状态数有 k 个；

c. 向量中各个元素分别表示表示第 n 次观测时第 i 个状态的概率；

d. $X^{(0)}$ 被称为初始状态。

B. 转移概率矩阵：

$$\boldsymbol{P} = \begin{pmatrix} p_{11} & p_{12} & \cdots & p_{1k} \\ p_{11} & p_{22} & \cdots & p_{2k} \\ \vdots & \vdots & & \vdots \\ p_{k1} & p_{k2} & \cdots & p_{kk} \end{pmatrix} \tag{2-53}$$

注意：a. $P_{ij}(i,j=1,2,\cdots,k)$ 表示这次观测前状态为 i，现在观测是状态为 j 的概率；

b. $\boldsymbol{P}$ 矩阵元素非负；

c. 每一行的元素之和都为 1。

根据无后效性，我们可以得出：

$$\boldsymbol{X}^{(n+1)} = \boldsymbol{X}^{(n)}\boldsymbol{P} \tag{2-54}$$

从而得出：

$$\boldsymbol{X}^{(n+1)} = \boldsymbol{X}^{(0)}\boldsymbol{P}^{n} \tag{2-55}$$

由于某一时刻状态转移的情况只依赖前一个状态，那么只要求出系统中任意两个状态之间的转移概率，这个马尔可夫链的模型就确定了。

为了量化在不同 CAV 渗透率 p_{A} 与编队强度 O 条件下，PLAS 对混合交通流通行能力的影响，以马尔可夫链模型为基础进行说明。在模型中，状态空间为 $S=\{A,H\}$，其中，A 表示 CAV，H 表示 HDV，车辆类型集合 X_n 表示在步骤 n 下的状态变量。

假设车流中第一辆车为 CAV 的概率为 p_{A}，即 $p(X_1=A)=p_{\mathrm{A}}$，则初始状态为：

$$\Gamma = [p_{\mathrm{A}}, p_{\mathrm{H}}] \tag{2-56}$$

则状态转移概率矩阵如下：

$$\boldsymbol{\phi} = \begin{bmatrix} \lambda_{\mathrm{AA}}, \lambda_{\mathrm{AH}} \\ \lambda_{\mathrm{HA}}, \lambda_{\mathrm{HH}} \end{bmatrix} \tag{2-57}$$

$$\lambda_{sr} = p(X_{n+1}=s \mid X_n = r) \quad (n\in N, s,r\in S) \tag{2-58}$$

式中：λ_{sr}——s 型车辆跟随 r 型车辆的概率，即 s 型车辆为跟随车辆，r 型车辆为前导车辆，其一般表达式为：

在本书中，转移概率 λ_{sr} 被定义为关于 CAV 渗透率 p_{A} 与编队强度 O 的函数，分别如下：

$$\lambda_{\mathrm{AH}}(p_{\mathrm{A}}, O) = \begin{cases} p_{\mathrm{H}}(1-O) & (O \geqslant 0) \\ p_{\mathrm{H}} + O\cdot\left(p_{\mathrm{H}} - \min\left\{1, \dfrac{p_{\mathrm{H}}}{p_{\mathrm{A}}}\right\}\right) & (O<0) \end{cases} \tag{2-59}$$

$$\lambda_{\mathrm{AA}}(p_{\mathrm{A}}, O) = 1 - \lambda_{\mathrm{AH}}(p_{\mathrm{A}}, O) \tag{2-60}$$

$$\lambda_{\mathrm{HA}}(p_{\mathrm{A}},O)=\begin{cases}p_{\mathrm{A}}(1-O) & (O\geqslant 0)\\ p_{\mathrm{A}}+O\cdot\left(p_{\mathrm{A}}-\min\left\{1,\dfrac{p_{\mathrm{A}}}{p_{\mathrm{H}}}\right\}\right) & (O<0)\end{cases} \tag{2-61}$$

$$\lambda_{\mathrm{HH}}(p_{\mathrm{A}},O)=1-\lambda_{\mathrm{HA}}(p_{\mathrm{A}},O) \tag{2-62}$$

式(2-59)～式(2-62)表明，$\forall O\in[-1,1]$，λ_{AA}、λ_{HH}均随着 O 增大而增大，这表明编队强度 O 越大，CAV 编队行驶概率越大。

(3)不同车头间距生成概率。

基于 PLAS 框架，对于 CAV 而言，存在 h_{pln}、h_{AA}、h_{AH}三种车头间距类型，对应生成概率分别为 p_{pln}、p_{AA}、p_{AH}；对于 HV 而言，存在 h_{HA}、h_{HH}两种车头间距类型，对应生成概率分别为 p_{HA}、p_{HH}。

假设最大 CAV 编队规模为 R，令 m 为车队中第 m 辆 CAV，记$\mathbb{R}$为车队 CAV 索引号集合，即满足 $m\in\mathbb{R}=\{1,2,\cdots,R\}$。当 $m=1$ 时，表示其为 CAV 车队簇头车辆，当 $m=2,3,\cdots,R$ 时，表示其为 CAV 车队内第 m 辆跟驰车辆，接下来分别对这两种情形进行分析。

①情形 1：$m=1$。

当 $m=1$ 时，表明该 CAV 是 CAV 车队簇头车辆，记其生成概率为 p_1，在此情况下，簇头车辆 CAV 存在 2 种跟驰模式，即 PLAS 框架中的“CAV-CAV”与“CAV-HDV”。簇头 CAV 跟随 HDV 的概率记为 p_{AH}：

$$p_{\mathrm{AH}}=p_{\mathrm{A}}\lambda_{\mathrm{AH}} \tag{2-63}$$

簇头 CAV 跟随 CAV 车队的概率记为 p_{AA}，根据马尔可夫性质，可以得到：

$$\begin{aligned}p_{\mathrm{AA}}&=p\{X_{R+1}=\mathrm{CAV},X_R=\mathrm{CAV},\cdots,X_1=\mathrm{CAV}\}\\&=p\{X_{R+1}=\mathrm{CAV}\mid X_R=\mathrm{CAV},\cdots,X_1=\mathrm{CAV}\}p\{X_R=\mathrm{CAV},\cdots,X_1=\mathrm{CAV}\}\\&=p\{X_{R+1}=\mathrm{CAV}\mid X_R=\mathrm{CAV}\}p\{X_R=\mathrm{CAV},\cdots,X_1=\mathrm{CAV}\}\\&=\lambda_{\mathrm{AA}}p_R\end{aligned} \tag{2-64}$$

通过归纳，最终可以得到簇头 CAV 跟随 CAV 车队的概率为：

$$p_{\mathrm{AA}}=\lambda_{\mathrm{AA}}^{R}\,p_1 \tag{2-65}$$

综合上述，可以求得 CAV 车队中簇头车辆的生成概率为 p_1：

$$p_1=p_{\mathrm{AH}}+p_{\mathrm{AA}} \tag{2-66}$$

联立式(2-63)、式(2-65)、式(2-66)，可以得到 p_1、p_{AA}：

$$p_1=\begin{cases}\dfrac{1}{R} & (p_{\mathrm{A}}=1\text{ 或 }O=1)\\ \dfrac{\lambda_{\mathrm{AH}}p_{\mathrm{A}}}{1-\lambda_{\mathrm{AA}}^{R}} & (\text{其他})\end{cases} \tag{2-67}$$

$$p_{\mathrm{AA}}=\begin{cases}\dfrac{1}{R} & (p_{\mathrm{A}}=1\text{ 或 }O=1)\\ \dfrac{\lambda_{\mathrm{AH}}\lambda_{\mathrm{AA}}^{R}p_{\mathrm{A}}}{1-\lambda_{\mathrm{AA}}^{R}} & (\text{其他})\end{cases} \tag{2-68}$$

②情形 2：$m=2,3\cdots,R$。

当 $m=2,3,\cdots,R$ 时，表示其为 CAV 车队内第 m 辆跟驰车辆，记其生成概率为 p_m：

$$\begin{aligned}p_m &= p\{X_m=\text{CAV},X_{m-1}=\text{CAV},\cdots,X_1=\text{CAV}\}\\&= p\{X_m=\text{CAV}\mid X_{m-1}=\text{CAV},\cdots,X_1=\text{CAV}\}p\{X_{m-1}=\text{CAV},\cdots,X_1=\text{CAV}\}\\&= p\{X_m=\text{CAV}\mid X_{m-1}=\text{CAV}\}p\{X_{m-1}=\text{CAV},\cdots,X_1=\text{CAV}\}\\&= \lambda_{\text{AA}}p_{m-1}\end{aligned}\tag{2-69}$$

同理，经过归纳，最终可以得到 CAV 车队中第 m 辆车的概率为：

$$p_m=\lambda_{\text{AA}}^{m-1}p_1,m=2,3,\cdots,R\tag{2-70}$$

对于 HV，可以得到 p_{HA}、p_{HH}：

$$p_{\text{HA}}=p_{\text{H}}\lambda_{\text{HA}}\tag{2-71}$$

$$p_{\text{HH}}=p_{\text{H}}\lambda_{\text{HH}}\tag{2-72}$$

根据 PLAS 框架，其混合流密度为 k_{PMS}：

$$k_{\text{PMS}}=\frac{1}{p_{\text{pln}}h_{\text{pln}}+p_{\text{AA}}h_{\text{AA}}+p_{\text{AH}}h_{\text{AH}}+p_{\text{HA}}h_{\text{HA}}+p_{\text{HH}}h_{\text{HH}}}\tag{2-73}$$

根据式(2-67)、式(2-68)，p_{A} 和 O 存在以下 3 种情形：

a. 情形 1：$p_{\text{A}}=1$。

在此情形下，交通流全为 CAV，即 $\lambda_{\text{AA}}=1,p_{\text{pln}}=\dfrac{R-1}{R},p_{\text{AA}}=\dfrac{1}{R},p_{\text{AH}}=p_{\text{HA}}=p_{\text{HH}}=0$，其混合流基本图为：

$$\begin{cases}k_{\text{PMS}}=\dfrac{R}{(R-1)h_{\text{pln}}+h_{\text{AA}}}\\q_{\text{PMS}}=kv_{\text{e}}\end{cases}\tag{2-74}$$

其中 $h_{\text{pln}}=v_{\text{c}}t_{\text{pln}}+l_{\text{veh}}$；$h_{\text{AA}}=h_{\text{c}}$。

b. 情形 2：$O=1$。

在此情形下，CAV 与 HDV 完全分离，$p_{\text{pln}}=\dfrac{(R-1)p_{\text{A}}}{R},p_{\text{AA}}=\dfrac{p_{\text{A}}}{R},p_{\text{HH}}=p_{\text{H}},p_{\text{AH}}=p_{\text{HA}}=0$，其混合流基本关系为：

$$\begin{cases}k_{\text{PMS}}=\dfrac{R}{[(R-1)h_{\text{pln}}+h_{\text{AA}}]p_{\text{A}}+Rp_{\text{H}}h_{\text{HH}}}\\q_{\text{PMS}}=kv_{\text{e}}\end{cases}\tag{2-75}$$

其中，$h_{\text{HH}}=h_{\text{m}}$。

c. 情形 3：$0\leqslant p_{\text{A}}<1$ 且 $-1\leqslant O<1$。

在此情形下，有：

$$p_{\text{pln}}=\sum_{m=2}^{R}p_m=\frac{\lambda_{\text{AA}}(1-\lambda_{\text{AA}}^{R-1})p_{\text{A}}}{1-\lambda_{\text{AA}}^{R}}\tag{2-76}$$

$$p_{\text{AA}}=\frac{\lambda_{\text{AA}}^{R}\lambda_{\text{AH}}p_{\text{A}}}{1-\lambda_{\text{AA}}^{R}}\tag{2-77}$$

则其混合流基本关系为：

$$
\begin{cases}
k_{\mathrm{PMS}} = \dfrac{1}{\dfrac{\lambda_{\mathrm{AA}}(1-\lambda_{\mathrm{AA}}^{R-1})p_{\mathrm{A}}}{1-\lambda_{\mathrm{AA}}^{R}}h_{\mathrm{pln}} + \dfrac{\lambda_{\mathrm{AA}}^{R}\lambda_{\mathrm{AH}}p_{\mathrm{A}}}{1-\lambda_{\mathrm{AA}}^{R}}h_{\mathrm{AA}} + \lambda_{\mathrm{AH}}p_{\mathrm{A}}h_{\mathrm{AH}} + \lambda_{\mathrm{HA}}p_{\mathrm{H}}h_{HA} + \lambda_{\mathrm{HH}}p_{\mathrm{H}}h_{\mathrm{HH}}} \\
q_{\mathrm{PMS}} = kv_{\mathrm{e}}
\end{cases}
\tag{2-78}
$$

显然,上述公式均表明 PLAS 下混合交通流基本图模型由 CAV 渗透率 p_{A}、编队强度 O、车队规模 R 等共同确定。为探究最大车队规模对通行能力的影响,确定最佳车队规模取值,分别在中等编队强度与中等 CAV 渗透率条件下,计算得到对应条件下通行能力比,计算结果如图 2-10 所示。

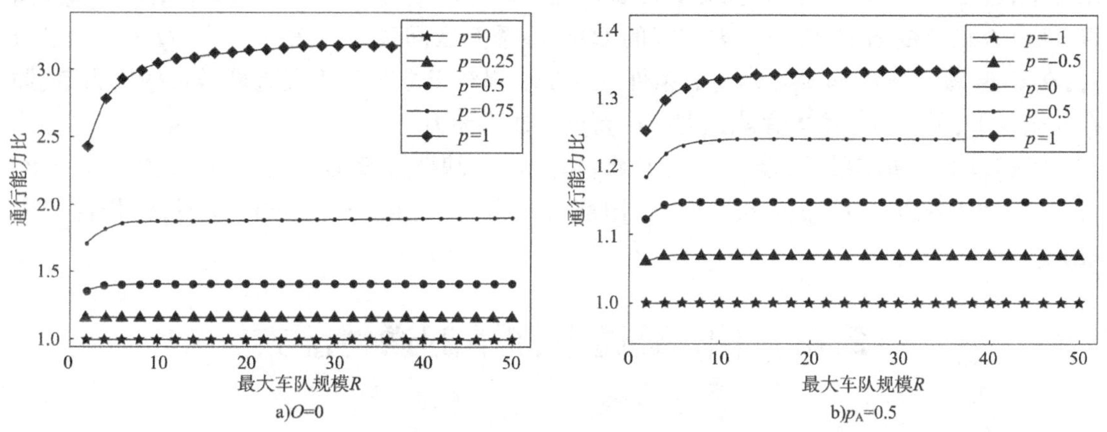

图 2-10 最大车队规模对通行能力影响

图 2-10a)中,在中等编队强度($O=0$)下,当 $p_{\mathrm{A}} \leqslant 0.5$ 时,车队规模大小变化对通行能力影响很小;当 $p_{\mathrm{A}}>0.5$ 时,通行能力随着车队规模的增大先有所增加然后趋于平缓。具体而言,当 $p_{\mathrm{A}}=0.75$ 且 $R=8$ 时,车队规模大小对通行能力提升已达最大,即此时无法通过扩大车队规模以提升通行能力。同样地,当 $p_{\mathrm{A}}=1$ 且 $R=16$ 时,车队规模大小对通行能力提升已经最大。图 2-10b)中,在中等渗透率($p_{\mathrm{A}}=0.5$)下,当 $O \leqslant 0$ 时,车队规模大小变化对通行能力影响很小;$O>0$ 时,通行能力随着车队规模的增大先有所增加然后趋于平缓。具体而言,当 $O=0.5$ 且 $R=6$ 时,车队规模大小对通行能力提升已经最大,同样地,当 $O=1$ 且 $R=14$ 时,车队规模大小对通行能力提升已经最大。

综合上述,选取 $R=6$ 为最佳车队规模对其混合流基本图模型展开分析。首先同样将 CAV 渗透率在区间[0.1,0.9]范围内按照 0.1 的增量加载至式(2-40)、式(2-43),在 p_{A} 由 0.1 增加至 0.9 的过程中,可以计算得到在不同 CAV 渗透率 p_{A} 与编队强度 O 条件下,平衡态速度 v_{e} 在自由流速度范围(0~33.3m/s)内的混合交通流的流量-密度解析曲线,从而发现混合交通流最大通行能力随着 CAV 编队强度 O 与渗透率 p_{A} 的增加而逐步增大。

为进一步对比无集聚策略、车道级集聚策略与车队级集聚策略对混合交通流最大通行能力的影响,分别计算 PLAS 相对于 NAS、PLAS 相对于部署方案Ⅰ、PLAS 相对于部署方案Ⅱ的交通量增长率,发现:当 CAV 渗透率 $p_{\mathrm{A}} \geqslant 0.7$ 时,在任意编队强度 O 条件下,PLAS 相对于 NAS 的交通量增长率均为正,即此时 PLAS 更优,而当编队强度 $O \geqslant 0$ 时,在任意 CAV 渗透率 p_{A} 条件下,PLAS 相对于 NAS 的交通量增长率均为正,即此时 PLAS 更优。

与 LLAS 中部署方案Ⅰ相比,PLAS 交通量增长率表现为随着 CAV 渗透率 p_A 的增加先呈现下降趋于负值然后最终增长为正值的趋势,具体表现为:当 CAV 渗透率 $p_A \leqslant 0.3$ 或 $p_A \geqslant 0.8$ 时,在任意编队强度 O 条件下,PLAS 相对于方案Ⅰ的交通量增长率均为正,对于不同编队强度 O 条件而言,随着 O 的不断增加,交通量增长率为正值的 CAV 渗透率区间逐渐扩大,当 O 增加至 1 时,在任意 CAV 渗透率区间下,PLAS 相对于方案Ⅰ的交通量增长率均为正。

与 LLAS 中部署方案Ⅱ相比,当 CAV 渗透率 $p_A \leqslant 0.4$ 或 $p_A \geqslant 0.85$ 时,在任意编队强度 O 条件下,PLAS 相对于方案Ⅱ的交通量增长率均为正。同样地,对于不同编队强度 O 条件而言,随着 O 的不断增加,增长率为正值的 CAV 渗透率区间逐渐扩大,即使当 O 取最大为 1 时,在 CAV 渗透率 $0.54 \leqslant p_A \leqslant 0.78$ 条件下,PLAS 相对于方案Ⅱ的交通量增长率仍为负,即在此条件下,无法通过增大编队强度以提高最大通行能力。

根据以上分析结果,综合考虑 CAV 渗透率 p_A 与编队强度 O,当 $p_A \leqslant 0.3$ 或 $p_A \leqslant 0.85$ 时,采用 PLAS;当 $0.3 < p_A < 0.6$ 时,采用部署方案Ⅰ;当 $0.6 \leqslant p_A < 0.85$ 时,采用部署方案Ⅱ。

2.4 不同交通条件下的通行能力

2.4.1 通行能力概况

2.4.1.1 通行能力分类

通行能力是指在一定的道路和交通条件下,道路上某一路段或某交叉口单位时间内通过某一断面的最大车辆数,可分为基本通行能力、可能通行能力和设计通行能力三种[14]。

(1)基本通行能力是指在一定的时段,在理想的道路、交通、控制和环境条件下,道路的一条车道或一均匀段或一交叉路口,期望能通过人或车辆的合理的最大小时流率。

(2)实际通行能力是指在一定的时段,在具体的道路、交通、控制和环境条件下,道路的一条车道或一均匀段上或一交叉路口,期望能通过人或车辆的合理的最大小时流率。

(3)设计通行能力是指在一定时段,在具体的道路、交通、控制及环境条件下,一条车道或一均匀段上或一交叉路口,对应设计服务水平下的最大服务交通流率。

根据不同的交通场景,道路通行能力也有城市道路通行能力与高速公路通行能力之分。

城市道路通行能力是指反映道路系统供应的能力,分道路断面通行能力和道路网络通行能力。前者指在一定的交通状态、环境和天气条件下,单位时间内通过某条道路某个断面或某个节点的最大车辆和行人数量。后者又称网络容量,是在维持道路系统合理运行状态的情况下,单位时间内城市整体或部分路网所能容纳的最大车公里或人公里。

高速公路基本路段通行能力是指在通常的道路和交通条件下,高速公路某一断面或均匀路段所容许通过的最大持续交通流率,通常的统计间隔为 15min 或 5min。

2.4.1.2 通行能力影响因素

实际高速公路的道路、交通条件往往不是理想条件,其中对通行能力构成影响的主要因素包括车道宽度及侧向净空、车道数量、设计速度、交通组成和驾驶人总体特性，这些条件的变化都将引起速度-流率-密度关系发生变化[14]。

（1）车道宽度及侧向净空影响：当车道宽度不足3.75m时，车辆行驶时的横向间距比在理想条件下小，驾驶人将拉大与同向车辆间的行驶间距或降低行驶速度以保证安全，因此，该路段的通行能力有所下降。当左侧路缘带宽度和右侧路肩宽度受限时，也会导致类似的情况发生。

（2）车道数量影响：当单向车道数量从理想条件下的2车道变为3车道或者4车道之后，其通行能力不会按车道数成倍增加。

（3）设计速度影响：当设计速度低于120km/h时，高速公路的运行条件将产生变化。因此，在任何特定的交通量条件下，速度观测值都低于120km/h，其速度-流量-密度关系曲线和通行能力值也将发生相应的变化。

（4）交通组成影响：由于中型车、大型车和拖挂车在外形尺寸和车辆行驶性能上与小客车存在显著差别，即中型车、大型车和拖挂车比小客车占用更多的道路行驶空间；中型车、大型车和拖挂车的加速、减速和保持速度的能力低于小客车，因此，中型车、大型车和拖挂车会在交通流中占用更大的动态空间。在长距离的持续上坡路段，由于中型车、大型车和拖挂车动力特性比小客车差，它们不得不减速行驶，导致交通流中出现很大空隙。

（5）驾驶人总体特征影响：理想条件之一是驾驶人都是职业驾驶人，当驾驶人由职业和业余驾驶人组成，或者驾驶人的技术熟练程度、遵守交通法规的程度、高速公路驾驶经验、对所在高速公路的熟悉程度以及驾驶人健康状况与理想条件存在差别时，都将使交通流的速度降低，导致速度-流量-密度关系曲线和通行能力发生变化。

2.4.2 通行能力分析方法

以高速公路基本路段为例，高速公路基本路段通行能力分析是从理想条件下的设计速度开始的，然后根据规划、设计或运营高速公路的实际条件，对设计速度进行修正，得到实际条件下的设计速度，从而得到实际条件下的通行能力值[14]。同时，以观测交通流率为基础，通过交通流率修正，得到实际条件下的高峰小时流率。结合实际条件下的通行能力值和实际条件最大的高峰小时流率，进行高速公路基本路段的规划、设计和运行状况分析，如图2-11所示。

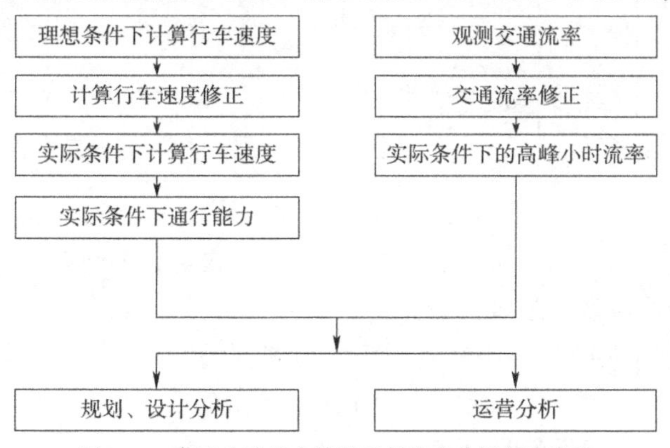

图2-11 高速公路基本路段通行能力分析方法流程

(1)理想条件的通行能力。

理想条件下的通行能力值见表2-6,利用高速公路基本路段的交通密度,将高速公路服务水平划分为四级,即自由流、稳定流上段、稳定流和饱和流以及处于拥挤状态的强制流。

理想条件下的通行能力参数　　表2-6

设计速度(km/h)	通行能力[pcu(h・车道)]	临界密度(小客车/km)	临界速度(km/h)
120	2200	45	48
100	2100	45	47
80	2000	45	45
60	1800	45	40

理想条件下的服务水平分级情况如图2-12、图2-13所示。

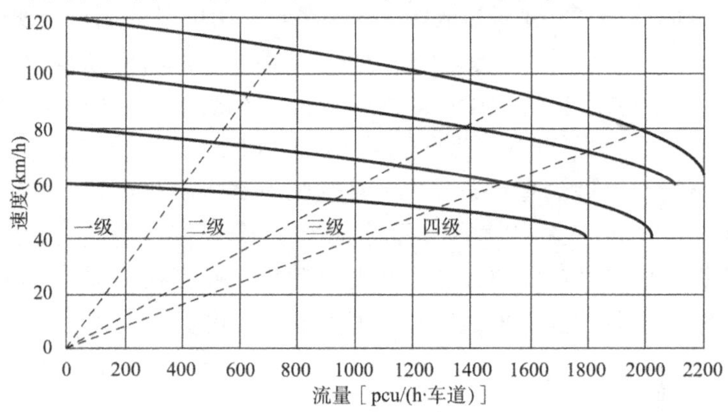

图2-12　理想条件下速度-流量图的服务水平分级

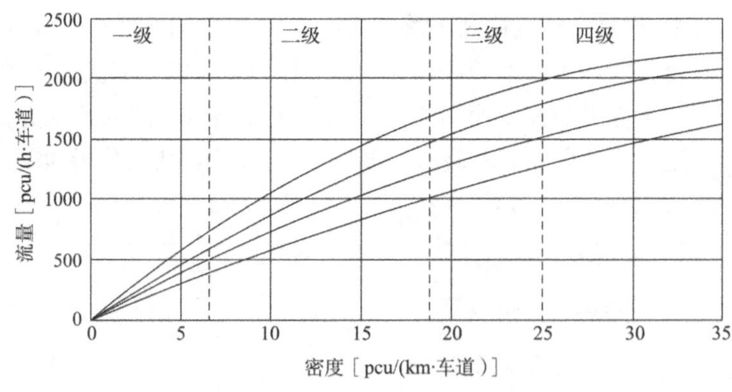

图2-13　理想条件下流量-密度图的服务水平分级

(2)实际道路条件对设计速度的修正。

按照式(2-79)计算实际道路条件对理想设计速度的修正:

$$V_R = V_0 + \Delta V_W + \Delta V_N \tag{2-79}$$

式中:V_R——实际道路条件下的设计速度(km/h);

V_0——理想条件下的设计速度(km/h)；

ΔV_W——车道宽度和路侧净空对设计速度的修正值(km/h)；

ΔV_N——车道数对设计速度的修正值(km/h)。

相关修正值可查阅《公路通行能力手册》。

(3)服务交通量。

按照式(2-80)计算实际道路、交通条件对最大服务交通量的修正：

$$SF_i = MSF_i \times f_{HV} \times f_p \times f_N \times N \tag{2-80}$$

式中：SF_i——实际道路、交通条件下，i 级服务水平对应的单方向 N 条车道的服务交通量，辆/h；

MSF_i——在理想条件下，i 级服务水平所对应的单车道最大服务交通量，辆/(h · 车道)；

f_{HV}——交通组成影响对流率的修正系数；

f_p——驾驶人总体特性影响对设流率的修正系数；

f_N——车道数对流率的修正系数；

N——高速公路单向车道数。

①交通组成影响的修正系数。

$$f_{HV} = \frac{1}{1 + \sum p_i(E_i - 1)} \tag{2-81}$$

式中：p_i——车型 i 的交通量占总交通量的百分比；

E_i——车型 i 的车辆折算系数，高速公路中车型 i 包括中型车、大型车和拖挂车。

实际上，车辆折算系数的影响因素非常多，如交通量的大小、纵坡坡度和坡长、车辆性能等。

②驾驶人总体特性对流率的修正系数。

驾驶人总体特征的影响是通过修正系数 f 来反映的，取值在 0.85 ~ 1.00 之间。驾驶人总体特征影响修正系数的使用应该非常谨慎，可以通过调查工作日和休息日的交通流率和速度来确定该修正系数取值；或通过专家对道路、交通状况的综合分析，提出合理的修正系数。在一些情况下，可以采用 f 的取值范围对通行能力进行灵敏性分析，以确定不同的驾驶人总体特征是否会严重影响高速公路通行能力[15]。

本章参考文献

[1] 吴德华，彭锐，林熙玲. 智能网联异质交通流混合特性[J]. 西南交通大学学报，2022，57(4)：761-768.

[2] WANG D H，JIN S. 车辆跟驰行为建模的回顾与展望[J]. 中国公路学报，2012，25(1)：115-127.

[3] REUSCHEI A. Vehicle Movements in the Column Uniformly Accelerated or Delayed[J]. Oesterrich IngrArch，1950(4)：193-215.

[4] BANDO M，HASEBE K，NAKAYAMA A，et al. Dynamical model of traffic congestion and numerical simulation [J]. Physical Review E，1995，51(2)：1035-1042.

[5] HELBING D,TILCH B. Generalized force model of traffic dynamics [J]. Physical Review E, 1998,58(1):133-138.

[6] JIANG R,WU Q,ZHU Z. Full velocity difference model for a car-following theory[J]. Physical Review E,2001,64:101-105.

[7] LI Y F,ZHANG L,PEETA S,et al. A car-following model considering the effect of electronic throttle opening angle under connected environment [J]. Nonlinear Dynamics,2016,85(4): 1-11.

[8] 秦严严,王昊,王炜,等. 混有 CACC 车辆和 ACC 车辆的异质交通流基本图模型[J]. 中国公路学报,2017,30(10):127-136.

[9] MILANÉS V,SHLADOVER S E. Modeling cooperative and autonomous adaptive cruise control dynamic responses using experimental data [J]. Transportation Research Part C:Emerging Technologies,2014,48:285-300.

[10] 孟凡兴,张良,张伟. 驾驶人车头时距研究[J]. 工业工程与管理,2013,18(2):131-135.

[11] 刘江,吕津燕,荣建,等. 车头时距分布模型及其在山区双车道公路的应用[J]. 交通运输工程与信息学报,2004(4):16-22.

[12] 秦严严,胡兴华,何兆益,等. CACC 车头时距与混合交通流稳定性的解析关系[J]. 交通运输系统工程与信息,2019,19(6):61-67.

[13] GHIASI A,HUSSAIN O,QIAN Z S,et al. A mixed traffic capacity analysis and lane management model for connected automated vehicles:A Markov chain method [J]. Transportation Research Part B:Methodological,2017,106:266-292.

[14] 周荣贵,钟连德. 公路通行能力手册[M]. 北京:人民交通出版社股份有限公司,2017.

[15] ZHOU J,ZHU F. Analytical analysis of the effect of maximum platoon size of connected and automated vehicles [J]. Transportation Research Part C: Emerging Technologies, 2021, 122:102882.

第3章
智能网联混合交通流稳定性

针对日益严峻的交通拥堵问题,深入探索微观交通流的内在机理,以提高道路交通流稳定性,是目前交通流理论研究的重要课题之一。交通流稳定性是影响交通运营质量的关键内在因素,不稳定的交通流易产生时走时停的交通震荡,进而易诱发交通拥堵。

交通流稳定性是交通流特性研究中的一个重要方面,也是衡量车流是否平稳运行的重要评价指标。当处于稳态的车流中的某一辆车运行状态发生变化时,如急加速、急减速等,都会对整个车流的平衡态施加一系列扰动,或产生小范围的波动,或演变为交通拥堵。

3.1 交通流稳定性基本概述

3.1.1 交通流稳定性基本概念

交通流稳定性是衡量交通系统应对扰动(表现为与稳定状态的间隔和速度偏差)平稳运行的重要指标,反映了车队中某一车辆(引导车)发生的扰动在其后某一辆车或者在整个下游车队所有车辆中的传播状况。当处于稳定跟驰状态的车队中的某一辆车改变驾驶行为,如加减速、紧急制动、变道等,都会引起下游行驶车辆的车速波动。若车速波动的振幅逐渐增大,则演化为车队系统的失衡,即不稳定;反之,若振幅逐渐减小至趋近平稳,则车队系统重新恢复到平衡态,即表现为稳定。

3.1.1.1 稳定性

稳定性反映车流抗干扰的能力。对于处于平衡态的车流(所有车辆以相同的速度或车头间距行驶,加速度为0),对引导车施加干扰后,若该扰动在车队下游逐渐消失则表现为稳定,若扰动在向车队下游传播的过程中幅度被逐渐放大则表现为不稳定。

根据车队扰动幅度的大小,稳定性分析可划分为线性稳定性(linear stability)分析和非线性稳定性分析(nonlinear stability)。线性稳定性对应的扰动幅度较小,非线性稳定性对应的扰动幅度较大。

3.1.1.2 非线性稳定性

现实交通中存在许多复杂的非线性现象,而交通流模型(包括宏观车流波模型和微观跟驰模型等)的研究则为描述这类复杂交通现象提供一个良好的理论基础。非线性稳定性即为当交通流模型方程取为非线性刚性方程时所引进的一类稳定性概念，通过对模型进行非线性分析得到非线性稳定性条件。

3.1.1.3 线性稳定性

对于线性稳定有两个意思，一是指前后两车之间的变化反应。例如两车车距的摆动，如摆动大则不稳定，摆动越小则越稳定，这称为局部稳定。另一个意思是引导车向后面各车传播速度变化。如扩大其速度振幅，叫作不稳定；如振幅逐渐衰弱，则叫作稳定，这称为渐进稳定。

(1)局部稳定。若前后两车的速度大致相等，车间距离大体保持某一常数值，叫作局部稳定。局部稳定涉及的是一跟驰车对其紧随的引导车扰动的波动反应，即涉及的是一对车辆之间的局部行为。

Herman 等人研究了线性车辆跟驰模型的稳定性，通过求解一个复杂的二阶方程，用一个描述两车车间距摆动情况的值来表征局部稳定性条件：

①当 $0\leqslant C<\frac{1}{e}$时，车间距不产生振荡；

②当$\frac{1}{e}\leqslant C<\frac{\pi}{2}$时，车间距产生振幅呈指数衰减的振荡；

③当 $C=\frac{\pi}{2}$时，车间距产生振幅不变的振荡；

④当 $C>\frac{\pi}{2}$时，车间距产生振幅逐渐增大的振荡。

(2)渐进稳定。速度的变化有向其后各车传播的特性，如果速度变化的振幅在传播过程中增大了，叫作不稳定；如果振幅逐渐衰减则叫作稳定，这种情形就称为渐进稳定。和局部稳定相反，渐进稳定考虑的是一列车队运行的稳定性情况，因此，其也称为车队稳定或弦稳定。

Herman 等人研究了渐近稳定性，指出一车队中的车辆仅当 $C<\frac{1}{2}$时，才是渐进的稳定。

在车队稳定性分析中，往往用速度扰动作为观测标准，如图 3-1 所示，稳定车队中速度扰动向车队上游传播过程中会逐渐衰减，而不稳定的车队则会将扰动逐渐放大。

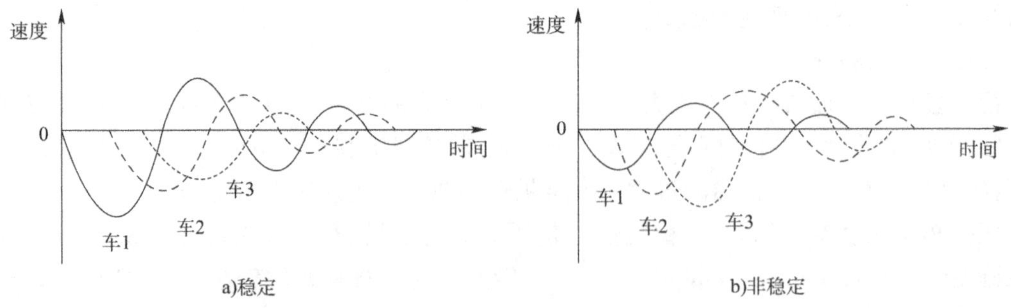

图 3-1 稳定与非稳定性车队速度变化示意图

3.1.2 稳定性影响因素

车队稳定性这一内在属性最终将通过速度、车辆间距、加速度等外在交通运行参数的变化得以体现，而交通扰动是破坏车队稳定性并引起交通拥挤的直接原因。速度的波动是交通扰动的最常见形式，驾驶人特性、车队特性、外部的道路条件、环境因素和交通条件等都是影响车速波动的重要因素，任何一因素的变动都可能引发速度波动，从而导致交通扰动甚至交通拥堵。

要保持交通流稳定，驾驶人应在扰动到来之前感应到扰动的存在，预测出扰动到达自身的时间，并在此时间之内作出反应；较大的车间距、较短的反应时间、较远的视距，对稳定交通流都是有利的，而车队特性对交通流稳定性有双面作用。

3.1.2.1　驾驶人特性

驾驶人驾驶车辆的过程就是感觉、知觉、判断和操纵等阶段不断循环的过程，驾驶人的交通特性对这个过程都有很大影响，其中视觉特性、反应特性和注意力特性更为重要。

驾驶人的交通特性是驾驶人在信息处理过程中所表现出来的自身特性，依据驾驶过程的不同阶段将驾驶人的交通特性分为感知特性、判断特性及操作特性三类。

影响驾驶特性的驾驶人自身因素包括生理和心理两个方面，按延续时间的长短又分为短时和持续因素两种情况，当然，车辆、道路及交通条件、气象状况等对驾驶人的驾驶特性也有影响，有时甚至影响巨大，但它毕竟是外部因素，是要通过驾驶人自身而起作用。因此，研究驾驶人的驾驶特性主要是研究驾驶人自身的感知、判断及操作特性。

(1)驾驶人的感知特性。

人们对客观事物的认识始于感觉，驾驶人通过各种感觉器官从外部环境获取信息。知觉是比感觉更复杂的认知形式，是在感觉的基础上对事物各种属性的综合反应。

驾驶人的感知特性分为感觉与知觉两个方面。人们一般都是以知觉的形式直接反映客观事物的，感觉只是作为知觉的组成成分存在于知觉中。研究表明，视觉水平低下(观察距离不当)、对速度知觉过早(速度感与实际速度差异)是引发交通扰动的重要原因之一。

车辆在加速或减速时，许多驾驶人依靠自己的速度感判断速度的大小。但是车上的速度表与自己心中的速度表(速度感)未必一致。一般说来，不看车速表，主观判断车辆的速度时，感觉的速度比实际车速低。在车速低时，这种评价误差还较小，车速越高，误差就越大。过低评价速度是由若干原因造成的，主要是物理方面的原因，此外还有发动机声音、道路噪声等。与大型车相比，乘坐噪声较小的汽车时，速度感要小一些。

观察距离及主观速度知觉能力，直接决定驾驶人的驾驶水平。因此，可通过分析驾驶人的深度和速度知觉差异测评驾驶人的感知特性。驾驶人的深度知觉水平可用深度知觉仪来测量，速度知觉能力可使用速度知觉仪来测量。

(2)驾驶人的判断特性。

驾驶人的判断特性因人而异。驾驶经验与驾驶水平的差异、感知速度的差异、疲劳、酒后驾驶及驾驶适应性等问题都会影响驾驶人的判断特性。在影响驾驶人判断特性的所有心理品质中，最重要的是驾驶人对道路情况变化的反应及注意能力，因此，驾驶人的判断特性通常用选择反应时及注意水平指标来测评。

驾驶人的反应特性可以用视觉反应时测试仪来测量，驾驶人的注意分配特性可使用注意分配实验仪来测量。

(3)驾驶人的操作特性。

驾驶人的操作特性不是人体的一种心理特征,但也是影响行车安全的一种特性。由操作错误引起的交通动乱主要是不能正确地踏制动踏板或加速踏板,或者是对转向盘转动过度或不足。

虽然由于操作错误引起的交通动乱比感知或反应判断错误所引起的交通动乱少,但操作错误也是造成交通动乱的原因之一。驾驶人操纵汽车不当,容易造成动作差错。如由于受训不够、动作不规范造成的动作不到位或动作错误;由于安全意识较差、违反操作规程引起的动作盲目或随意;由于经验不足、疲劳造成的动作不协调等都会造成驾驶人操作失误。

驾驶人的操作特性可以用单位时间内光反应正确操作次数及动作判断错误次数两项指标来测评。

3.1.2.2 车队特性

影响道路车流稳定性的车队特性主要包括车辆自身交通特性、车辆分布特性等。

(1)车辆自身交通特性。

车辆自身交通特性(traffic characteristics of vehicle)俗称车辆特征,是车辆本身所具有的构造特性、动力特性、运动特性及其使用特性的总括。车辆驾驶人了解和使用这些特性,将影响到交通流的特性和交通安全。这里主要分析汽车的交通特性,包括车辆类型、车辆尺寸、机动车主要特性。

①车辆类型:根据车辆外形,能将传统机动车分为小汽车、电车、摩托车、拖拉机、轮式专用机械车等。随着智慧交通技术发展,根据车辆是否具有通信功能,能将车辆分为 HDV 和 CAV。已有的 CAV 包括 ACC 车辆与 CACC 车辆,研究表明,ACC 车辆通过雷达测量本车与前方车辆之间的距离和速度差,比驾驶人的感知和反应延迟时间短很多。如果所有车辆都采用相同的 ACC 控制策略,可以减少速度波动,提升车队稳定性。CACC 车辆能借助先进的 V2X 通信技术使车辆接收到更多的前方车辆信息,同时减少信息的延迟,进一步提升车队的稳定性。

②车辆尺寸:车辆大小、高度等也会影响车流稳定性,如当跟驰在公交车或大型货车后面时,驾驶人倾向于减速与其拉开足够的距离以确保安全。不同的车辆类型有着不同的车辆设计外廓尺寸要求。在我国,《公路工程技术标准》(JTG B01—2014)和《城市道路设计规范》(CJJ 37—2012)中都规定了机动车外廓尺寸标准。

③机动车主要特性:包括动力性能、制动性能、车辆通过性、机动性和稳定性。

A. 动力性能主要通过以下三个指标描述。

a. 最高行驶速度:在良好的水平路段上,汽车所能达到的最高行驶速度;

b. 加速时间:原地起步加速时间、超车加速时间;

c. 最大爬坡能力:用最大爬坡度来表示。

B. 制动性能:在车辆的安全设计中,最重要的操纵特性是制动和减速,而在实际交通系统的设计和运行中,制动时间和制动距离是首先要考虑的两个因素。

a. 制动距离:从踏着制动踏板开始到汽车停住为止车辆所驶过的距离,不包括驾驶人的知觉-反应距离。

b. 制动性能的稳定性:是指制动性能不因制动器摩擦条件的改变而恶化的性能,可分为热稳定性和水稳定性。热稳定性(抗热衰退性)是指因连续制动使制动器温度升高后仍能保持冷态制动效应的能力。水稳定性是指不因制动器浸水而使制动效能减退的能力。

C. 车辆通过性:是指机动车不用其他辅助措施能以足够高的平均速度通过各种路面(潮湿、冰雪)、无路地段和越过各种自然障碍的能力。车辆通过性可分轮廓通过性和支承通过性。

a. 轮廓通过性:包括机动车的最小离地间隙、接近角和离去角纵向和横向通过半径、车辆所能通过的最大横坡。

b. 支持通过性:包括附着质量、附着质量系数和车轮接地比压(车轮对地面的单位压力)。

D. 车辆机动性:指车辆在最小面积内转向和转弯的能力。

E. 车辆稳定性:指车辆根据驾驶人的意愿按照规定的方向行驶,且不产生侧滑或倾翻的能力。

(2)车辆分布特性。

车辆分布特性主要指道路车流中不同类型车辆比例与其分布规律。

①车辆比例:相较 HDV,CAV 具备更精确的感知能力、更迅速决策能力与更稳定的控制能力,因此,CAV 可以保持更小的车头间距稳定跟驰行驶。CAV 渗透率的提高会相应地减少车流中 HDV 的比例,进一步减少车流中产生驾驶波动的 HDV 数量,在一定程度上抑制了车流速度的波动幅度,最终提高车流的稳定性。图 3-2 显示了 CAV 混入车辆比例对混合流稳定性的影响。右侧坐标为稳定性的热力值图例,大于 0 所对应的区域为稳定域,图中表明浅色对应区域为稳定域,深色为不稳定域。

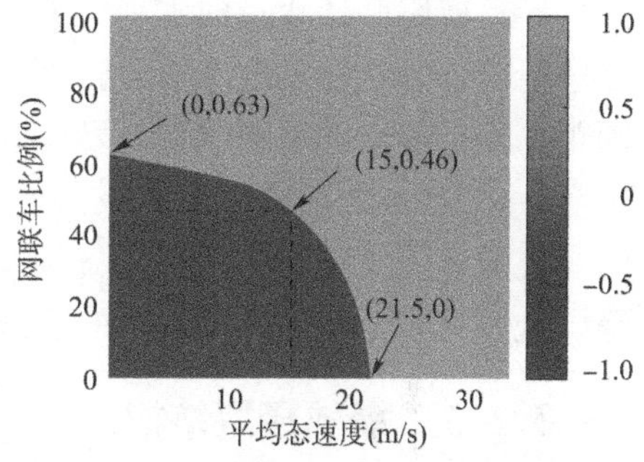

图 3-2 CAV 混入车辆比例对混合流稳定性的影响[1]

②车辆分布:当车队中 CAV 数量一定,即渗透率一定时,CAV 的编队强度会影响车头时距分布。编队强度越大,说明形成聚集性跟驰状态的 CAV 越多,CAV 与 CAV 之间能形成协同驾驶,拥有更小车头时距,能形成车辆间通信,从而提高 CAV 之间的局部稳定性。

3.1.2.3 道路条件

道路条件对交通安全起着重要的作用,影响驾驶人对行车速度的选择,道路特征决定了车辆本身可能达到的速度,同时也影响着驾驶人对该路段适宜的行车速度的认识和选择。苏联专家对苏联境内的道路交通扰乱进行了分析,发现涉及恶劣道路条件影响的扰乱(主要为事故)占总事故数的 70% 。在山区高速公路上,群死群伤的特大事故比平原区要高得多、严重得多,而其中线形不良的急弯、陡坡、连续下坡、视距不良和路侧险要五种类型的路段是事故高发路段。

道路条件包括道路几何线形、道路等级和横断面形式等。道路与车辆直接接触,是车辆行驶的空间,道路的条件与性质对驾驶行为有较大的影响。不同性质、等级的道路,驾驶人所接收的信息也会不同,从而反馈不同的驾驶行为。

(1)线形条件。

曲率、坡度、坡长、视距等道路特征对行车速度都有重要影响。平曲线与交通扰乱关系很大。曲率越大,扰乱越大,尤其是曲率大于10时,扰乱急剧增加;道路竖曲线半径过小时,易造成驾驶人视野变小,视距变短,发生扰乱甚至事故。德国高速公路上坡度与事故率关系的统计资料表明,当坡度大于4%时,事故率剧增;线形组合,虽然线形标准都符合规范,但组合不好仍然会导致扰乱增加。

(2)路面条件。

路面的平整度和抗滑性也是影响高速公路安全行驶的原因。由于高速公路车速高的特点,路面上的一个小石粒或路面结构小的破损都可能导致大的交通事故。在美国宾夕法尼亚州的交通事故调查中发现,路面湿润时事故率为路面干燥时的2倍。

3.1.2.4 气候条件

据英国有关部门统计,所有公路致伤事故中,由制动引起的约占20%,主要由路面潮湿造成,其中一半事故发生时正在降雨。据美、英、澳等国统计,由于能见度低、制动失效,雨天公路事故增加约25%,若再伴有强风,事故率会更高,损失更大。其次,雾、冰、雪对公路交通的干扰也比较严重,据统计,下雪天公路事故率增加25%,伤亡率会增加近一倍。

导致道路交通扰动的不利气象条件主要有积雪、积冰、降雨、大雾、大风、低温及高温等。这些情况会导致能见度降低,路面的摩擦因数降低,车辆制动减速时极易导致车辆侧滑、制动距离延长等交通恶劣扰动的发生。

3.1.2.5 交通条件

交通条件指道路上的交通流状态,如交通流密度、速度、流量、车道分布和交通管控措施等。这些因素通过影响驾驶人的选择来影响车流稳定性。

3.1.3 跟驰模型结构

交通流稳定性分析通常基于具体的微观跟驰模型(CFM)展开,回顾现有跟驰模型理论发展,可将其大致分为以下三类。第一类为考虑延时且具备车间通信功能的结构跟驰模型[见式(3-1),包括CACC跟驰模型];第二类为考虑延时但不具备车间通信功能的结构跟驰模型[见式(3-2),包括IDM跟驰模型、ACC跟驰模型]和第三类为不考虑任何延时的经典跟驰模型[见式(3-3),包括OVM、FVD跟驰模型]。

3.1.3.1 考虑延时且具备车间通信功能

考虑延时且具备车间通信功能结构的跟驰模型,其一般表达式为:

$$\dot{v}_{n,q}(t)=y_{n,q}(v_n(t-\tau_v),h_n(t-\tau_h),\Delta v_n(t-\tau_{\Delta v}))+k_{n,q}\dot{v}_{n-1,q}(t-\tau_v) \tag{3-1}$$

式中: n——车辆索引号,表示交通流中第 n 辆车;

q——跟驰模型控制模式索引号,表示该类结构跟驰模型中的第 q 种具体控制模式,假设其存在 Q 种不同控制模式,所有控制模式索引号 q 满足集合 Q,即 $q\in Q=\{1,2,\cdots,Q\}$;

$\dot{v}_{n,q}(t)$——t 时刻车辆 n 在第 q 种控制模式下的车辆加速度;

$y_{n,q}$——车辆 n 在第 q 种控制模式下的跟驰模型一般表达式;

$v_n(t-\tau_v)$——车辆 n 在 t 时刻的速度；

$h_n(t-\tau_h)$——车辆 n 在 t 时刻的车头间距；

$\Delta v_n(t-\tau_{\Delta v})$——车辆 n 与前车 $n-1$ 在 t 时刻的速度差，本章统一定义为前车速度减去后车速度的差值，即 $\Delta v_n(t-\tau_{\Delta v})=v_{n-1}(t-\tau_v)-v_n(t-\tau_v)$；

$k_{n,q}$——车辆 n 在第 q 种控制模式下关于紧邻前车的加速度反馈系数；

$\dot{v}_{n-1,q}(t-\tau_v)$——$t$ 时刻前车 $n-1$ 在第 q 种控制模式下的加速度；

τ_v——车辆相对前车速度变化响应的时间延迟；

τ_h——车辆相对前车车间间距变化响应的时间延迟；

$\tau_{\Delta v}$——车辆相对其与前车速度差变化响应的时间延迟。

值得注意的是，式(3-1)中控制系数 $k_{n,q}$ 取值为正值时表示跟驰车辆 n 与前导车辆 $n-1$ 的保持相同的加减速状态，在实际道路交通流中，当前导车辆 $n-1$ 状态发生变化时，跟驰车辆 n 也应当随之调整新的状态，因此，要求式(3-1)中的控制系数 $k_{n,q}$ 取值非负。

3.1.3.2 考虑延时但不具备车间通信功能

考虑延时但不具备车间通信功能结构的跟驰模型，其一般表达式为：

$$\dot{v}_{n,z}(t)=g_{n,z}(v_n(t-\tau_v),h_n(t-\tau_h),\Delta v_n(t-\tau_{\Delta v})) \tag{3-2}$$

式中：z——跟驰模型控制模式索引号，表示该类结构跟驰模型中的第 z 种具体控制模式，假设其存在 Z 种不同控制模式，所有控制模式索引号 z 满足集合$\mathbb{Q}$，即 $z\in\mathbb{Q}=\{1,2,\cdots,Z\}$；

$\dot{v}_{n,z}(t)$——t 时刻车辆 n 在第 z 种控制模式下的车辆加速度；

$g_{n,z}$——车辆 n 在第 z 种控制模式下的跟驰模型一般表达式。

考虑到第一类结构跟驰模型车辆具备车间通信功能，因此，其时间延迟可以设置为0，即 $\tau_h=\tau_v=\tau_{\Delta v}=0$；对于第二类结构跟驰模型，时间延迟参数设置为 $\tau_h>0$、$\tau_v=\tau_{\Delta v}=0$。本节定义相对时间延迟 $\tau=\tau_h-\tau_v$，即对于第一类结构跟驰模型，其相对延迟 $\tau=0$，对于第二类结构跟驰模型，其相对延迟 $\tau=\tau_h$。

3.1.3.3 不考虑任何延时

不考虑任何延时的经典跟驰模型，其一般表达式为：

$$\begin{cases}\dot{x}_n(t)=v_n(t)\\ \dot{v}_n(t)=f(s_n,v_n,\Delta x_n)t\end{cases} \tag{3-3}$$

式中：$\dot{x}_n(t)$——$x_n(t)$ 车辆 n 在 t 时刻前保险杠位置；

$\Delta x_n(t)$——前车的前保险杠与后车的前保险杠间距，即 $\Delta x_n(t)=x_{n-1}(t)-x_n(t)$。在跟驰模型的微分推导中，$\Delta x_n(t)$ 可用前车的后保险杠与后车的前保险杠间隙 $s_n(t)=\Delta x_n(t)-l_{veh}$ 代替。

3.2 稳定性解析方法

3.2.1 车队稳定性判定准则

停车和慢行振荡现象是道路交通拥堵的典型外部表现，通常由跟车行为的不稳定性引发。在连续流过程中,扰动在时间和空间上的增长导致交通流的不稳定。一般而言,稳定性分析的目的是通过假设车辆在单车道上行驶而不超车,利用跟车模型研究领先车辆的扰动是如何随时间和空间演变的。

在一列车队中,当上游车辆产生的扰动在其下游跟驰车辆中不断衰减时,车队具有渐进稳定性,即车队稳定性,用数学方法可描述为:

$$\|\varepsilon_1\|_\infty > \|\varepsilon_2\|_\infty > \|\varepsilon_3\|_\infty > \cdots > \|\varepsilon_n\|_\infty \tag{3-4}$$

式中:$\|\varepsilon_m\|_\infty$——无穷范数,表示车队中的车辆 m 在整个时域内受到扰动的最大值。

当车队系统满足上述关系时,认为是稳定的。显然在队列中,扰动可以用车队内每对跟驰车辆的速度和位移来表征。因此,稳定性分析就是要获取多情景下车队队列保持稳定性的边界条件,解析对应场景下的稳定域。

3.2.2 车队稳定性经典分析方法

根据车辆跟驰模型的不同属性,交通流稳定性分析可分为两类:线性稳定性分析和非线性稳定性分析。线性稳定性分析忽略交通流模型非线性项的影响,主要处理小扰动问题;而非线性稳定性分析侧重于研究大扰动影响下的交通流稳定特性,大多采用约化摄动法、李雅普诺夫法推导宏观交通模型或微观跟驰模型的冲击波方程,进而来描述交通波特性,但其推导条件相对严格且复杂。因此,为简化推导,另一类非线性稳定性分析方法对非线性跟驰模型应用泰勒公式低阶展开,得到其线性化表达后再采用线性稳定性分析的相关方法解析。

3.2.2.1 非线性稳定性分析方法

因为交通密度波所研究的非线性交通波在某种意义上是“弱”非线性的,所以能利用小参数描述非线性效应,从而采用各种渐进分析方法来求解方程。最常用的是约化摄动法,其通过适当的坐标变形和摄动展开,将车辆跟驰模型约化成可解的非线性方程(如 Burgers 方程、Kdv 方程、mKdv 方程等),并通过讨论各种交通波所对应的密度波解存在的必要条件,探索参数选取对交通流稳定性的影响。

由于交通系统是一个复杂系统,分析交通流的线性稳定性时,交通流的线性偏微分方程常常只保留到二阶,却没有分析方程的高阶项,但在交通流模型的临界点附近可能出现拥堵现象。为了分析交通流在临界点出现的走走停停现象及了解交通的基本特性,基于具体的交通流模型(以下分析以 T-FVD 为例),采用约化摄动法推导出在临界点附近反映密度波传播的非线性偏微分方程,推导出非线性稳定性条件。

首先定义一个小的摄动量 $\varepsilon(0<\varepsilon<1)$ 空间变量 b、时间变量 T、慢变量 X 以及扰动变量 R。然后研究低变化行为的摄动变量在临界点附近不稳定区域的尺度变化,尺度变量 X、T 和 R 可以定义为:

$$\begin{cases} X=\varepsilon(n+bt) \\ T=\varepsilon^3 t \\ \Delta x_n(t)=h_c+\varepsilon R(X,T) \end{cases} \tag{3-5}$$

对 T-FVD 进行非线性偏微分方程转换,令模型中的 $\dfrac{\kappa}{c}=m, b=n$,则 T-FVD 模型的表达式可改写如下：

$$\frac{\mathrm{d}^2\Delta x_n(t)}{\mathrm{d}t^2}=\kappa[V(\Delta x_{n+1}(t))-V(\Delta x_n(t))-\Delta v_n(t)]+\lambda[\Delta v_{n+1}(t)-\Delta v_n(t)]+ m\left[\left(\frac{\mathrm{d}^2\Delta x_{n+1}(t)}{\mathrm{d}t^2}-\frac{\mathrm{d}^2\Delta x_n(t)}{\mathrm{d}t^2}\right)+n(\Delta v_{n+1}(t)-\Delta v_n(t))\right] \tag{3-6}$$

把式(3-5)代入式(3-6)并进行泰勒展开，保留到 ε^5 量级，则可得到如下的线性表达式：

$$\varepsilon^2\kappa(b-V')\partial_X R+\varepsilon^3\left[b^2-(mn+\lambda)b-\frac{\kappa}{2}V'\right]\partial_X^2 R+ \varepsilon^4\left[\kappa\partial_T R-\left(\frac{\kappa}{6}V'+\frac{(mn+\lambda)b}{2}-mb^2\right)\partial_X^3 R-\frac{\kappa V'''}{6}\partial_X R^3\right]+ \varepsilon^5\left\{[2b-(mn+\lambda)]\partial_X\partial_T R-\left[\frac{\kappa V'}{24}+\frac{(mn+\lambda)b}{6}-\frac{mb^2}{2}\right]\partial_X^4 R-\frac{\kappa V'''}{12}\partial_X^2 R^3\right\}=0 \tag{3-7}$$

式中：$\partial_X=\dfrac{\partial}{\partial X}$；$\partial_T=\dfrac{\partial}{\partial T}$；$\partial_X\partial_T=\dfrac{\partial^2}{\partial X\partial T}$；$V'=\dfrac{\mathrm{d}V(\Delta x)}{\mathrm{d}\Delta x}\Big|_{\Delta x=h_c}$。

令

$$\partial_X\partial_T R=\left(\frac{1}{6}V'+\frac{(mn+\lambda)b}{2\kappa}-\frac{mb}{\kappa}\right)\partial_X^4 R-\frac{V'''}{6}\partial_X^2 R^3 \tag{3-8}$$

在临界点附近，令 $b=V'$，且消去式(3-7)中 ε^2 和 ε^3 项，因此，T-FVD 模型的偏微分方程式可表示为：

$$\varepsilon^4(\partial_T R+g_1\partial_X^3 R+g_2\partial_X R^3)+\varepsilon^5(g_3\partial_X^2 R+g_4\partial_X^2 R^3+g_5\partial_X^4 R)=0 \tag{3-9}$$

为了得到标准的 mKdv 方程，对式(3-9)进行相应的转换，转换结果如下：

$$T=\frac{1}{g_1}T_m,\ R=\sqrt{\frac{g_1}{g_2}}R_m \tag{3-10}$$

则可得到含有高阶修正项的标准 mKdv 方程：

$$\partial_{T_m}R_m+\partial_X^3 R_m+\partial_X R_m^3+\frac{\varepsilon}{g_1}\left(g_3\partial_X^2 R_m+\frac{g_1 g_4}{g_2}\partial_X^2 R_m^3+g_5\partial_X^4 R_m\right)+o(\varepsilon)=0 \tag{3-11}$$

忽略 $o(\varepsilon)$ 项，上述方程正好是 mKdv 方程，其扭结波解为：

$$R_{m0}(X,T_m)=\sqrt{B}\tanh[\sqrt{B/2}(X-BT_m)] \tag{3-12}$$

式中：B——mKdv 方程扭结波的振幅。

如果考虑 $o(\varepsilon)$ 项，为了从上述解中得到扭结波的振幅 B 的传播速度值，则必须满足如下可解性条件：

$$(R_{m0},M[R_{m0}])=\int_{-\infty}^{+\infty}\mathrm{d}XR_{m0}M[R_{m0}]=0 \tag{3-13}$$

式中：$M[R_{m0}]$——式(3-11)中的 $o(\varepsilon)$ 项。

通过积分，可以得到扭结波的振幅 B 的传播速度值为：

$$B=\frac{5g_2g_3}{2g_2g_4-3g_1g_5} \tag{3-14}$$

通过式(3-13)和式(3-14)，可以得到 mKdv 方程的解为：

$$R(X,T)=\sqrt{\frac{g_1B}{g_2}}\tanh[\sqrt{B/2}(X-Bg_1T)] \tag{3-15}$$

加入全部变量后，车间距的扭结波解为：

$$\begin{aligned}\Delta x_n(t)&=h_c+\varepsilon R(X,T)\\&=h_c+\sqrt{\frac{g_1B}{g_2}\left|\frac{a_c}{a}-1\right|}\tanh\left[\sqrt{\frac{B}{2}\left|\frac{a_c}{a}-1\right|}\left(n+bt-Bg_1\left|\frac{a_c}{a}-1\right|t\right)\right]\end{aligned} \tag{3-16}$$

通过上述的理论分析，得到了T-FVD模型的mKdv方程，且mKdv方程描述的是交通流模型的扭结波，在交通流模型的不稳定状态下出现。因此，在临界条件附近会出现交通拥堵现象，其演变过程可以由mKdv方程体现。

3.2.2.2　线性稳定性分析方法

与线性稳定性相比，非线性稳定性通常不具备解析性。且对于道路交通，道路使用者经历的扰动通常很小。因此，线性稳定性分析一直是大部分交通流理论研究的主题。

自CFM发展的早期阶段以来，车队稳定性分析已经被频繁地实施，本节将重点放在各类CFM线性稳定性分析的常用方法上，包括基于直接传递函数的方法、基于拉普拉斯变换的方法和基于特征方程的方法(包括根提取和根轨迹等方法)。

(1)基于直接传递函数的方法。

从跟驰模型的角度出发，将跟驰模型的控制方程视为“控制系统”，基于控制领域的传递函数理论法，采用拉普拉斯变换的方法得到跟驰模型微分方程的解，然后讨论其稳定性。传递函数是指零初始条件下线性系统输出量的拉普拉斯变换与输入量的拉普拉斯变换之比，记作$G(s)=\frac{V(s)}{H(s)}$，其中$V(s)$、$H(s)$分别为输出量和输入量的拉普拉斯变换。

在跟驰行驶的车流中，将前导车辆$n-1$的运动状态变化看作输入变量$V_{n-1}(s)$，跟随车辆n因前导车辆的运动状态变化而作出的状态变化看作输出变量$V_n(s)$，由于车辆间的状态变化具有从前向后传播的关系，从控制理论角度可以建立扰动传递函数$G(s)$，得到$V_n(s)=V_{n-1}(s)G(s)$，如图3-3所示。

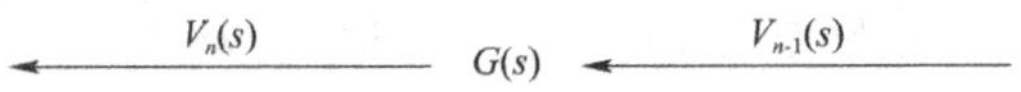

$V_n(s)$ ←—— $G(s)$ ←—— $V_{n-1}(s)$

图3-3　车辆间传递函数关系

交通流的基本构成单元是每辆车，因此，每辆车对速度、车辆间距扰动的具体反应直接影响交通流的稳定性，即速度扰动经历每辆车时对应的扰动传递函数是交通流稳定性分析的关键。

当上游车辆产生的速度、车头间距扰动向下游车辆传播时，经历扰动的车流若能够平滑并抑制扰动继续向下游车辆传播，表明交通流处于稳定状态；否则，上游施加的扰动将继续向下游传播并不断被放大，则表明交通流处于不稳定状态。

扰动直接传递函数$G(s)$的推导证明如下：

根据傅里叶理论，任何周期信号都可以分解成纯周期正弦和余弦波的和，周期系统的输入信号可以写成：

$$h(t)=\sum_{k=0}^{\infty}a_k\sin(k\omega t)+b_k\cos(k\omega t) \tag{3-17}$$

式中：ω——周期输入的基频；

a_k、b_k、k——系数。

该输入中的每一项都生成相应的三角输出（在稳定状态下），具有可能移位的幅度和相位。幅度增益和相移由频率响应 $G(s)$ 确定，频率响应 $G(s)$ 称为传递函数。通过计算幅值增益，得到输入和输出之间的关系。因此，可以估计两辆车（然后是一个排）的运动的变化，以评估车队的稳定性。这种方法被称为基于直接传递函数的方法，这是因为传递函数的中心作用，尽管传递函数也出现在其他方法中，例如基于拉普拉斯变换的方法和奈奎斯特稳定性判据。

由于指数形式的普遍使用以及指数信号和三角信号之间的简单变换：$e^{\lambda t}=e^{(\sigma+i\omega)t}=e^{\sigma t}(\cos\omega t+i\sin\omega t)$，$h(t)=e^{st}$被用作由一般控制微分方程描述的线性输入/输出系统的输入：

$$\frac{d^n x}{dt^n}+a_1\frac{d^{n-1}x}{dt^{n-1}}+\cdots+a_n x=b_0\frac{d^m h}{dt^m}+b_1\frac{d^{m-1}h}{dt^{m-1}}+\cdots+b_m h \tag{3-18}$$

其中系统的输出是 $x(t)=x_0e^{st}$；$a_1,\cdots,a_n$ 和 $b_1,\cdots,b_n$ 是系数。将输入输出代入，式(3-18)改写为：

$$(s^n+a_1s^{n-1}+\cdots+a_n)x_0e^{st}=(b_0s^m+b_1s^{m-1}+\cdots+b_m)e^{st} \tag{3-19}$$

因此，输出可以变形为：

$$x(t)=x_0e^{st}=\frac{b(s)}{a(s)}h(t) \tag{3-20}$$

其中，$a(s)=s^n+a_1s^{n-1}+\cdots+a_n$；$b(s)=b_0s^m+b_1s^{m-1}+\cdots+b_m$。输入和输出之间的传递函数是 $G(s)=\dfrac{b(s)}{a(s)}$。

此外，通过设置 $s=i\omega$（这在控制理论中通常用于在频域初始化稳定信号，也经常在以下章节中使用），确保输入信号的稳定性：

$$x(t)=G(i\omega)e^{i\omega t}=Me^{i(\omega t+\varphi)}=M(\cos\omega t+\varphi)+iM\sin(\omega t+\varphi) \tag{3-21}$$

式中：$M=|G(i\omega)|$、$\varphi=\arctan\dfrac{\mathrm{IM}G(i\omega)}{\mathrm{Re}G(i\omega)}$——$G(s)$的量级增益和移相。

由函数收敛性条件可知车队保持稳定的充要条件为：

$$M=|G(i\omega)|<1 \tag{3-22}$$

此时，有 $\|x(t)\|<\|h(t)\|$。

对于第一类与第二类结构跟驰模型，首先定义交通流速度扰动 $\tilde{v}_n(t)$ 以及相应的车头间距扰动 $\tilde{h}_n(t)$：

$$\begin{cases}\tilde{v}_n(t)=v_n(t)-v_e\\ \tilde{h}_n(t)=h_n(t)-h_e\end{cases} \tag{3-23}$$

式中：$\tilde{v}_n(t)$——车辆 n 在 t 时刻的速度扰动；

$\tilde{h}_n(t)$——车辆 n 在 t 时刻的车头间距扰动；

v_e——平衡态速度；

h_e——平衡态车头间距。

针对第一类结构跟驰模型，应用泰勒公式一阶展开式，分别对其在速度项与车头间距项平衡态进行线性化处理，得到：

$$\begin{aligned}\dot{v}_{n,q}(t) \approx & y_{n,q}^{v}[v_n(t-\tau_v)-v_e]+y_{n,q}^{h}[h_n(t-\tau_h)-h_e]+\\ & y_{n,q}^{\Delta v}[v_{n-1}(t-\tau_v)-v_e]-[v_n(t-\tau_v)-v_e]+k_{n,q}\dot{v}_{n-1q}(t)\end{aligned} \tag{3-24}$$

其中，$y_{n,q}^{v}$、$y_{n,q}^{\Delta v}$、$y_{n,q}^{h}$分别为车辆跟驰模型表达式 $y_{n,q}$ 函数在速度项、速度差项与车头间距项平衡态下对 v、Δv、h 的偏微分项，其计算公式分别如下：

$$\begin{cases} y_{n,q}^{v}=\left.\dfrac{\partial y_{n,q}(v_n,h_n,\Delta v_n)}{\partial v_n}\right|_{(v_e,h_e,0)} \\ y_{n,q}^{\Delta v}=\left.\dfrac{\partial y_{n,q}(v_n,h_n,\Delta v_n)}{\partial \Delta v_n}\right|_{(v_e,h_e,0)} \\ y_{n,q}^{h}=\left.\dfrac{\partial y_{n,q}(v_n,h_n,\Delta v_n)}{\partial h_n}\right|_{(v_e,h_e,0)} \end{cases} \tag{3-25}$$

将式(3-24)代入式(3-25)，进一步得到：

$$\begin{aligned}\dot{v}_{n,q}(t) \approx & y_{n,q}^{v}\tilde{v}_n(t-\tau_v)+y_{n,q}^{h}\tilde{h}_n(t-\tau_v)+y_{n,q}^{\Delta v}[\tilde{v}_{n-1,q}(t-\tau_v)-\tilde{v}_{n,q}(t-\tau_v)]+\\ & k_{n,q}\dot{\tilde{v}}_{n-1,q}(t)\end{aligned} \tag{3-26}$$

令$\tilde{V}(s)=\mathcal{L}(\tilde{v}(t))$、$\tilde{H}(s)=\mathcal{L}(\tilde{h}(t))$，$\tilde{V}(s)$、$\tilde{H}(s)$分别表示速度扰动 $\tilde{v}(t)$、车头间距扰动 $\tilde{h}(t)$的拉普拉斯变换式。假设施加扰动前交通流处于平衡态，在零初始条件下对其两边同时进行拉普拉斯变换，零初始条件为 $v_n(t=0)=v_e$、$\Delta v_n(t=0)=0$、$h_n(t=0)=h_e$，则有：

$$\begin{aligned}\tilde{H}_{n,q}(s)=\mathcal{L}(\Delta v_n)=\mathcal{L}(\Delta\tilde{v}_n) & =\frac{1}{s}(\mathcal{L}(\tilde{v}_{n-1}(t))-(\tilde{v}_n(t)))\\ & =\frac{1}{s}(\tilde{V}_{n-1,q}(s)-\tilde{V}_{n,q}(s))\end{aligned} \tag{3-27}$$

$$\begin{aligned}s\tilde{V}_{n,q}(s)= & \mathrm{e}^{-s\tau h}y_{n,q}^{h}\tilde{H}_{n,q}(s)+\mathrm{e}^{-s\tau_v}y_{n,q}^{v}\tilde{V}_{n,q}(s)+\\ & \mathrm{e}^{-s\tau_{\Delta v}}y_{n,q}^{\Delta v}(\tilde{V}_{n-1,q}(s)-\tilde{V}_{n,q}(s))+sk_{n,q}\tilde{V}_{n-1,q}(s)\end{aligned} \tag{3-28}$$

根据传递函数定义式 $G(s)=\dfrac{V(s)}{H(s)}$，联立式(3-27)、式(3-28)，进而可以求得拉普拉斯域内，前导车辆 $n-1$ 速度扰动经历跟驰车辆 n 之间的传递函数 $Y_{n,q}(s)$：

$$Y_{n,q}(s)=\frac{\tilde{V}_{n,q}(s)}{\tilde{V}_{n-1,q}(s)}=\frac{k_{n,q}s^2+\mathrm{e}^{-s\tau_h}y_{n,q}^{h}+s\mathrm{e}^{-s\tau_{\Delta v}}y_{n,q}^{\Delta v}}{s^2-s(\mathrm{e}^{-s\tau_v}y_{n,q}^{v}-\mathrm{e}^{-s\tau_{\Delta v}}y_{n,q}^{\Delta v})+\mathrm{e}^{-s\tau_h}y_{n,q}^{h}} \tag{3-29}$$

式中：$Y_{n,q}(s)$——速度扰动经历车辆 n 时的速度扰动传递函数；

$\tilde{V}_{n,q}(s)$——速度扰动 $\tilde{v}_n(t)$的拉普拉斯变换；

$\tilde{V}_{n-1,q}(s)$——速度扰动 $\tilde{v}_{n-1}(t)$的拉普拉斯变换；

s——拉普拉斯域。

同理,可得到速度扰动经历第二类结构跟驰模型车辆 n 时的速度扰动传递函数 $G_{n,z}(s)$:

$$G_{n,z}(s)=\frac{\mathrm{e}^{-s\tau_h}g_{n,z}^{h}+s\mathrm{e}^{-s\tau_{\Delta v}}g_{n,z}^{\Delta v}}{s^2-s(\mathrm{e}^{-s\tau_v}g_{n,z}^{v}-\mathrm{e}^{-s\tau_{\Delta v}}g_{n,z}^{\Delta v})+\mathrm{e}^{-s\tau_h}g_{n,z}^{h}} \tag{3-30}$$

式中:$g_{n,z}^{v}$、$g_{n,z}^{\Delta v}$、$g_{n,z}^{h}$——车辆跟驰模型表达式 $g_{n,z}$ 函数在速度项、速度差项与车头间距项平衡态下对 v、Δv、h 的偏微分,其计算公式分别如下:

$$\begin{cases} g_{n,z}^{v}=\left.\dfrac{\partial g_{n,z}(v_n,h_n,\Delta v_n)}{\partial v_n}\right|_{(v_e,h_e,0)} \\ g_{n,z}^{\Delta v}=\left.\dfrac{\partial g_{n,z}(v_n,h_n,\Delta v_n)}{\partial \Delta v_n}\right|_{(v_e,h_e,0)} \\ g_{n,z}^{h}=\left.\dfrac{\partial g_{n,z}(v_n,h_n,\Delta v_n)}{\partial h_n}\right|_{(v_e,h_e,0)} \end{cases} \tag{3-31}$$

式(3-29)、式(3-30)中 $Y_{n,q}(s)$、$G_{n,z}(s)$ 能够分别描述速度扰动经历第一类结构与第二类结构车辆跟驰模型时的传播情况,根据控制理论原理,如果速度扰动传递函数在频率域中的最大幅值小于或等于1,那么速度扰动将会得到平滑,否则,该速度扰动将会被放大。

对于第三类结构跟驰模型,根据式(3-23)定义车头间距扰动和速度扰动如下:

$$\begin{cases} y_n(t)=s_n(t)-s_e \\ u_n(t)=v_n(t)-v_e \end{cases} \tag{3-32}$$

则可推导非平衡态下的车头间距扰动和速度扰动微分方程如下:

$$\begin{cases} \dot{y}_n(t)=\dot{s}_n(t)=\dot{x}_{n-1}(t)-\dot{x}_n(t)=v_{n-1}(t)-v_n(t)=u_{n-1}(t)-u_n(t) \\ \dot{u}_n(t)=\dot{v}_n(t)=[f_s y_n+(f_v-f_{\Delta v})u_n+f_{\Delta v}u_{n-1}]_t \end{cases} \tag{3-33}$$

同理,f_s,f_v,$f_{\Delta v}$ 分别为 $f(s_n,v_n,\Delta v_n)_t$ 在 $f(s_e,v_e,0)_t$ 处的对 $s_n(t)$、$v_n(t)$ 和 $\Delta v_n(t)$ 的偏微分项。

对第三类跟驰模型,假设前导车辆的扰动为稳态振荡为 $u_0(t)=\mathrm{e}^{i\omega t}$,则有 $u_n(t)=G^n(s)\mathrm{e}^{i\omega t}$,将其带入式(3-33),可得传递函数 $G(s)$ 为:

$$G(\mathrm{i}\omega)=\frac{f_s+\mathrm{i}\omega f_{\Delta v}}{-\omega^2-\mathrm{i}\omega(f_v-f_{\Delta v})+f_s} \tag{3-34}$$

因此 $u_n(t)=|G(\mathrm{i}\omega)|^n\mathrm{e}^{\mathrm{i}(\omega t+n\varphi)}$。若满足以下条件,可知交通流中的扰动将减弱:

$$|G(i\omega)|=\frac{\sqrt{\omega^2 f_{\Delta v}^2+f_s^2}}{\sqrt{(f_s-\omega^2)^2+\omega^2(f_v-f_{\Delta v})^2}}\leqslant 1 \tag{3-35}$$

整理可得车队稳定性判定条件为:

$$\omega^2 f_{\Delta v}^2+f_s^2<(f_s-\omega^2)^2+\omega^2(f_v-f_{\Delta v})^2 \tag{3-36}$$

考虑到在低频即 $\omega\to 0$ 时车流波最容易出现不稳定情况,必须满足以下不等式,以保证车流稳定性:

$$f_v^2-2f_s-2f_v f_{\Delta v}>0>-\omega^2 \quad 或 \quad \frac{1}{2}-\frac{f_{\Delta v}}{f_v}-\frac{f_s}{f_v^2}>0 \tag{3-37}$$

(2)基于拉普拉斯变换的方法。

与基于直接传递函数的方法类似,拉普拉斯变换通过将系统从时间域变换到频域来方便地进行车流的车队稳定性分析。两个连续车辆在频域中的扰动关系为:

$$G(s)=\frac{E_n(s)}{E_{n-1}(s)} \tag{3-38}$$

式中:$E_n(s)$——$\varepsilon_n(t)$的拉普拉斯变换。

设$g(t)$是$G(s)$的拉普拉斯逆变换,可得:

$$\begin{aligned}\|\varepsilon_n\|_\infty &= \max_t|\varepsilon_n(t)| = \max_t\left|\int_0^t g(\tau)\varepsilon_{n-1}(t-\tau)\mathrm{d}\tau\right| \\ &\leqslant \max_t\int_0^\infty |g(\tau)\|\varepsilon_{n-1}(t-\tau)|\mathrm{d}\tau \\ &\leqslant \int_0^\infty |g(\tau)|\mathrm{d}\tau \max_t|\varepsilon_{n-1}(t-\tau)| = \|g\|_1\|\varepsilon_{n-1}\|_\infty\end{aligned} \tag{3-39}$$

其中,$\|g\|_1=\int_0^\infty|g(\tau)|\mathrm{d}\tau$。为满足车队稳定性条件,有$\|g\|_1<1$。

同时,如果$s=\mathrm{i}\omega$,根据拉普拉斯变换定义有:

$$|G(\mathrm{i}\omega)| = \left|\int_0^\infty g(t)\mathrm{e}^{-\mathrm{i}\omega t}\mathrm{d}t\right| \leqslant \int_0^\infty |g(t)\|\mathrm{e}^{-\mathrm{i}\omega t}\|\mathrm{d}t = \int_0^\infty|g(t)|\mathrm{d}t = \|g\|_1 \tag{3-40}$$

综上所述,车队稳定的一个充分条件是$|G(\mathrm{i}\omega)|\leqslant\|g\|_1<1$。

由于第一类、第二类和第三类结构跟驰模型的基于拉普拉斯变换的稳定性分析方法与基于直接传递函数的方法类似,且在基于直接传递函数的方法中有详细推导,故不再赘述。由此可知,使用基于直接传递函数的方法得到的相同车队稳定性判据也可以通过拉普拉斯变换得到。

(3)基于特征方程的方法。

特征方程法的思想是通过求解扰动的数学表达式来评估扰动的增长速度。一般地,直接求解上述微分方程组较为困难,因此通常采用根提取法,即事先假设解的基本形式,代入原方程组间接获得。

在队列稳定性研究中,设头车受到的间距扰动和速度扰动分别如式(3-41)所示:

$$\begin{cases}y_n(t)=y_n^0\mathrm{e}^{\lambda t}=\hat{y}\mathrm{e}^{\lambda t+\mathrm{i}n\varphi}\\ u_n(t)=u_n^0\mathrm{e}^{\lambda t}=\hat{u}\mathrm{e}^{\lambda t+\mathrm{i}n\varphi}\end{cases} \tag{3-41}$$

式中:y_n^0、u_n^0——间距和速度的初始扰动;

$\hat{u}$、$\hat{y}$——独立于n,t的复常量;

λ——复数增长率$\lambda=\sigma+\mathrm{i}\omega$,实部$\sigma$波动幅度的增长速率,虚部$\omega$为角频率,即驾驶人通过一个完整的交通波的时间为$2\pi/\omega$;

φ——交通波在给定时间从一辆车到下一辆车的相移,每波车辆的数量为$2\pi/\varphi$,$\varphi\in[-\pi,\pi]$。

对于第三类结构跟驰模型,将式(3-41)代入式(3-33),得到如下齐次线性方程:

$$\begin{pmatrix} \lambda & (1-\mathrm{e}^{-\mathrm{i}\varphi}) \\ -f_s & \lambda-(f_v-f_{\Delta v}+f_{\Delta v}\mathrm{e}^{-\mathrm{i}\varphi}) \end{pmatrix}\begin{pmatrix} \hat{y} \\ \hat{u} \end{pmatrix}=0 \tag{3-42}$$

只有当系数方阵的行列式是奇异的，即其行列式等于零时，这个齐次双变量线性方程才具有非零解，利用上述方程中系数方阵的特征多项式求解出特征根为：

$$\lambda_{\pm}=-\frac{p}{2}\left(1\pm\sqrt{1-\frac{4q}{p^2}}\right), p=-(f_v-f_{\Delta v}+f_{\Delta v}\mathrm{e}^{-\mathrm{i}\varphi}), q=f_s(1-\mathrm{e}^{-\mathrm{i}\varphi}) \tag{3-43}$$

如果 λ_+ 的实部对所有 φ 都是负的，则系统稳定。但当 $\varphi\to0$ 时，此时第三类结构跟驰模型的车流极易不稳定，这是因为波长 $2\pi/\varphi$ 有限的波只能有有限的生长速率。因此，为进一步分析其稳定性，需在 $\varphi\to0$ 附近展开 λ_+：

$$\lambda_+=\mathrm{i}\frac{f_s}{f_v}\varphi+\frac{f_s}{f_v}\left(\frac{1}{2}-\frac{f_{\Delta v}}{f_v}-\frac{f_s}{f_v^2}\right)\varphi^2+\cdots \tag{3-44}$$

为满足稳定性判据，λ_+ 的实部应为负值。对于正常驾驶行为有 $f_s>0$，$f_v<0$，$f_{\Delta v}>0$，经验证，由此条件推导出的稳定性判据与基于直接传递函数方法[见式(3-37)]推导出的一致。

另一种获得特征方程的方法是考虑一个环路配置，其中 $N(N\to\infty)$ 辆车辆均匀放置。设 $u_n(t)=u_n^0\mathrm{e}^{\lambda t}$，代入式(3-33)，得到 n 阶特征方程如下所示，其中 $(n+1)$ 辆车就是第一辆车：

$$[\lambda^2-(f_v-f_{\Delta v})\lambda+f_s]^N=(f_s+f_{\Delta v}\lambda)^N \tag{3-45}$$

对式(3-42)取 N 次根，得到与式(3-43)相同的特征根。因此，推导稳定性判据的其余步骤是相同的，这里不再重复。

除了直接提取特征方程的根外，将 $\lambda=\mathrm{i}\omega$（当 λ 的实部为 0 时，系统停留在稳定与不稳定的边界上）和 $\mathrm{e}^{\mathrm{i}\varphi}=\cos\varphi+\mathrm{i}\sin\varphi$ 代入特征方程，然后分离实部和虚部，得到描述稳定性变化（Hopf 分叉）的式(3-46)和式(3-47)：

$$f_s=\frac{1}{2}(2f_{\Delta v}-f_v)\left[(2f_{\Delta v}-f_v)\tan^2\left(\frac{\varphi}{2}\right)-f_v\right] \tag{3-46}$$

$$\omega=(2f_s-f_v)\tan\left(\frac{\varphi}{2}\right) \tag{3-47}$$

如前文所述，不稳定性总是首先发生在 $\omega\to0$ 处。经推导可以得到与式(3-37)相同的稳定性判据。

对于第二类结构跟驰模型，将式(3-41)代入式(3-2)，得到如下齐次线性方程：

$$\begin{pmatrix} \lambda & (1-\mathrm{e}^{-\mathrm{i}\varphi}) \\ -g_{n,z}^h & \lambda e^{-\lambda\tau}-(g_{n,z}^v-g_{n,z}^{\Delta v}+g_{n,z}^{\Delta v}\mathrm{e}^{-\mathrm{i}\varphi}) \end{pmatrix}\begin{pmatrix} \hat{y} \\ \hat{u} \end{pmatrix}=0 \tag{3-48}$$

同理如果系数矩阵的行列式等于零，则第二类跟驰模型是稳定的，这就得到了一个二次特征方程：

$$\lambda^2-[(g_{n,z}^v+g_{n,z}^{\Delta v}-g_{n,z}^{\Delta v}\mathrm{e}^{-\mathrm{i}\varphi})\mathrm{e}^{-\lambda\tau}]\lambda+[g_{n,z}^h(1-\mathrm{e}^{-\mathrm{i}\varphi})\mathrm{e}^{-\lambda\tau}]=0 \tag{3-49}$$

将延迟的指数项展开到二阶，即 $\mathrm{e}^{-\lambda\tau}=1-\lambda\tau+\frac{(\lambda\tau)^2}{2}+\cdots$，可将特征方程转化为三阶方程。然后提取该特征方程的解来分析交通流稳定性。若特征根的实部都是负的，则车流是稳定的,否则,是不稳定的。但由于其复杂性,这里对根的求解与第一类跟驰模型的特征方程推导和求解过程不多加描述。

综上,基于特征方程的方法主要利用对系统特征方程的根提取,直接得到扰动的增长幅度,适用于一些简单的跟驰模型,对于复杂的跟驰模型在计算求解上具有一定的难度。而基于直接传递函数和拉普拉斯变换的方法依托于拉普拉斯变换构建了交通流中任意车辆之间的扰动传递关系,以传递函数的大小作为稳定性判断依据,是研究交通流队列稳定性的有效方法。

3.3 同质流稳定性分析

3.3.1 同质交通流稳定性准则

融合3.2中基于直接传递函数和拉普拉斯变换的两种稳定性分析方法,介绍同质交通流稳定性分析。本节均以单车道交通流展开研究,单车道车流中所有车辆索引号 $n \in N = \{1,2,\cdots,N\}$,对于第2章提及的第一类结构跟驰模型,所有控制模式索引号 $q \in Q = \{1,2,\cdots,Q\}$,则由不同控制模式组成的第一类结构车辆跟驰模型的同质交通流的速度扰动传递函数 $Y(s)$ 为:

$$Y(s) = \sum_{q \in Q}\left(\prod_{n=1}^{n_q} Y_{n,q}(s)\right) = \sum_{q \in Q}\left(\prod_{n=1}^{n_q} \frac{k_{n,q}s^2 + e^{-s\tau_h}y_{n,q}^h + se^{-s\tau_{\Delta v}}y_{n,q}^{\Delta v}}{s^2 - s(e^{-s\tau_v}y_{n,q}^v - e^{-s\tau_{\Delta v}}y_{n,q}^{\Delta v}) + e^{-s\tau_h}y_{n,q}^h}\right) \tag{3-50}$$

式中:n_q——第一类结构跟驰模型中第 q 种控制模式的车辆总数,其约束为 $N = \sum_{q \in Q} n_q$,e为自然对数。

令 $s = \mathrm{i}\omega$,其中i为虚数单位,将传递函数 $Y(s)$ 从拉普拉斯域转换为频率域,可以得到频率域下的速度扰动传递函数 $Y(\mathrm{i}\omega)$:

$$Y(\mathrm{i}\omega) = \sum_{q \in Q}\left(\prod_{n=1}^{n_q} Y_{n,q}(\mathrm{i}\omega)\right) = \sum_{q \in Q}\left(\prod_{n=1}^{n_q} \frac{-k_{n,q}\omega^2 + e^{-\mathrm{i}\omega\tau_h}y_{n,q}^h + (\mathrm{i}\omega)e^{-\mathrm{i}\omega\tau_{\Delta v}}y_{n,q}^{\Delta v}}{-\omega^2 - (\mathrm{i}\omega)(e^{-\mathrm{i}\omega\tau_v}y_{n,q}^v - e^{-\mathrm{i}\omega\tau_{\Delta v}}y_{n,q}^{\Delta v}) + e^{-\mathrm{i}\omega\tau_h}y_{n,q}^h}\right) \tag{3-51}$$

对于第二种结构跟驰模型,所有控制模式索引号 $z \in Z = \{1,2,\cdots,Z\}$,则由不同控制模式组成的第二类结构车辆跟驰模型的同质交通流的速度扰动传递函数 $G(s)$ 为:

$$G(s) = \sum_{z \in Z}\left(\prod_{n=1}^{n_z} G_{n,z}(s)\right) = \sum_{z \in Z}\left(\prod_{n=1}^{n_z} \frac{e^{-s\tau_h}g_{n,z}^h + se^{-s\tau_{\Delta v}}g_{n,z}^{\Delta v}}{s^2 - s(e^{-s\tau_v}g_{n,z}^v - e^{-s\tau_{\Delta v}}g_{n,z}^{\Delta v}) + e^{-s\tau_h}g_{n,z}^h}\right) \tag{3-52}$$

式中:n_z——第二类结构跟驰模型中第 z 种表达形式跟驰模式的车辆总数,其约束为 $N = \sum_{q \in Q} n_z$。

同样地,令 $s = \mathrm{i}\omega$,将传递函数 $G(s)$ 从拉普拉斯域转换为频率域,可以得到频率域下的速度扰动传递函数 $G(\mathrm{i}\omega)$

$$G(\mathrm{i}\omega) = \sum_{z \in Z}\left(\prod_{n=1}^{n_z} G_{n,z}(\mathrm{i}\omega)\right) = \sum_{z \in Z}\left(\prod_{n=1}^{n_z} \frac{e^{-(\mathrm{i}\omega)\tau_h}g_{n,z}^h + (\mathrm{i}\omega)e^{-s\tau_{\Delta v}}g_{n,z}^{\Delta v}}{-\omega^2 - (\mathrm{i}\omega)(e^{-(\mathrm{i}\omega)\tau_v}g_{n,z}^v - e^{-(\mathrm{i}\omega)\tau_{\Delta v}}g_{n,z}^{\Delta v}) + e^{-(\mathrm{i}\omega)\tau_h}g_{n,z}^h}\right) \tag{3-53}$$

根据控制理论原理，如果速度扰动传递函数在频率域中的最大幅值小于或等于1，则速度扰动将会得到抑制，即交通流处于稳定态。基于此，可分别计算两类结构跟驰模型稳定性准则 F_{I}、F_{II}：

$$F_{\mathrm{I}} = \| Y(\mathrm{i}\omega) \|_{\infty} = \left\| \sum_{q \in Q} \left(\prod_{n=1}^{n_q} Y_{n,q}(\mathrm{i}\omega) \right) \right\|_{\infty} \leqslant 1 \tag{3-54}$$

$$F_{\mathrm{II}} = \| G(\mathrm{i}\omega) \|_{\infty} = \left\| \sum_{z \in Z} \left(\prod_{n=1}^{n_z} G_{n,z}(\mathrm{i}\omega) \right) \right\|_{\infty} \leqslant 1 \tag{3-55}$$

式中：$\| \cdot \|_{\infty}$——传递函数在频率域的最大幅值。

在式(3-54)、式(3-55)中，等号成立为稳态临界值，即临界稳定状态。将式(3-51)、式(3-53)分别代入式(3-54)、式(3-55)中，可以分别计算两类结构跟驰模型稳定性判别式。对于第一类结构跟驰模型，其稳定性准则如下：

$$F_{\mathrm{I}} = \sum_{q \in Q} \left[\frac{1}{2}(y_{n,q}^{v})^2 - y_{n,q}^{v} y_{n,q}^{\Delta v} - (1 - k_{n,q}) y_{n,q}^{h} + y_{n,q}^{v} y_{n,q}^{h} (\tau_h - \tau_v) \right] \geqslant 0 \tag{3-56}$$

其中，$0 \leqslant k_{n,q} \leqslant 1$。

对于第二类结构跟驰模型，其稳定性准则如下：

$$F_{\mathrm{II}} = \sum_{z \in Z} \left[\frac{1}{2}(y_{n,z}^{v})^2 - g_{n,z}^{v} g_{n,z}^{\Delta v} - g_{n,z}^{h} + g_{n,z}^{v} g_{n,z}^{h} (\tau_h - \tau_v) \right] \geqslant 0 \tag{3-57}$$

在式(3-56)、式(3-57)中，等号成立与式(3-54)、式(3-55)中表述意义相同，即称为临界稳定状态。

基于上述同质交通流稳定性准则，分别对人工驾驶车辆、ACC、CACC选取适合的跟驰模型进行稳定性分析。

3.3.2　基于具体跟驰模型的同质流稳定性分析

3.3.2.1　CACC车流稳定性分析

针对CACC交通流稳定性的研究，国外研究开展较早，研究成果大致可以分为3类。第一类研究以交通流仿真为技术手段，分析某种情形下CACC的混入是否可有效提升传统车流的不稳定性。第二类应用李雅普诺夫理论对混入不同比例CACC车辆的混合交通流稳定性进行理论分析，该研究成果已成为目前主流研究方法。第三类研究主要以控制论为方法论，对由CACC车辆和人工驾驶车辆构成的混合车队队列稳定性进行分析与计算，以此进行CACC跟驰控制的相关参数设计与策略优化。

当交通流中所有车辆以同类型结构跟驰模型控制时，则称为同质交通流。根据3.1中的跟驰模型结构，以文献[2]中CACC车辆跟驰模型作为第一类结构跟驰模型：

$$\dot{v}_n(t) = k_{\mathrm{d}}[h_n(t-\tau_h) - l_{\mathrm{veh}} - l_{\mathrm{safe}} - t_{\mathrm{c}} v_n(t-\tau_v)] + k_{\mathrm{v}}[\Delta v_n(t-\tau_{\Delta v})] + k_{\mathrm{a}} \dot{v}_{n-1}(t) \tag{3-58}$$

式中：k_{d}——车头间距项控制系数；

k_{v}——速度差项控制系数；

k_{a}——紧邻前车加速度反馈系数。

根据式(3-58),CACC 车辆之间具备车间通信,因此,CACC 车辆的时间延迟可以设置为0[3-4],即 $\tau_v=\tau_h=\tau_{\Delta v}=0\mathrm{s}$。

当交通流全为 CACC 车辆时,将式(3-58)代入式(3-25),可分别得到 CACC 车辆跟驰模型表达式 $y_{n,1}$ 函数在速度项、速度差项与车头间距项平衡态下对 v、Δv、h 的偏微分项 $y_{n\_1}^{v}$、$y_{n\_1}^{\Delta v}$、$y_{n\_1}^{h}$:

$$\begin{cases} y_{n\_1}^{v}=\left.\dfrac{\partial y_{n\_1}(v_n,h_n,\Delta v_n)}{\partial v_n}\right|_{(v_e,h_e,0)}=-k_{\mathrm{d}}t_c \\ y_{n\_1}^{\Delta v}=\left.\dfrac{\partial y_{n\_1}(v_n,h_n,\Delta v_n)}{\partial \Delta v_n}\right|_{(v_e,h_e,0)}=-k_{\mathrm{v}} \\ y_{n\_1}^{h}=\left.\dfrac{\partial y_{n\_1}(v_n,h_n,\Delta v_n)}{\partial h_n}\right|_{(v_e,h_e,0)}=-k_{\mathrm{d}} \end{cases} \tag{3-59}$$

将式(3-59)代入稳定性判别式(3-56),可以得到 CACC 车辆跟驰模型判别式 Y_1:

$$Y_1=\frac{1}{2}(k_{\mathrm{d}}t_{\mathrm{c}})^2+k_{\mathrm{v}}k_{\mathrm{d}}t_{\mathrm{c}}-k_{\mathrm{d}}(1-k_{\mathrm{a}})-k_{\mathrm{d}}^2t_{\mathrm{c}}\tau \tag{3-60}$$

式中:k_{a}——前车加速度反馈系数,$0\leqslant k_{\mathrm{a}}\leqslant 1$。

式(3-60)表明,CACC 车辆稳定性由控制系数 k_{d}、k_{v}、k_{a}、CACC 车头时距 t_{c} 以及相对时间延迟参数 τ 共同确定。根据式(3-58)中参数定义,CACC 车辆相对时间延迟 $\tau=0\mathrm{s}$,控制系数 k_{d}、k_{v} 取值与 ACC 车辆控制模型等同。因此,根据式(3-60)可以计算 CACC 车辆关于前车加速度反馈系数 k_{a} 与 CACC 车辆期望车头时距 t_{e} 的稳定性相图,如图 3-4 所示。

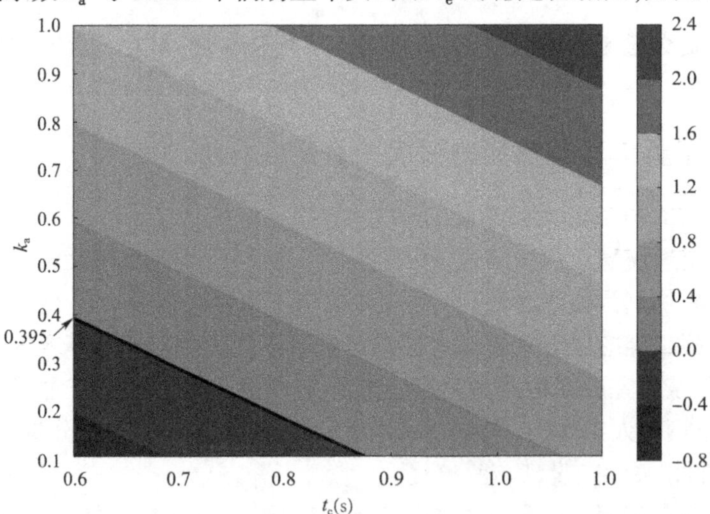

图 3-4 CACC 稳定性

图 3-4 中右边的图例表示稳定性的热力值,大于 0 表示稳定,小于 0 为不稳定(后同)。黑色直线对应的横、纵坐标分别为 CACC 车辆处于临界稳定状态下的 CACC 期望车头时距参数 t_{c}、前车加速度反馈系数 k_{a} 取值,黑色直线右上方区域表示 CACC 车辆在对应车头时距参数 t_{c}、前车加速度反馈系数 k_{a} 取值下的稳定域,相应地,其左下方区域即为 CACC 车辆的不稳定域。从图 3-4 中可以发现,t_{c} 取值越大,CACC 车辆处于临界稳定状态下的控制系数

k_a 取值越小，即 t_c 的增大会提升 CACC 车辆的稳定域。然而，根据 2.2 车头时距 t_c 分析结果可知，t_c 取值越大，混合交通流通行能力提升越小，因此，CACC 车头时距参数 t_c 应在满足稳定性条件下取模型标定最小值，以保证通行能力提升最大化。图 3-4 表明，CACC 车头时距参数 $t_c=0.6\text{s}$ 时，当 $k_a\geqslant 0.395$ 时，CACC 车辆处于临界稳定状态。鉴于此，本节选取 CACC 车辆控制系数 $k_a=0.7$ 以实现 CACC 车辆 t_c 在取值范围内下均保持稳定状态。

3.3.2.2 ACC 车流稳定性分析

分别以 ACC、IDM 车辆跟驰模型作为第二类结构跟驰模型的两种不同类型，对于 ACC 车辆，其跟驰模型如下：

$$\dot{v}_n(t)=k_d[h_n(t-\tau_h)-l_{veh}-l_{safe}-t_a v_n(t-\tau_v)]+k_v[\Delta v_n(t-\tau_{\Delta v})] \tag{3-61}$$

根据式(3-61)，ACC 车辆跟驰模型不具备前车加速度反馈项，即 ACC 车辆之间无法进行车-车通信，因此，ACC 车辆的时间延迟为车载设备计算处理方面的延迟。设置 ACC 反应时延的范围为 0 ~0.2s[5]，本节设置 ACC 车辆相对前车间距变化响应的时间延迟 $\tau_h=0.2\text{s}$，ACC 车辆相对前车速度变化响应的时间延迟 $t_v=0\text{s}$，ACC 车辆相对其与前车速度差变化响应的时间延迟 $\tau_{\Delta v}=0\text{s}$。

当交通流全为 ACC 车辆时，将式(3-61)代入式(3-31)，可分别得到 ACC 车辆跟驰模型表达式 $g_{n,1}$ 函数在速度项、速度差项与车头间距项平衡态下对 v、Δv、h 的偏微分项 $g_{n,1}^{v}$、$g_{n,1}^{\Delta v}$、$g_{n,1}^{h}$：

$$\begin{cases} g_{n,1}^{v}=\left.\dfrac{\partial g_{n,1}(v_n,h_n,\Delta v_n)}{\partial v_n}\right|_{(v_e,h_e,0)}=-k_d t_a \\ g_{n,1}^{\Delta v}=\left.\dfrac{\partial g_{n,1}(v_n,h_n,\Delta v_n)}{\partial \Delta v_n}\right|_{(v_e,h_e,0)}=k_v \\ g_{n,1}^{h}=\left.\dfrac{\partial g_{n,1}(v_n,h_n,\Delta v_n)}{\partial h_n}\right|_{(v_e,h_e,0)}=k_d \end{cases} \tag{3-62}$$

将式(3-62)代入稳定性判别式(3-57)，可以得到 ACC 车辆跟驰模型判别式 G_1：

$$G_1=\frac{1}{2}(k_d t_a)^2+k_v k_d t_a-k_d-k_d^2 t_a\tau \tag{3-63}$$

式中：τ——相对时间延迟参数，$\tau=\tau_h-\tau_v$。

式(3-63)表明，ACC 车辆稳定性由控制系数 k_d 及 k_v、ACC 车头时距 t_a 以及相对时间延迟参数 τ 共同确定，根据式(3-61)中参数定义，ACC 车辆相对时间延迟 $\tau=0.2\text{s}$。为了探讨 ACC 车辆控制系数对稳定性的影响程度，假设车头时距 t_a 为定值，根据式(3-63)可以计算 ACC 车辆关于控制系数 k_d、k_v 的稳定性相图。分别计算得到车头时距 $t_a=1.1\text{s}$、$t_a=1.8\text{s}$ 这 2 种情形下的 ACC 车辆稳定性控制相图，如图 3-5 所示。

图 3-5 中黑色直线对应的横纵坐标分别为 ACC 车辆处于临界稳定状态下的控制系数 k_v、k_d 取值，直线右上方区域为 ACC 车辆在对应控制系数 k_v、k_d 下的稳定域，直线左下方区域为 ACC 车辆在控制系数 k_v、k_d 下的不稳定域。通过对比图 3-5a)与图 3-5b)，不难发现，t_a 取值越大，ACC 车辆处于临界稳定状态下的控制系数 k_v、k_d 取值越小，即 t_a 的增大会提升 ACC 车辆的稳定域。然而，根据 2.2 车头时距 t_a 分析结果可知，t_a 取值越大，混合交通流通

行能力提升越小,因此,ACC 车头时距参数应在满足稳定性条件下取模型标定最小值,以保证通行能力提升最大化。图 3-5a)表明,ACC 车头时距参数 $t_a=1.1\mathrm{s}$ 时,当 $k_v \geqslant 0.845$ 且 $k_d \geqslant 0.1$ 时,ACC 车辆处于临界稳定状态。鉴于此,本书选取 ACC 车辆控制系数 $k_v=0.98$、$k_d=0.1$,以实现 ACC 车辆 t_a 在取值范围内下均保持稳定状态。

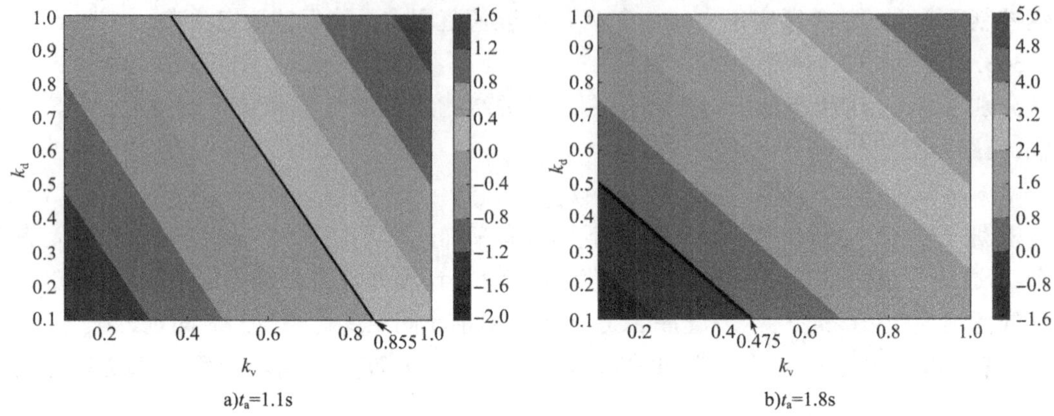

图 3-5 ACC 车辆稳定性控制相图

3.3.2.3 人工驾驶车流稳定性

对于 HDV,采用第 2 章提及的 IDM 模型,其跟驰模型及参数仍采用式(2-10)、式(2-11)的值,本节考虑时间延迟后的 IDM 车辆跟驰模型为:

$$\dot{v}_n(t)=\alpha\left[1-\left(\frac{v_n(t-\tau_v)}{v_0}\right)^4-\left(\frac{l_{\mathrm{safe}}+v_n(t-\tau_v)t_{\mathrm{m}}-\dfrac{v_n(t-\tau_v)\Delta v_n(t-\tau_{\Delta v})}{2\sqrt{\alpha\beta}}}{h_n(t-\tau_h)-l_{\mathrm{veh}}}\right)^2\right] \tag{3-64}$$

IDM 车辆跟车模型被用于表征 HDV 驾驶人行为特性,考虑到驾驶人对于前车与本车的速度差和车间距仍需要一定的反应时间才能采取相应的措施,本节设置 IDM 车辆相对前车车间间距变化响应的时间延迟 $\tau_h=0.4\mathrm{s}$[6],IDM 车辆相对前车速度变化响应的时间延迟 $\tau_v=0\mathrm{s}$,IDM 车辆相对其与前车速度差变化响应的时间延迟 $\tau_{\Delta v}=0\mathrm{s}$。

当交通流全为 IDM 车辆时,将式(3-64)代入式(3-31),可分别得到 IDM 车辆跟驰模型表达式 $g_{n,2}$ 函数在速度项、速度差项与车头间距项平衡态下对 v、Δv、h 的偏微分项 $g_{n,2}^{v}$、$g_{n,2}^{\Delta v}$、$g_{n,2}^{h}$:

$$\begin{cases} g_{n,2}^{v}=\left.\dfrac{\partial g_{n,2}(v_n,h_n,\Delta v_n)}{\partial v_n}\right|_{(v_e,h_e,0)}=-\dfrac{4\alpha v^3}{v_0^4}-\dfrac{2\alpha t_{\mathrm{m}}\left[1-\left(\dfrac{v}{v_0}\right)^4\right]}{l_{\mathrm{safe}}+vt_{\mathrm{m}}} \\ g_{n,2}^{\Delta v}=\left.\dfrac{\partial g_{n,2}(v_n,h_n,\Delta v_n)}{\partial v_n}\right|_{(v_e,h_e,0)}=\sqrt{\dfrac{\alpha}{\beta}}\dfrac{v\left[1-\left(\dfrac{v}{v_0}\right)^4\right]}{l_{\mathrm{safe}}+vt_{\mathrm{m}}} \\ g_{n,2}^{h}=\left.\dfrac{\partial g_{n,2}(v_n,h_n,\Delta v_n)}{\partial h_n}\right|_{(v_e,h_e,0)}=2\alpha\dfrac{\left[1-\left(\dfrac{v}{v_0}\right)^4\right]\sqrt{1-\left(\dfrac{v}{v_0}\right)^4}}{l_{\mathrm{safe}}+vt_{\mathrm{m}}} \end{cases} \tag{3-65}$$

式(3-65)表明,IDM 车辆跟驰模型稳定性由模型基本参数、IDM 车头时距 t_{m} 以及相对

时间延迟参数 τ 共同确定，根据式(3-64)中参数定义，IDM 车辆相对时间延迟 $\tau=0.4\mathrm{s}$。将式(3-65)代入稳定性判别式(3-57)，可以得到 IDM 车辆跟驰模型判别式 G_2：

$$G_2=\frac{1}{2}(g_{n,2}^{v})^2+g_{n,2}^{v}g_{n,2}^{\Delta v}-g_{n,2}^{h}-g_{n,2}^{v}g_{n,2}^{h}\tau \tag{3-66}$$

计算结果如图 3-6 所示。纵坐标表示稳定性判别函数值，大于 0 表示稳定，小于 0 则不稳定。图 3-6 表明，当平衡态速度满足 $0.9\leqslant v_e\leqslant 18.1\mathrm{m/s}$ 时，IDM 车辆交通流处于恒不稳定状态；平衡态速度 $v_e\leqslant 0.9\mathrm{m/s}$ 或 $v_e\geqslant 18.1\mathrm{m/s}$ 时，IDM 车辆交通流处于恒稳定状态。

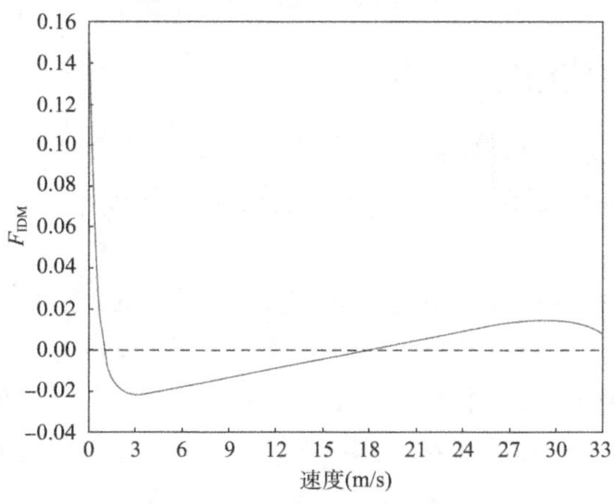

图 3-6　IDM 模型稳定性

3.4　混合流稳定性分析

与 HDV 相比，CAV 能实现信息共享和更精细的车辆协同控制。研究表明，CAV 之间通过车辆编队具有更小的车头间距，通过信息共享能有效减少驾驶行为反应的延迟、有更短的反应时间，因此，能增强车队稳定性和提高通行能力。但实现全 CAV 环境还需要一个漫长的过渡期，也即 CAV 与 HDV 混行的阶段。由 HDV 和 CAV 组成的混合交通流在稳定性方面与单一车流存在一定的差异性，故在此背景下，混合交通流的稳定性研究逐渐成为国内外的研究热点。

目前混合交通流稳定性分析方法主要分为两个方面：一方面是采用现场实验或仿真实验模拟混合交通流运行场景，研究特定环境下车流稳定性变化规律；另一方面则主要从控制理论的角度，结合系统稳定性的判定准则进行理论推导分析，得出稳定性条件。经典控制理论分析方法主要包括 3.2.2 所讲的方法。

本节分析依托高速公路主线段场景，车道总数为 H 条，整体交通需求为 D veh/h，则第 j 条车道交通量为 $N_j=N=\dfrac{D}{H}$ veh/h，后续混合交通流稳定性研究均以单车道车流展开研究，并等比拓展至多车道场景。首先，对于第 j 条车道，定义其车流中所有车辆索引号 n_j 满足集合 N_j，即 $n_j\in N_j=\{1,2,\cdots,N\}$，然后定义该车道 j 车流中车辆类型集合 $X_{n,j}=\{A,H\}$，若 $X_{n,j}=A$，则表示第 j 条车道中第 n 辆车为 CAV；若 $X_{n,j}=H$，则表示第 j 条车道中第 n 辆车为 HDV。

图 3-7 所示为在单车道上同向行驶的 N 辆车的基本场景图，车辆索引号 $n_j = 1,2,\cdots,N$，车流中头车索引号为 1。

图 3-7　单车道车辆跟驰行驶示意图

3.4.1　混合交通流稳定性准则

混合交通流稳定性研究就是要得到不同车辆跟驰模型，即不同类型车辆控制系统对扰动传播的抑制作用，并解析在不同类型结构车辆跟驰模型比例下的混合交通流稳定性演绎机理。

在本节混合交通流稳定性研究中，仍然以 N 表示单车道交通量，以 n_q、γ_q 分别表示第一类结构跟驰模型中第 q 种控制模式的车辆总数及其占混合流车辆总数比例，以 n_z、ρ_z 分别表示第二类结构跟驰模型中第 z 种控制模式的车辆总数及其占混合流车辆总数比例。基于 Ward[7] 最初开发的混合交通流稳定性判别准则，本节在考虑时间延迟条件下，混合交通流稳定性判别准则为：

$$\sum_{q\in Q}\left[\sum_{n}^{n_q}\left(\frac{1}{2}(y_{n,q}^{v})^2 - y_{n,q}^{v}y_{n,q}^{\Delta v} - (1-k_{n,q})y_{n,q}^{h} + y_{n,q}^{v}y_{n,q}^{h}(\tau_h-\tau_v)\right)\left(\prod_{m\neq n}y_{m,q}^{h}\right)^2\right] +$$
$$\sum_{z\in Z}\left[\sum_{n}^{n_z}\left(\frac{1}{2}(g_{n,z}^{v})^2 - g_{n,z}^{v}g_{n,z}^{\Delta v} - g_{n,z}^{h} + g_{n,z}^{v}g_{n,z}^{h}(\tau_h-\tau_v)\right)\left(\prod_{m\neq n}g_{m,z}^{h}\right)^2\right]\geqslant 0 \tag{3-67}$$

式中，下标 m、n 均为交通流中车辆索引号，即 $m,n\in N$。

将式(3-67)中 $\Pi_m\ y_{m,q}^{h}$、$\Pi_m\ g_{m,z}^{h}$ 项分离化简，可以得到混合交通流稳定性判别准则为 $F(\cdot)$：

$$F(\cdot) = \sum_{q\in Q}\left\{\sum_{n}^{n_q}\left[\frac{1}{2}\left(\frac{y_{n,q}^{v}}{y_{n,q}^{h}}\right)^2 - \frac{y_{n,q}^{v}y_{n,q}^{\Delta v}}{(y_{n,q}^{h})^2} - \frac{(1-k_{n,q})y_{n,q}^{h}}{(y_{n,q}^{h})^2} + \frac{y_{n,q}^{v}y_{n,q}^{h}(\tau_h-\tau_v)}{(y_{n,q}^{h})^2}\right]\right\} +$$
$$\sum_{z\in Z}\left\{\sum_{n}^{n_z}\left[\frac{1}{2}\left(\frac{g_{n,z}^{v}}{g_{n,z}^{h}}\right)^2 - \frac{g_{n,z}^{v}g_{n,z}^{\Delta v}}{(g_{n,z}^{h})^2} - \frac{g_{n,z}^{h}}{(g_{n,z}^{h})^2} + \frac{g_{n,z}^{v}g_{n,z}^{h}(\tau_h-\tau_v)}{(g_{n,z}^{h})^2}\right]\right\} \tag{3-68}$$

对式(3-68)进一步化简，可以得到：

$$\begin{aligned} F(\cdot) = &\sum_{q\in Q}n_q\left[\frac{1}{2}\left(\frac{y_{n,q}^{v}}{y_{n,q}^{h}}\right)^2 - \frac{y_{n,q}^{v}y_{n,q}^{\Delta v}}{(y_{n,q}^{h})^2} - \frac{(1-k_{n,q})y_{n,q}^{h}}{(y_{n,q}^{h})^2} + \frac{y_{n,q}^{v}y_{n,q}^{h}(\tau_h-\tau_v)}{(y_{n,q}^{h})^2}\right]_{h_e=q} + \\ &\sum_{z\in Z}n_z\left[\frac{1}{2}\left(\frac{g_{n,z}^{v}}{g_{n,z}^{h}}\right)^2 - \frac{g_{n,z}^{v}g_{n,z}^{\Delta v}}{(g_{n,z}^{h})^2} - \frac{g_{n,z}^{h}}{(g_{n,z}^{h})^2} + \frac{g_{n,z}^{v}g_{n,z}^{h}(\tau_h-\tau_v)}{(g_{n,z}^{h})^2}\right]_{h_e=z} \\ = &\sum_{q\in Q}n_qY_q + \sum_{z\in Z}n_zG_z \\ = &N\left(\sum_{q\in Q}\gamma_qY_q + \sum_{z\in Z}\rho_zG_z\right) \end{aligned} \tag{3-69}$$

式中：N——混合流车辆总数，满足 $N = \sum_{q\in Q}n_q + \sum_{z\in Z}n_z$；

Y_q——第一类结构跟驰模型中第 q 种控制模式跟驰模型稳定性判别准则，$Y_q = \left[\frac{1}{2}\left(\frac{\gamma_{n,q}^{v}}{\gamma_{n,q}^{h}}\right)^2 - \frac{\gamma_{n,q}^{v}\gamma_{n,q}^{\Delta v}}{(\gamma_{n,q}^{h})^2} - \frac{(1-k_{n,q})\gamma_{n,q}^{h}}{(\gamma_{n,q}^{h})^2} + \frac{\gamma_{n,q}^{v}\gamma_{n,q}^{h}(\tau_h - \tau_v)}{(\gamma_{n,q}^{h})^2}\right]_{h_e=q}$，其中 $q \in Q$ 且 $Y_q \in \{Y_1, Y_2, \cdots, Y_Q\}$；

G_z——第二类结构跟驰模型中第 z 种控制模式跟驰模型稳定性判别准则，$G_z = \left[\frac{1}{2}\left(\frac{g_{n,z}^{v}}{g_{n,z}^{h}}\right)^2 - \frac{g_{n,z}^{v}g_{n,z}^{\Delta v}}{(g_{n,z}^{h})^2} - \frac{g_{n,z}^{h}}{(g_{n,z}^{h})^2} + \frac{g_{n,z}^{v}g_{n,z}^{h}(\tau_h - \tau_v)}{(g_{n,z}^{h})^2}\right]_{h_e=z}$，其中 $z \in Z$ 且 $G_z \in \{G_1, G_2, \cdots, G_z\}$；$p_q$、$\rho_z$ 分别表示第一类结构跟驰模型中第 q 种控制模式跟驰模型的车辆总数占混合流车辆总数比例、第二类结构跟驰模型中第 z 种控制模式跟驰模型的车辆总数占混合流车辆总数比例，满足 $\sum_{q \in Q}\gamma_q + \sum_{z \in Z}\rho_z = 1$，$\gamma_q \in \{\gamma_1, \gamma_2, \cdots, \gamma_Q\}$；$\rho_z \in \{\rho_1, \rho_2, \cdots, \rho_z\}$。

3.4.2　不同交通条件下的混合交通流稳定性分析

基于3.4.1推导的混合交通流稳定性判别准则，本节应用具体车辆跟驰模型，进行混合交通流稳定性的应用分析。基于第2章提出的三种不同CAV车道管理方法，构筑了CAV随机混行、车道管理和自主编队三个高速公路研究场景，应用3.4.1提出的考虑反应时延的混合交通流稳定性解析方法，研究三种条件下混合交通流稳定性的演变规律。

3.4.2.1　随机混行混合交通流稳定性分析

基于第2章2.3所述NAS框架，混合交通流中存在4种车辆跟驰类型，即“CAV-CAV”“CAV-HDV”“HDV-CAV”“HDV-HDV”，其对应车辆跟驰模型分别为3.3所述CACC、ACC、IDM、IDM。其中，CACC为第一类结构跟驰模型的第一种控制模式，ACC、IDM、IDM分别为第二类结构跟驰模型的第1、2、3种控制模式。记第一类结构跟驰模型的第一种控制模式稳定性为 Y_1，第二类结构跟驰模型的第1、2、3种控制模式稳定性分别为 G_1、G_2、G_3，即 $Y_q \in \{Y_1\}$，$G_z \in \{G_1, G_2, G_3\}$，则第一类结构跟驰模型的第一种控制模式生成概率为 γ_1，第二类结构跟驰模型的第1、2、3种控制模式的生成概率分别为 ρ_1、ρ_2、ρ_3，即 $\gamma_q \in \{\gamma_1\}$，$\rho_z \in \{\rho_1, \rho_2, \rho_3\}$。根据第2章2.3NAS框架与式(2-27)可知，$\gamma_1 = p_{AA} = p_A^2$，$\rho_1 = p_{AH} = p_A(1-p_A)$，$\rho_2 + \rho_3 = p_{HA} + p_{HH} = 1 - p_A$。

综合上述，应用混合交通流稳定性准则[式(3-69)]，可以得到NAS下混合交通流稳定性判别式 $F_{NAS}(\cdot)$：

$$\begin{aligned} F_{NAS}(\cdot) &= N(\gamma_1 Y_1 + \rho_1 G_1 + \rho_2 G_2 + \rho_3 G_3) \\ &= N[\gamma_1 Y_1 + \rho_1 G_1 + (\rho_2 + \rho_3) G_2] \\ &= N[p_A^2 Y_1 + p_A(1-p_A) G_1 + (1-p_A) G_2] \end{aligned} \tag{3-70}$$

根据式(3-60)、式(3-63)、式(3-66)和式(3-70)可以看出，在跟驰模型各参数确定的情况下，混合交通流稳定性主要受到CAV渗透率与平衡态速度的共同作用。因此，在这一条件下绘制混合交通流稳定域相图，以探讨在NAS下混合交通流稳定性情况。为兼顾混合交通流稳定性与通行能力，在混合交通流稳定域相图的计算过程中，分别对CACC车辆期望车间时距 t_c、ACC车辆期望车间时距 t_a 在0.6～0.9s与1.1～1.8s范围内进行参数敏感性分析。基于参数敏感性分析结果，得到 $t_c=0.6$，$t_a=1.1$，$t_c=0.6$，$t_a=1.8$、$t_c=0.9$，$t_a=1.1$、$t_c=0.9$，$t_a=1.8$ 四种车间时距边界情况下的混合交通流关于 CAV 渗透率与平衡态速度的混合交通流稳定域相图，如图 3-8 所示。

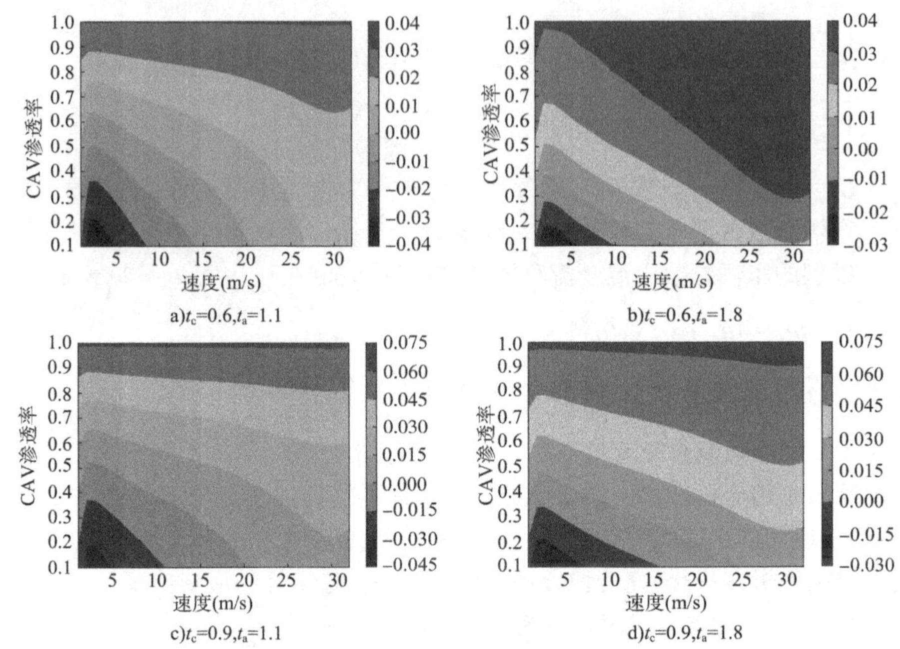

a) t_c=0.6, t_a=1.1　b) t_c=0.6, t_a=1.8

c) t_c=0.9, t_a=1.1　d) t_c=0.9, t_a=1.8

图 3-8　NAS 下混合交通流稳定性相图

在图 3-8 中，右侧纵坐标为热力图的热力值，热力值大于 0 所对应区域表示混合交通流的稳定区域，热力值小于 0 区域表示异质交通流的不稳定区域（后同）。由图 3-8 可以看出，t_a 与 t_c 取值的提高均对混合交通流稳定性有不同程度的提升效果，且 t_a 与 t_c 参数取值越大，其对混合交通流稳定性的提升效果越显著。具体表现为，当 $t_c=0.6$s 且 $t_a=1.1$s 时，CAV 渗透率高于 0.63 时，混合交通流转变为稳定状态；当 $t_c=0.6$s 且 $t_a=1.8$s 时，CAV 渗透率高于 0.38 时，混合交通流转变为稳定状态；当 $t_c=0.9$s 且 $t_a=1.1$s 时，CAV 渗透率高于 0.51 时，混合交通流由不稳定状态转变为稳定状态；当 $t_c=0.9$s 且 $t_a=1.8$s 时，CAV 渗透率高于 0.33 时，混合交通流转变为稳定状态。

同时，依据本章相关的 t_c 与 t_a 参数分析，t_c 与 t_a 取值越小，越有利于混合交通流通行能力的提升，而 t_c 与 t_a 取值越大，越有利于混合交通流稳定性的提升。因此，为了兼顾混合交通流的稳定性与通行能力两个方面的影响，需要根据 CAV 渗透率大小对 t_c 与 t_a 参数取值进行动态调节。并且，对比图 3-8a）、图 3-8c）与图 3-8b）、图 3-8d），可以发现，t_c 取值大小对混合交通流稳定域的影响较小，对比图 3-8a）、图 3-8b）与图 3-8c）、图 3-8d）可以发现，t_a 取值大小对混合交通流稳定域的影响较大，而对于混合交通流的最大通行能力而言，t_c 取值的大小相较于 t_a 影响更大。

综合上述，t_c 取最小值 0.6s，以保障混合交通流最大通行能力，同时根据 CAV 渗透率变化动态调节 t_a 取值以保障混合交通流稳定性。在这一动态调节策略下，可以定量地计算 t_a 与 p_A 之间的临界关系，计算结果见表 3-1。

NAS 下兼顾通行能力与稳定性的 t_a 与 p_A 之间的临界关系($t_c=0.6s$) 表 3-1

t_a	p_A	t_a	p_A
1.1	0.63	1.7	0.41
1.2	0.59	1.8	0.38
1.3	0.55	1.9	0.34
1.4	0.50	2.0	0.30
1.5	0.47	2.1	0.28
1.6	0.44	2.2	0.26

表 3-1 中可以发现,随着 CAV 渗透率的逐渐增加,满足混合交通流稳定域的 t_a 取值随之减小,基于这一动态调节策略,可以在满足混合交通流处于稳定状态下,尽可能地兼顾混合交通流通行能力。

3.4.2.2 车道管理下的混合交通流稳定性分析

基于第 2 章 2.3 所述 LLAS 场景图,考虑总车道数为 3 条,则存在部署方案Ⅰ与部署方案Ⅱ这 2 种部署方案。由 3.3 同质流稳定性分析可知,CACC 车流在任意条件下均处于稳定状态,又因为专用车道仅对 CAV 开放路权,因此专用车道上车流均以 CACC 控制模式跟驰行驶,即专用车道上车流均处于稳定态,故而 LLAS 下混合交通流稳定性仅需对通用车道车流进行分析。由于车道级集聚策略为 3 车道场景,而本书稳定性均针对单车道车流展开分析,因此,对通用车道多车道交通量按照等比例折减为单车道交通量,即:

$$N=\frac{1}{b}[D-\min(p_AD,aC_{max})] \tag{3-71}$$

式中:D——整体交通流交通需求,考虑总车道数为 3,参照单车道交通需求为 4000veh/h,则 $D=12000$veh/h;

N——通用车道交通量按照等比例折减后的单车道交通量;

C_{max}——自动驾驶专用车道最大通行能力,基于 SUMO 单车道仿真结果取值为 4000veh/h;

a、b——自动驾驶专用车道、通用车道数量,$a\geqslant1$,$b\geqslant1$;

p_A——整体交通流 CAV 渗透率。

根据 2.3 LLAS 场景图容易得到,LLAS 下通用车道车流车头间距分布与 NAS 相同,即通用车道混合交通流中存在与 NAS 同样的 4 种车辆跟驰类型,即“CAV-CAV”“CAV-HDV”“HDV-CAV”“HDV-HDV”,其对应的车辆跟驰模型分别为 3.3 节所述的 CACC、ACC、IDM、IDM,则以 NAS 框架对后续通用车道车流稳定性展开分析。但基于 2.3.2 所述 CAV 专用车道优先分配原则,CAV 专用车道会分担最大通行能力范围内的最大交通量,因此,通用车道 CAV 渗透率会发生变化,通用车道变化后的 CAV 渗透率为 p_M,即式(2-32)。

其中,CACC 为第一类结构跟驰模型的第一种控制模式,ACC、IDM、IDM 分别为第二类结构跟驰模型的第 1、2、3 种控制模式。记第一类结构跟驰模型的第一种控制模式稳定性为 Y_1,第二类结构跟驰模型的第 1、2、3 种控制模式稳定性为 G_1,G_2,G_3,即 $Y_q\in\{Y_1\}$,$G_z\in\{G_1$,

$G_2, G_3\}$，则第一类结构跟驰模型的第一种控制模式生成概率为 γ_1，第二类结构跟驰模型的第1、2、3种控制模式的生成概率分别为 ρ_1, ρ_2, ρ_3，即 $\gamma_q \in \{\gamma_1\}, \rho_z \in \{\rho_1, \rho_2, \rho_3\}$。根据2.3 NAS框架与式(2-33)可知，$\gamma_1 = p_{AA} = p_M^2, \rho_1 = p_{AH} = p_M(1 - p_M), \rho_2 + \rho_3 = p_{HA} + p_{HH} = 1 - p_M$。

综上所述，应用混合交通流稳定性准则[式(3-69)]，可以得到LLAS下混合交通流稳定性判别式 $F_{LMS}(\cdot)$：

$$
\begin{aligned}
F_{LMS}(\cdot) &= N(\gamma_1 Y_1 + \rho_1 G_1 + \rho_2 G_2 + \rho_3 G_3) \\
&= N[\gamma_1 Y_1 + \rho_1 G_1 + (\rho_2 + \rho_3) G_2] \\
&= N[p_M^2 Y_1 + p_M(1 - p_M) G_1 + (1 - p_M) G_2]
\end{aligned} \tag{3-72}
$$

根据式(3-60)、式(3-63)、式(3-64)与式(3-72)可以看出，在跟驰模型标定参数确定的情况下，LLAS下混合交通流稳定性主要受到通用车道CAV渗透率 p_{GL} 与平衡态速度的共同作用，而通用车道CAV渗透率 p_{GL} 又与CAV渗透率 p_A、CAV专用车道最大通行能力 C_{max}、CAV专用车道数量有关。因此，为了探讨在LLAS下混合交通流稳定性情况，可以从以下种2种方案绘制混合交通流稳定域相图展开分析，即方案Ⅰ：部署1条CAV专用车道、2条通用车道；方案Ⅱ：部署2条CAV专用车道、1条通用车道。同样地，为兼顾混合交通流稳定性与通行能力，在混合交通流稳定域相图的计算过程中，分别对CACC车辆期望车间时距 t_c、ACC车辆期望车间时距 t_a 在0.6~0.9s与1.1~1.8s范围内进行参数分析。基于参数分析结果，分别得到上述2种CAV专用车道部署方案下 $t_c = 0.6, t_a = 1.1, t_c = 0.6, t_a = 1.8$、$t_c = 0.9, t_a = 1.1$、$t_c = 0.9, t_a = 1.8$ 四种车间时距边界情况下的混合交通流关于CAV渗透率与平衡态速度的混合交通流稳定域相图，如图3-9、图3-10所示。

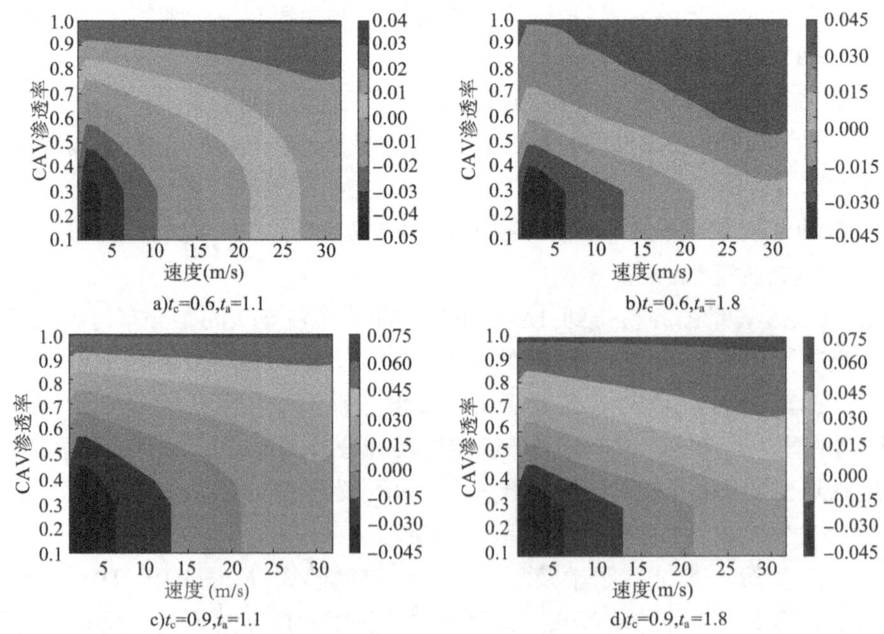

图3-9　部署方案Ⅰ混合交通流稳定域相图

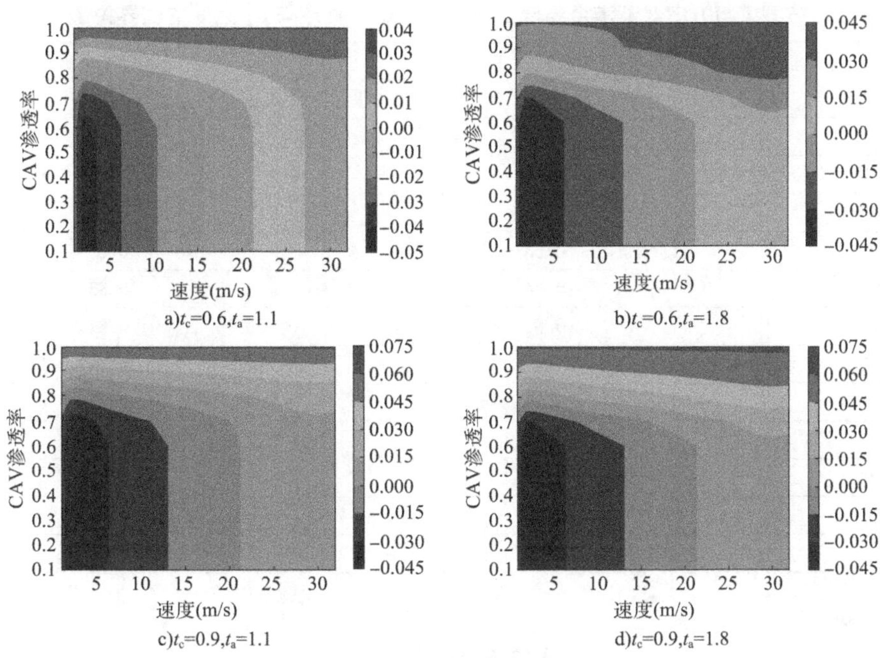

a) t_c=0.6, t_a=1.1　b) t_c=0.6, t_a=1.8

c) t_c=0.9, t_a=1.1　d) t_c=0.9, t_a=1.8

图 3-10　部署方案Ⅱ混合交通流稳定域相图

从图 3-9 中可以看出，LLAS 中部署方案Ⅰ下，t_a 与 t_c 取值对混合交通流稳定性的影响与 NAS 相同。具体表现为：当 $t_c = 0.6$s 且 $t_a = 1.1$s 时，CAV 渗透率高于 0.76 时，混合交通流转变为稳定状态；当 $t_c = 0.6$s 且 $t_a = 1.8$s 时，CAV 渗透率高于 0.59 时，混合交通流转变为稳定状态；当 $t_c = 0.9$s 且 $t_a = 1.1$s 时，CAV 渗透率高于 0.68 时，混合交通流转变为稳定状态；当 $t_c = 0.9$s 且 $t_a = 1.8$s 时，CAV 渗透率高于 0.56 时，混合交通流转变为稳定状态。

从图 3-10 中可以看出，LLAS 中部署方案Ⅱ下，t_a 与 t_c，CAV 渗透率取值对混合交通流稳定性的影响作用与部署方案Ⅰ相同。具体表现为，当 $t_c = 0.6$s 且 $t_a = 1.1$s 时，CAV 渗透率高于 0.87 时，混合交通流转变为稳定状态；当 $t_c = 0.6$s 且 $t_a = 1.8$s 时，CAV 渗透率高于 0.79 时，混合交通流转变为稳定状态；当 $t_c = 0.9$s 且 $t_a = 1.1$s 时，CAV 渗透率高于 0.84 时，混合交通流转变为稳定状态；当 $t_c = 0.9$s 且 $t_a = 1.8$s 时，CAV 渗透率高于 0.77 时，混合交通流转变为稳定状态。

基于 3.4.2.1 所述的 NAS 动态调节策略，可以定量地计算得到方案Ⅰ与方案Ⅱ下满足混合交通流稳态条件的 t_a 和 CAV 渗透率之间的临界关系，计算结果见表 3-2。根据表 3-2 中的计算结果，部署方案Ⅰ下，满足混合交通流稳定域的 CAV 渗透率最小值为 0.44，部署方案Ⅱ下，满足混合交通流稳定域的 CAV 渗透率最小值为 0.75。这一结果为 CAV 专用车道部署提供了一定参考，即三车道场景下，CAV 渗透率至少达到 44%，部署 1 条专用车道能保证通用车道混合交通流的稳定性；CAV 渗透率至少达到 75%，部署 2 条专用车道能保证通用车道混合交通流的稳定性。

方案Ⅰ与方案Ⅱ下满足混合交通流稳态条件的 t_a 与 p_A 之间的临界关系 表3-2

t_a	部署方案Ⅰ	部署方案Ⅱ
	p_A	p_A
1.1	0.76	0.87
1.2	0.74	0.87
1.3	0.71	0.86
1.4	0.68	0.85
1.5	0.64	0.83
1.6	0.62	0.81
1.7	0.6	0.79
1.8	0.59	0.79
1.9	0.56	0.78
2	0.53	0.77
2.1	0.49	0.76
2.2	0.44	0.75

本章参考文献

[1] 王昊,秦严严. 网联车混合交通流渐进稳定性解析方法[J]. 哈尔滨工业大学学报,2019,51(3):88-91.

[2] VAN AREM B,VAN D C J G,VISSER R. The impact of cooperative adaptive cruise control on traffic-flow characteristics[J]. IEEE Transactions on Intelligent Transportation Systems,2006,7(4):429-436.

[3] NGODUY D. Analytical Studies on the Instabilities of Heterogeneous Intelligent Traffic Flow[J]. Communications in Nonlinear Science and Numerical Simulation,2013,18(10):2699-2706.

[4] XIE D F. ZHAO X M,HE Z B. Heterogeneous Traffic Mixing Regular and Connected Vehicles:Modelingand Stabilization[J]. IEEE Transactions on Intelligent Transportation Systems,2019,20(6):2060-2071.

[5] WANG M,HOOGENDOORN S P,DAAMEN W,et al. Delay-compensating Strategy to Enhance String Stability of Adaptive Cruise Controlled Vehicles[J]. Transportmetrica B,2018,6(3):211-229.

[6] OROSZ G,WILSON R E,STEPAN G. Traffic Jams:Dynamics and Control[J]. Philosophical Transactions of the Royal Society A:Mathematical,Physical and Engineering Sciences,2010,368(1928):4455-4479.

[7] WARD J A. Heterogeneity,lane-changing and instability in traffic:A mathematical approach[J]. University of Bristol,2009.

第4章 智能网联车辆混合交通安全性

交通安全对国民经济产生的巨大影响包括:医疗费用、财产损失、由交通事故导致的交通拥堵和人身安全等,而交通工程师正在改进道路设计;发明新型交叉路口和立交桥;改善道路和中间护栏以防止碰撞;当发生碰撞时,减少路边物体的危险影响。这些成就来自对安全和伤害因素更进一步的理解。不幸的是,尽管在过去20年中交通事故率一直在下降,但交通事故数仍然很高。这些惊人的统计数据之所以持续存在,部分原因是人类一旦意识到车辆有所改进就会变得更加自信并且风险感知更低,因此,关于道路安全还有很多东西需要研究。

几十年来,已经产生了大量对交通安全评估研究的统计方法,这些方法可以给出在相对较长的时期内(通常是几年)预期的事故数量及其严重程度。由于交通事故具有罕见性和随机性,因此需要大量观测数据来对交通事故进行安全性评估。积累观测值通常是通过允许较长的观测周期并包括具有许多道路的大区域来完成的。多年来,交通安全评估依赖于交通运输机构和执法部门定期收集的高度汇总的数据,根据道路特征和平均交通量估计每年的事故频率,有时也通过事故严重程度来衡量。但该方法无法估计在短时间内安全性发生明显变化的某条道路的安全水平,如在1h内的安全水平。交通事故最终会证明道路的"不安全",但这是否意味着在1h内没有发生交通事故道路就是安全的?在那条路上驾驶的一些驾驶人和在那段时间走过它的行人可能不同意,因为他们可能根据他们的常识和自己的经验担心事故的发生。尽管"感觉"并不是评估安全性的最可靠方法,但它反映了潜在的交通事故风险。大多数情况下,短期内交通事故点都是安全的。然而,没有发生事故并不能认为短期内预期碰撞次数是良好的。为什么?答案是潜在的后果非常严重,即使是非常低的风险也不能被忽视。这种罕见的交通事故与极其严重的结果的特殊组合对衡量安全性提出了重大挑战。为了进一步强调这个困难,让我们考虑一个不同的情况:估计交通质量,这是用速度、延迟和发生交通事故的概率来衡量的。对1h内的这些观察结果进行平均可以得出对预期值的合理估计。

多年来,装有车辆检测器的道路一直在提供指定位置的分类交通流量数据。随着统计建模技术的进步,此类数据的可用性鼓励人们尝试根据这些时间间隔内汇总的数据在几分钟的短时间内估计出安全性。但应用概率估计模型估计交通安全性,如在开发阶段缺乏事故数据会影响它们在识别高风险交通状况方面的表现,并且已经建立的交通安全模型由于不同地区的空间差异,会导致这些模型的移植性较差。

医学科学面临着同样的问题,即以疾病的形式估计罕见和潜在严重事件的风险。现有的统计数据通常不足以在医学研究中识别疾病的因素或在临床研究中评估治疗的有效性。尽管通过真实交通事故进行实验对于道路安全研究来说并不容易,但引起安全专家注意并在医学科学中成功实施的一个想法是使用替代措施。医学科学中使用替代指标来预测治疗的长期临床结果。例如,长期以来,冠心病患者的脂蛋白胆固醇水平一直被认为是合适的替代指标。一个有用的替代措施必须与临床结果相关联,如果这种治疗手段能够提升患者生存机会,那么替代指标也应该在治疗过程中产生变化。一个好的替代性安全指标可以准确地评估驾驶风险,而不需要实际发生交通事故。这降低了研究成本,更好地保障了驾驶人的安全。从道路安全的角度来看,增加事故风险的某种情况就像一种需要识别和治疗的疾病。需要一种代理安全指标来帮助评定这种情况是否是危险的;然后必须在前后研究中快速评估旨在消除交通危险减少交通事故。为了能够得到更好的效果,代理安全性指标必须对研究的条件和评估的结果敏感,并且可以与事故风险相关联。

本章试图介绍用代理交通安全性指标(Surrogate Safety Measures,SSM)估计道路安全的概念,并讨论了CAV安全性研究中代理交通安全性指标相关的一些关键问题,包括CAV轨迹优化的SSM、单个车辆和车队的SSM。

4.1 交通冲突

碰撞频率和严重程度被认为是直接衡量设计、对策或系统安全性能的两个重要指标。然而,交通事故是罕见的事件。对于新的安全策略(例如一个新的交通标志),它们的安全影响需要一段时间后才能通过现实世界的碰撞频率和严重程度数据来揭示。因此,依靠历史碰撞数据来评估安全策略的表现并不是最好的选择,在某种程度上是不道德的。为了解决这个问题,来自交通冲突的SSM已经成为一个越来越流行的解决方案。交通冲突是可观察到的非碰撞事件,在这种情况下,如果多个道路使用者不改变他们的运动路线,他们在空间和时间上的相互作用会产生碰撞的风险。当导致冲突的失误(如驾驶人失误、道路设计和车辆故障)不能被及时纠正时,冲突就会被认为与碰撞有因果关系。由于潜在的因果关系,用于识别交通冲突和量化其严重程度的措施可以被视为SSM。与交通事故相比,交通冲突要频繁得多。

本节介绍了交通冲突的概念,因为它与交通事故有关。驾驶人和行人观测他们周围的道路和交通环境,并选择提供舒适、便捷和安全的行为。尽管风险认知和风险规避因人而异,但事故很少是故意造成的,事故的发生很有可能是人为错误或其他意外事件导致的。同样的道理也适用于near-crash,虽然不是真正的事故,但它却给那些驾驶人和了解该事件的人带来了极大的忧虑。

交通安全工程中的near-accident(或near-crash)被定义为当前车突然降速时,后车为避免碰撞而采取紧急制动操作的情况。VAND[1]提出了一个简单的因果模型,将某些类型的故障与事故和near-crash联系起来。这种因果关系确立了near-crash与事故的因果相似性,这使得近似事故比事故更容易成为安全数据的来源,因为它们发生的频率更高。研究near-accident可以更好地了解事故的发生和因果关系,并有助于评估事故的风险以及如何制定有效的对策来降低风险。

危险交通事件的概念在交通工程中并不新鲜。早在20世纪60年代甚至更早,就可以在道路交通的技术文献中找到。早期使用交通冲突一词来描述near-crash事件,Klebelsberg[2]中发现了需要躲避以防止碰撞的交通冲突。第一个应用交通冲突术语来识别安全相关问题的方法归功于底特律通用汽车实验室。当时,交通冲突的含义比现在更广泛,包括没有紧迫危险的交通违规行为[3]、没有紧迫危险的交通违规行为。例如,在红灯期间进入一个十字路口,即使车辆之间没有发生实际碰撞,也被认为是交通冲突。Hayward[4]将交通冲突的含义缩小到道路使用者之间的危险行为。研究人员用电影录像和逐帧的图像分析来区分冲突和非冲突。他们提出对于冲突和非冲突,如果一个事件的最短碰撞时间小于1h,那么它就是一个冲突。他们没有强调避免碰撞的必要性以及逃避行动以避免碰撞的必要性。

自20世纪70年代末以来,美国和欧洲的许多作者为交通冲突技术的发展作出了贡献,包括标准和国家方法。1977年在奥斯陆举行的第一次交通冲突技术研讨会上提出了交通冲突的正式定义。

交通冲突:是一种可观察到的情况,即两个或更多的道路使用者在空间和时间上相互接近,如果他们的动作保持不变,就有可能发生碰撞。

这个定义并不意味着失败,它可以适用于道路使用者有意接近的攻击性行为。奥斯陆的定义在荷兰的DOCTOR方法中被进一步修改,增加了以下条件,即有足够严重后果的“可记录的”碰撞。

交通冲突的新定义:指两个(或更多)道路使用者以即将发生碰撞的方式接近对方,而现实中又有可能发生碰撞的紧急交通情况。在这种情况下,两个(或更多的)道路使用者相互接近,即将发生碰撞,而且如果他们的路线和行为有可能造成人身伤害或物质损失,就有可能发生冲突;如果他们的路线和速度保持不变,就有可能发生人身伤害或物质损失。

图4-1中提出了一个交通冲突和碰撞的因果关系模型[5],其灵感来自图4-2。在故障存在的情况下,交通冲突可能会导致接near-crash的情况,也可能会产生碰撞。不过,新兴的自动驾驶车辆预计会有一个保护机制。当导致冲突的失误(如驾驶人失误、道路设计和车辆故障)无法得到适当纠正时,交通冲突就被认为与事故的起因有关。由于潜在的因果关系,用于识别交通冲突和量化其严重性的措施可以被认为是SSM,与碰撞事故相比,其交通冲突更为频繁。

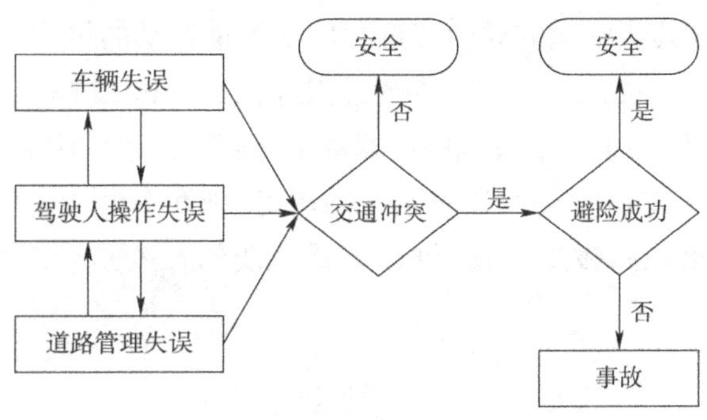

图4-1 交通冲突和碰撞的因果关系模型

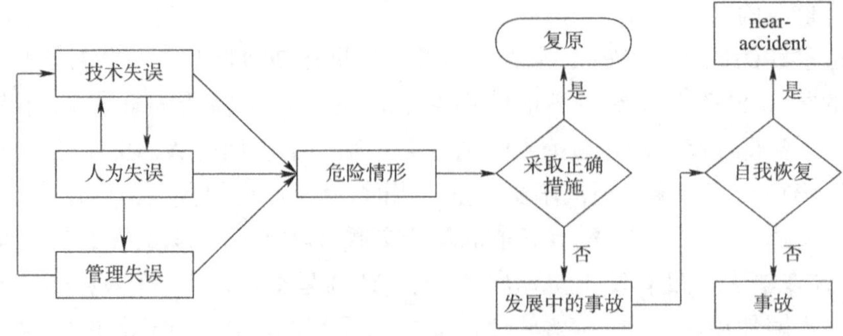

图 4-2 事故的简单因果关系模型

4.2 代理交通安全指标

随着时间的推移,许多与安全相关的措施已经被开发出来。然而,并不是所有的措施都可以被认为是 SSM。Tarko[6] 指出,SSM 的两个限定标准是:①它应该来自与交通事故直接相关的交通冲突;②交通冲突与相关的潜在交通事故频率和/或严重程度之间的关系可以通过一些实用的方法进行量化。从这个角度看,交通流量测量,如年平均日流量(AADT)、速度变化和平均运行速度不是 SSM,尽管这些测量值已被证明与碰撞风险有关,且有时被作为碰撞的“替代物”使用。本书只论述符合上述两个限定标准的安全措施。

这一节中重点回顾了重要的 SSM 和基于 SSM 的模型,而没有详细讨论它们的应用。SSM 是识别交通冲突的措施,在统计学上与交通事故有联系。一般来说,SSM 的计算对用于定义交通冲突的预先确定的阈值是敏感的。在确定交通冲突后,基于 SSM 的模型被用来量化冲突的严重程度。一些基于 SSM 的模型估计发生交通事故的概率,而不是产生一个非此即彼的结果(即交通事故与非交通事故)。

如图 4-3 所示,SSM 有三个主要子类别,即基于时间的 SSM、基于减速的 SSM 和基于能量的 SSM。下面将详细介绍这三个子类别的 SSM。正如本节后面所解释的,一些基于距离的 SSM 也被提出。由于这些基于距离的 SSM 也依赖于减速假设,所以它们被包括在基于减速的 SSM 中。

4.2.1 基于时间的 SSM

基于时间的 SSM 以其与碰撞的时间接近程度来衡量互动的风险。最常见的基于时间的 SSM 是碰撞时间(Time to collision,TTC),它最初是由 Hayward[4] 提出的,然后由 Hydén[7] 和其他学者进一步讨论。图 4-4 中沿直线路径运动的车辆,速度为固定的 V_1 和 V_2。如果有一条平行于相对速度 $\Delta V = V_2 - V_1$ 的线通过两车的车身,则两车处于碰撞状态。平行于 ΔV 的最短线段 P_1P_2 连接着潜在的碰撞点 P_1 和 P_2。最短线的长度是当前的碰撞距离 D,而当前的碰撞时间为:

$$\mathrm{TTC} = \frac{D}{|\Delta V|} \tag{4-1}$$

如果 ΔV 会随着时间变化,那么当前时刻的 TTC 被称为瞬时碰撞的时间。

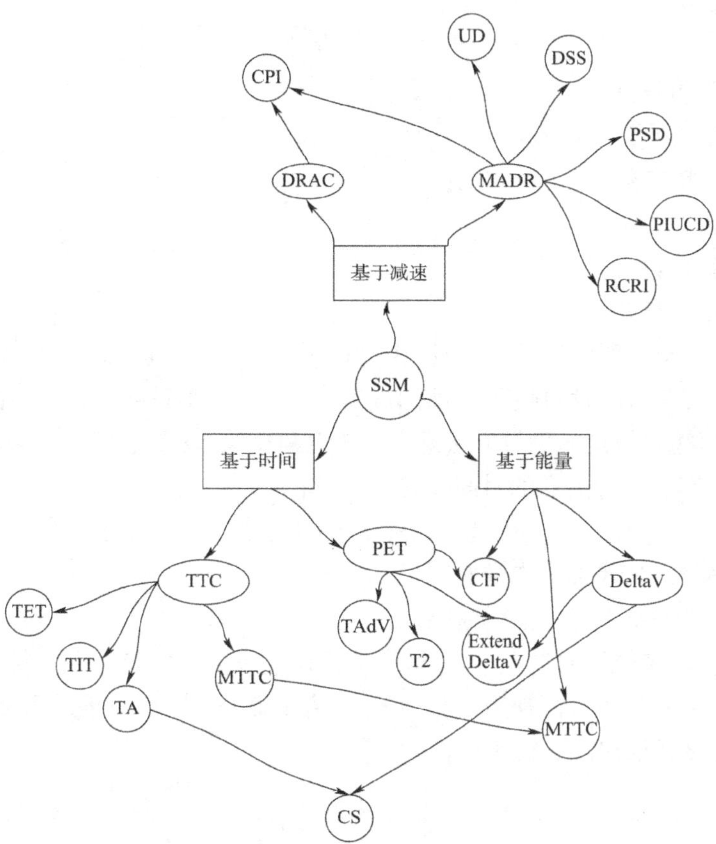

图 4-3 SSM 分类图

另一个流行的基于时间的 SSM 是最初由 Perkins[3] 提出的事故时间(Time-to-Accident,TA)。TA 是在现场观察者最初发现规避行动时,用估计的距离和速度计算出来的。TTC 和 TA 之间的主要区别是 TTC 是在冲突发生的开始时测量的,而 TA 是根据观察到的回避行动计算的。这两个指标都使用某些阈值来确定冲突是否处于高风险状态。

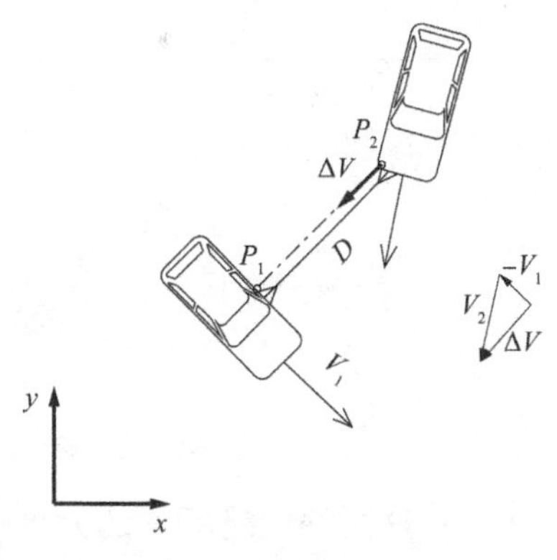

图 4-4 TTC 示意图

基于 TTC,一些更复杂的 SSM 被开发出来。Minderhoud[8] 提出了时间暴露的 TTC(Time-Exposed TTC,TET)和时间整合的 TTC(Time-Integrated TTC,TIT)。TET 是指冲突期间 TTC 低于某个阈值的时间,TIT 是指当 TTC 曲线降到阈值以下时,阈值水平和 TTC 曲线之间的面积。与 TTC 和 TA 相比,TET 和 TIT 侧重于测量与危险驾驶条件持续时间相关的风险。TET 和 TIT 都需要连续计算 TTC。

$$\mathrm{TIT}(t)=\sum_{n=1}^{N}\left[\frac{1}{\mathrm{TTC}_{(it)}}-\frac{1}{\mathrm{TTC}^{*}}\Delta t(0<\mathrm{TTC}(t)<\mathrm{TTC}^{*})\right] \tag{4-2}$$

$$\mathrm{TIT}^{*}=\sum_{t=1}^{T}\mathrm{TIT}(t) \tag{4-3}$$

$$\mathrm{TET}(t)=\sum_{n=1}^{N}\delta_t\times\Delta t,\delta_t=\begin{cases}1 & (0<\mathrm{TTC}(t)<\mathrm{TTC}^{*})\\0 & (\text{其他})\end{cases} \tag{4-4}$$

$$\mathrm{TET}^{*}=\sum_{t=1}^{T}\mathrm{TET}(t) \tag{4-5}$$

式中：Δt——时间步长；

TTC^{*}——TTC 阈值；

$TTC_{(it)}$——第 i 辆车在 t 时刻的 TTC；

n——车辆的 ID；

N——车辆总数；

δ——转换变量。

一些研究者提出了所谓的后侵占时间[9]（Post-Encroachment Time，PET），在此表示为 s，即在冲突区两车相交时的时间间隔，如图 4-5 所示。s 的大小是在车辆潜在的第一个撞击点测量的，这种对碰撞临近度的测量方法常应用于直角交叉。s 是应用第一辆车离开冲突点的时间 t_1 和第二辆车进入冲突点的时间 t_2 之间计算的：

$$s=t_2-t_1 \tag{4-6}$$

式中：t_2——到达第二辆车冲突点的时间；

t_1——第一辆车离开冲突点的时间。

通过概括，在汽车追尾的过程中，连续两辆车通过车道上的某一点的时间间隔也可被视为 s。车道中的某一点，也可被视为 s（图 4-6）。为了证明发生的碰撞的可能性，到达冲突点的第二辆车的速度必须比前一辆车快。

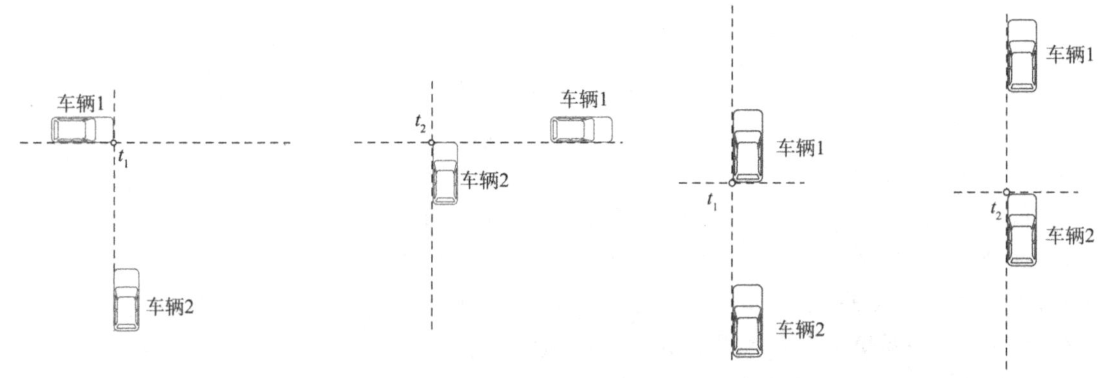

图 4-5　直角后侵占时间　　图 4-6　时间上考虑 PET

在这两种情况下，s 的大小是直接测量的，不需要预测相关道路使用者的未来行为。s 适用于不管有没有回避动作的近距离碰撞，和包括任何回避动作对碰撞近距离的完整影响。此外，s 要求相互作用的道路使用者都是移动的，因此，它不能应用于与停止的车辆或固定障碍物的碰撞。

基于 PET 的定义，人们提出了更多的安全指标。例如，间隙时间（Gap Time，GT）被提出来衡量两辆车进入冲突点的时间差。时间优势（Time Advantage，TAdv）也可被视为 PET 概念的延伸[10]，它是假设两个道路使用者继续其初始路径和速度的 PET 预测值。

表 4-1 总结了上述基于时间的 SSM。通常，基于时间的 SSM 度量与崩溃发生的时间接近程度。它们需要特定的阈值来识别"事故"条件或高风险交互作用。

基于时间的 SSM 总结　表 4-1

指标	定义	局限	优势
碰撞时间(TTC)	如果车辆继续以目前的速度和方向行驶,那么直到车辆之间发生碰撞的时间	(1)恒速假设(不考虑回避行动); (2)要求有一个阈值来确定互动的严重程度	(1)通用; (2)易于测量
事故发生时间(TA)	当其中一个道路使用者通过保持当前速度和方向开始规避行动时,距离撞车的时间	(1)依靠观察回避的行动; (2)阈值敏感	易于测量
碰撞时间(TET)	驾驶人接近前车时,TTC 低于阈值的所有时刻的总和	(1)不同数值之间没有风险变化; (2)阈值敏感; (3)要求连续计算	(1)适用于微观模拟; (2)提供一个随时间变化的综合风险
综合碰撞时间(TIT)	在 TTC 低于某个 TTC 阈值期间,TTC 曲线的积分	(1)难以解释其含义; (2)阈值敏感	(1)适用于微观模拟; (2)提供随时间变化的汇总风险; (3)提供不同数值的风险变化
侵占后时间(PET)	从一个道路使用者离开冲突区到另一个道路使用者到达该区域的时间间隔	(1)适用于交叉/角度的相互作用; (2)不能反映随着相互作用的动态变化; (3)阈值敏感	(1)反映驾驶人的行为; (2)易于测量
间隙时间(GP)	两辆汽车进入冲突点的时间间隔	适用于交叉/角度的相互作用	易于测量
时间优势(TAdv)	预测的 PET 值,前提是道路使用者继续使用他们的路径和速度	(1)适用于交叉/角度互动; (2)取决于恒定速度和方向的假设; (3)阈值敏感	可以作为一个风险指标持续测量
修改后的碰撞时间(MTTC)	修改后的模型考虑了由于加速或减速造成的所有潜在纵向冲突情况或减速的差异	(1)难以持续采集数据车辆的瞬间加速度; (2)不适用于车道变化或正面碰撞; (3)阈值敏感	(1)比 TTC 更先进; (2)考虑到驾驶差异

4.2.2　基于减速的 SSM

基于减速的 SSM 不是测量时间的接近性,而是关注车辆的减速如何防止碰撞的发生。

早在1976年,Cooper和Ferguson就提出通过避免撞车的减速度(Deceleration Rate to Avoid the Crash,DRAC)来确定相互作用的严重程度。DRAC是指车辆为避免与另一车辆相撞所需的最小制动率。DRAC的计算是基于这样的假设:一辆车采取规避行动,而另一辆车保持其速度和方向。为了确定碰撞的风险,DRAC还需要一些阈值。

$$\mathrm{DRAC}_{i,i+1}=\frac{(V_{i,t}-V_{i-1,t})^2}{2[(P_{i-1,t}-P_{i,t})-L_{i-1}]} \tag{4-7}$$

式中:t——时间间隔;

P——车辆位置(i = 跟随车辆,$i-1$ = 前方车辆);

L——车辆长度;

V——速度。

Cunto[11]进一步扩展了DRAC,通过考虑车辆的制动能力或最大减速度(Maximum Deceleration Rate,MADR),开发了一个碰撞潜力指数(Crash Potential Index,CPI)。CPI表示某时刻DRAC超过MADR的概率。MADR取决于车辆类型和路面防滑等环境条件。CPI的计算方法如下:

$$\mathrm{CPI}=\frac{\sum_{t=t_i}^{tf_i}P(\mathrm{DRAC}_{i,t}\geqslant \mathrm{MADR})\Delta t}{T_i} \tag{4-8}$$

式中:MADR——最大减速度;

Δt——时间步长;

T_i——总旅行时间;

t_i——初始时间步;

tf_i——最终时间步。

一些研究将基于距离的SSM与基于减速的SSM区分开来。本质上,基于距离的SSM也可以被认为是基于减速的SSM,因为它们都是基于MARD的假设。研究提出追尾碰撞风险指数(rear-end collision risk index,RCRI),Oh[12]假设前车以最大减速率(即MARD)采取紧急停车制动,通过比较前车和后车的停车距离来识别危险情况。RCRI可以写成:

$$\mathrm{SSD_L}=S+\frac{v_L^2}{2d_\mathrm{m}} \tag{4-9}$$

$$\mathrm{SSD_F}=v_\mathrm{F}t_\mathrm{d}+\frac{v_\mathrm{F}^2}{2d_\mathrm{m}} \tag{4-10}$$

$$\mathrm{RCRI}=\begin{cases}0(\text{安全}) & (\mathrm{SSD_L}>\mathrm{SSD_F})\\ 1(\text{危险}) & (\text{其他})\end{cases} \tag{4-11}$$

式中:$\mathrm{SSD_L}$、$\mathrm{SSD_F}$——前车和跟车的停车距离,v_F和v_L分别为后车速度和前车速度;

t_d——时间延迟;

S——间隙距离;

d_m——最大减速度。

在RCRI的基础上,Rahman[13]提出了时间暴露的追尾碰撞风险指数(Time Exposed Rear-end Crash Risk Index,TERCRI),借其来衡量随时间的累计风险:

$$\text{TERCRI}(t)=\sum_{n=1}^{N}\text{RCRI}_n(t)\times\Delta t \tag{4-12}$$

$$\text{TERCRI}=\sum_{t=1}^{\text{time}}\text{TERCRI}(t) \tag{4-13}$$

式中：Δt——时间步长。

其他基于距离的 SSM 还包括 Uno 提出的紧急减速碰撞潜在指数[14]（Potential Index for Collision with Urgent Deceleration，PICUD）、停车距离比例[15]（Proportion of Stopping Distance，PSD）、空间距离和停车距离的差异[16]（Difference of Space distance and Stopping distance，DSS）、不安全密度[17]（Unsafe density，UD），它们都依赖于紧急减速率的假设。其中，PIUCD 通过如下公式计算：

$$\text{PIUCD}=\frac{v_1^2-v_f^2}{2a}+S_0-v_f\Delta t \tag{4-14}$$

式中：v_1、v_f——前后车辆的速度；

S_0——前后车之间的距离；

Δt——后车驾驶人反应时间；

a——紧急制动减速度。

PSD 衡量的是到潜在碰撞点的剩余距离与可接受的最小停车距离之间的比，它被表述为：

$$\text{PSD}=\frac{D_{i,t}}{\dfrac{v_{i,t}^2}{2\text{MADR}}} \tag{4-15}$$

式中：$D_{i,t}$——两车之间的距离。

DSS 定义为距离和停车距离之差：

$$\text{DSS}=\left(\frac{v_1^2}{2\mu g}+d_2\right)-\left(v_f^2\Delta t+\frac{v_f^2}{2\mu g}\right) \tag{4-16}$$

式中：μ——摩擦因数；

g——重力加速度；

d_2——两车之间的距离。

UD 的开发是为了考虑在前车以最大制动能力减速的情况下发生潜在追尾事故的严重程度。

$$\text{UD}=(v_1-v_f)v_fR_d \tag{4-17}$$

$$R_d=\begin{cases}\dfrac{b}{b_{\max}} & (b<0)\\ 0 & (b\geqslant 0)\end{cases} \tag{4-18}$$

式中：b——前车减速度；

$b_{\max}$——前车最大减速度；

v_1、v_f——前车速度和后车速度。

其他基于减速的 SSM 包括：减速度[18]（Deceleration Rate）、减速到安全状态的时间[19]（Deceleration-to-Safety Time）。主要基于减速的 SSM 见表 4-2。

主要基于减速的 SSM　　表 4-2

指标	定义	局限	优势
避免碰撞的减速度(DRAC)	后面的车辆和其相应的领先车辆之间的速度差除以其关闭时间	(1)只适用于纵向跟随车辆的情况; (2)需要某些阈值来确定交互的严重程度(阈值敏感)	易于测量
追尾事故风险指数(RCRI)	追尾事故风险指数	(1)只适用于纵向跟车的情况; (2)依靠一定的边界来确定相互作用的严重程度(即 MADR 阈值)	风险可以持续测量
时间暴露的追尾碰撞风险指数(TERCRI)	追尾事故风险指数	只适用于纵向跟随车辆的情况	衡量一段时间内的综合风险
碰撞潜力指数(CPI)	某一车辆 DRAC 在某一时间间隔内超过其最大可用减速率(MADR)的概率	(1)只适用于纵贯车以下情况; (2)要求连续观察; (3)依靠某个边界来确定交互作用的严重程度(即 MADR 阈值)	(1)适用于模拟; (2)提供随时间变化的风险; (3)提供不同 CPI 值下的风险变化
紧急减速碰撞潜在指数(PICUD)	两车在紧急制动下完全停止时的距离	(1)主要适用于变道条件; (2)阈值尚未确定; (3)不考虑侧向	适用于评估连续车辆的碰撞风险
停车距离比例(PSD)	到潜在碰撞点的剩余距离与可接受的最小停车距离之间的比	基于回避行动	(1)能够评估单一交通冲突; (2)易于测量
空间距离和停车距离之差(DSS)	由空间和停车距离的差异所定义	提供关于不安全车辆数量的信息,但不能考虑危险程度以及持续时间	(1)能够评估单一交通冲突; (2)易于测量
不安全密度(UD)	在确定的模拟步骤中,道路上两个连续车辆之间关系的“不安全”程度	(1)难以解释其含义,主要是为了比较; (2)只适用于纵向的车与车之间的相互作用	用于微观模拟

4.2.3　基于能量的 SSM

与基于时间和减速的 SSM 测量冲突的接近程度不同,基于能量的 SSM 被提出用于测量交互的严重程度。其中,需要特别注意的是 Δv。它测量的是由于碰撞而迫使道路使用者的速度变化。它取决于每个参与的道路使用者的速度和质量以及道路使用者接近对方的角度[20]。基于动量对话假设(即非弹性碰撞),Δv 可以计算为:

$$\Delta v_1 = \frac{m_2}{m_1 + m_2}(v_2 - v_1) \tag{4-19}$$

$$\Delta v_2 = \frac{m_1}{m_1 + m_2}(v_1 - v_2) \tag{4-20}$$

式中:v_1、v_2——两辆参与车辆在潜在碰撞过程中的碰撞前速度;

m_1、m_2——两辆车的速度。

在 Δv 的基础上,还开发了一些其他基于能量的 SSM。Bagdadi[21] 提出了冲突严重性(Conflict Severity,CS),这是一个结合 Δv、TA 和假定的最大平均减速的综合指标。TA 和最大平均减速度被用来估计参与的道路使用者所采取的规避行动的有效性。此外,还有基于 Δv 提出的扩展 Δv 指标。它将 Δv 与时间指标和减速常数相结合,用以评估碰撞概率以及潜在的严重性。

另外两个值得注意的基于能量的 SSM 是碰撞指数(Crash Index,CAI)和冲突指数(Conflict Index,CFI)。更具体地说,CAI 根据加速度、速度和 MTTC 来估计汽车跟车互动中所涉及的动能:

$$\mathrm{CAI} = \frac{(V_\mathrm{F} + a_\mathrm{F}\mathrm{MTTC})^2 - (V_\mathrm{L} + a_\mathrm{L}\mathrm{MTTC})^2}{2} \times \frac{1}{\mathrm{MTTC}} \tag{4-21}$$

式中:V_L、V_F——前后两车的速度;

a_L、a_F——前后两车的加速度。

CFI 将 PET 与相关道路使用者的速度、质量和角度相结合,用以评估碰撞中释放的动能。它的设计同时考虑了坠机概率和后果(即严重性):

$$\mathrm{CFI} = \frac{\alpha \Delta K_\mathrm{e}}{\mathrm{e}^{\beta \mathrm{PET}}} \tag{4-22}$$

式中:α——影响车内人员的释放能量的百分比;

ΔK_e——碰撞前后总动能的变化;

$\mathrm{e}^{\beta \mathrm{PET}}$——用于根据发生碰撞的概率对冲突进行加权。

基于能量的 SSM 见表 4-3。

基于能量的 SSM　　　　表 4-3

指标	定义	局限	优势
Δv	车辆碰撞前和碰撞后轨迹之间的速度变化	(1)不考虑回避行动(从撞车前到撞车后没有速度/方向的变化); (2)非弹性碰撞的假设	评估相互作用的后果
扩展 Δv	Δv 的一个扩展,包含了碰撞的临近性	恒定减速度假设	评估相互作用的邻近性和后果

续上表

指标	定义	局限	优势
冲突严重程度(CS)	通过纳入 TA 和最大平均减速度对 Δv 进行扩展	最大减速度假设	估计相互作用的临近性和后果
冲突指数(CFI)	它将 PET 与所涉及的道路使用者的速度、质量和角度相结合,用以评估碰撞中释放的动能	(1)要求参数校准; (2)难以解释意义	估计相互作用的临近性和后果
事故指数(CAI)	速度对潜在碰撞中的动能的影响	要求对车辆的加速进行数据收集	估计相互作用的临近性和后果

4.3 SSM 基础模型

4.2 节中讨论的 SSM 使用预先确定的阈值,从道路使用者之间的互动中识别交通冲突(在统计上与车祸有关)。众所周知,这种方法是主观的,对阈值敏感。此外,基于 SSM 的模型试图通过估计其碰撞风险/概率,将每个交通冲突与碰撞或非碰撞直接联系起来。基于 SSM 的模型有两种:不确定性模型和极值模型。

不确定性模型的想法最初是由 Davis 等人提出的[22]。他们表示,除了运动估计外,驾驶人和车辆的差异也是预测交通事故时应该考虑的重要因素。对于相同的互动,人/车的不同组合可能导致不同的结果。通过考虑驾驶人和车辆的这种不确定性并测量总体趋势(如平均数),可以更准确地模拟互动的安全含义。

一般的不确定性建模框架可以描述为:

$$P(\text{crash}) = 1 - \bigcup_{1}^{N} P(A_i) \tag{4-23}$$

式中:A_i——避免碰撞的第 i 个必要条件(例如,制动率、反应时间、转向率)。在互动过程中,如果所有的必要条件都得到满足,碰撞会被避免。否则,碰撞可能以概率 P(crash)发生。当这些必要条件的概率是独立的,该框架可以被改写为:

$$P(\text{crash}) = 1 - \prod_{1}^{N} [P(A_i)] \tag{4-24}$$

基于这一总体框架,已经开发了几个基于 SSM 的模型,包括运用基于运动预测方法的碰撞概率模型和蒙特卡罗(Monte-Carlo)随机过程来量化模拟冲突的碰撞概率,并考虑了驾驶人反应能力和车辆制动能力的变异。蒙特卡罗过程可以应用于三种主要的冲突类型(交叉、追尾和变道),涵盖了大多数现实世界的冲突场景,进一步进行了敏感性分析,探讨了驾驶人的反应时间分布如何影响 SSM,以及碰撞预测是否有改进的空间。Kuang 等人[23]也提出了一个基于一般不确定性建模框架的树状结构模型来估计追尾碰撞概率。

当前，基于极值理论（Extreme Value Theory，EVT）的模型也被用来估计车辆相互作用的碰撞概率，它依赖于极值分布的假设。有两种应用 EVT 的方法：块状最大值和峰值过度。对于块状最大值方法，观察值被汇总到固定的时间块中，每个块的最大值被认为是一个极端。这些极端值遵循式（4-25）所示的广义极值分布：

$$F(x)=\begin{cases}\exp\left\{-\left[1+\varepsilon\left(\dfrac{x-\mu}{\sigma}\right)^{-\frac{1}{\varepsilon}}\right]\right\} & (\varepsilon\neq0)\\[2ex] \exp\left\{-\exp\left[-\left(\dfrac{x-\mu}{\sigma}\right)\right]\right\} & (\varepsilon=0)\end{cases} \tag{4-25}$$

式中：μ——位置参数；

σ——尺度参数；

ε——形状参数。

对于峰值超过的方法，确定一个阈值 u，阈值超过的计算方法为 $y=x-u$。y 遵循广义的帕累托分布，即：

$$F(x)=\begin{cases}1-\left(1+\varepsilon\dfrac{y}{\sigma}\right)^{-\frac{1}{\varepsilon}} & (\varepsilon\neq0)\\[2ex] 1-\exp\left(-\dfrac{y}{\sigma}\right) & (\varepsilon\neq0)\end{cases} \tag{4-26}$$

通过假设观察到的 PET（即变量 x）遵循公式上述公式中的广义极值分布，将块状最大值方法 EVT 用于评估有信号灯的交叉路口的安全性。当 PET 等于或小于 0s 发生碰撞）时，每个观测值的碰撞概率可以利用式（4-27）来进行计算：

$$\mathrm{CR}=\Pr(Z\geqslant0)=1-F(0) \tag{4-27}$$

式中：CR——碰撞风险；

Z——否定的 PET；

F——广义极值分布或广义帕累托分布，取决于使用哪种 EVT 方法。假设交通冲突观察期 t 对长周期 T 来说是有代表性的，估计的交通事故 N_t 可以计算为：

$$N_t=\frac{T}{t}R \tag{4-28}$$

有研究指出，预测和实际碰撞之间的高度一致性。此后，考虑到 PET 和 TTC 等 SSM，进行了大量的单变量 EVT 安全研究。特别是 Åsljung 等人[24]使用 EVT 框架分析了 25 万 km 的驾驶数据，并得出结论：EVT 是 CAV 安全评估的一个有前途的工具。Zheng 等人[25]进一步将单变量 EVT 框架扩展到双变量，并将其分别用于评估高速公路入口和有信号灯的交叉路口的安全。Wang 等人[26]对四个 SSM 的组合进行了建模：TTC、TA、PET 和最大减速。根据他们的结果，TA 和 PET 的组合似乎是最好的。此后，双变量 EVT 模型被应用于其他一些安全研究中，其中研究了各种 SSM 组合，包括 TTC 和 PET、TTC/PET 和 DRAC，以及 TTC 和车头时距。表 4-4 对不确定性和极限值理论 SSM 模型进行了总结。

基于 SSM 的模型总结　　表 4-4

指标	定义	局限	优势
不确定性模型	基于随机的随机模型，结合驾驶人和车辆的不确定性，测量碰撞的临近度	由于对不确定因素的描述不准确，可能会有偏差	(1)为多种互动类型提出；(2)考虑到回避行动的不确定性；(3)生成模型
极限值理论模型	基于极端分布的相互作用的极端情况建模	(1)要求对极端分布进行假设；(2)要求对块状最大值或峰值超过方法设定阈值；(3)要求有足够的样本以减少估计的偏差	(1)可应用于多个指标；(2)在统计上将互相作用与碰撞联系起来

4.4 用于 CAV 安全研究的 SSM

CAV 是相互连接的，可以在有限的或完全没有人类驾驶人的协助下执行驾驶任务。CAV 的自动化水平从 1 级到 5 级不等，见表 4-5(国家公路交通安全管理局[27])。在第 1 级和第 2 级，分别是单个和组合的辅助驾驶功能的自动化；第 3 级允许在某些条件下实现完全自动控制；在第 4 级(仅在某些情况下)和第 5 级可以实现完全自动化。目前，2 级自动化技术已经部署在一些汽车上，3 级及以上自动化技术仍在研究和开发中。可以预计，未来将实现更高水平的自动化。

CAV 自动化水平　　表 4-5

等级	定义
0	由驾驶人全权操作汽车，在行驶过程中可以得到警告和保护系统的辅助
1	通过驾驶环境对放线盘和加减速中的一项操作提供驾驶支援，对其他的驾驶动作都由驾驶人进行操作
2	车辆上的 ADAS 本身可以在某些情况下同时控制转向和制动/加速。驾驶人必须在任何时候都继续全神贯注，执行其余的驾驶任务
3	在某些情况下，车辆上的自动驾驶系统(Automated Driving System，ADS)本身可以完成驾驶任务的所有方面。在这些情况下，驾驶人必须准备好在自动驾驶系统要求驾驶人这样做时随时收回控制权。在所有其他情况下，驾驶人执行驾驶任务
4	ADS 可以自己执行所有的驾驶任务，并监控驾驶环境——基本上是在某些情况下完成所有的驾驶。根据系统请求，驾驶人不一定需要对所有的系统请求作出应答，限定道路和环境条件等
5	由无人驾驶系统完成所有的驾驶操作。车内的人只是乘客，不需要参与驾驶

CAV 可以与驾驶人、道路上的其他车辆[车对车(V2V)]、路边基础设施[车对基础设施(V2I)]和“云”(V2C)进行通信。通过信息共享、早期运动规划和自动控制,CAV 有望大大改善交通安全性和通行效率。

CAV 的行为可能与 HDV 的行为非常不同,其影响至今还没有得到很好的理解,因为道路上的 CAV 还不多,而且技术每天都在发展中。此外,处于不同自动化和通信水平的 CAV 可以有不同的行为。这两个因素给 CAV 的安全研究带来了很多复杂性和不确定性。

本节重点回顾了使用 SSM 和仿真的安全研究,以及如何将 SSM 用于 CAV 安全评估。首先分析了基于现场观察的 SSM 的局限性,然后讨论了广泛采用的使用基于仿真的 SSM 进行安全研究的方法,随后总结了基于仿真的 SSM 如何用于评估 CAV 安全,见表 4-6。

用于 CAV 安全评价的 SSM 和其他安全指标总结 表 4-6

指标	参考文献	仿真软件	阈值
TTC	Virdi et al[28]	VISSIM + SSAM	1.5s
	Li et al[29]	通用仿真软件	2s
TET,TIT	Rahman and Aty[30]	VISSIM + SSAM	1 ~ 3s
	Li et al[31]	VISSIM	2s
TA	Wu et al[32]	VISSIM + SSAM	2s

4.4.1 基于现场观察的 SSM

SSM 最初是在现场安全研究(即冲突研究)的基础上开发的。现场观察通常很耗时也很费力,此外,可能会引入人为观察错误,影响基于现场的安全研究的可靠性。为了解决这些问题,计算机视觉和各种传感器技术已被引入,以连续检测和跟踪车辆运动,而无须太多的人工干预。通过自动视频技术,对混战阶段处理的安全影响进行基于冲突的事前事后(before-after,BA)研究,使用了四个 SSM:TTC、PET、DST 和 GT。基于类似的方法,Autey 等人[33]评估了右转弯智能通道的安全影响。Laureshyn[34]应用三种方法,利用交叉口视频得出行人 SSM。这三种方法是瑞典的交通冲突技术(Swedish TCT)、荷兰的冲突技术(Dutch Conflict Cechnique,DOCTOR)和加拿大的安全概率代理措施(Canadian Probabilistic Surrogate Measures of Safety,PSMS)技术。TCT 和 DOCTOR 基于时间的 SSM(如 TTC、PET)手动计算关键交通冲突,而 PSMS 则考虑车辆轨迹的概率来估计潜在的碰撞。PSMS 依靠视频处理技术来自动跟踪道路使用者。总的来说,这三种方法产生了类似的结果。

然而,由于提取的轨迹不准确,PSMS 方法在推导与驾驶人相关的 SSM 时需要进一步改进。应用 LiDAR 改善低光照和恶劣天气条件下的 SSM 提取,以获得交叉路口所有道路使用者的轨迹。他们专注于车辆与行人的近距离碰撞识别,并提出了两个 SSM:到路口点的时间差(Time Difference to the Point of Intersection,TDPI)、停车位置与行人的距离(Distance between Stop Position and Pedestrian,DSPP)。使用热像仪的视频来推导无信号灯人行横道上行人的 SSM,在低能见度条件下效果良好。考虑的 SSM 和安全指标包括车辆接近速度、侵占后时间(PET)、让行遵守情况、冲突率和行人暴露情况。Chen[35] 利用无人机采集的路口视频,得出了侵占后时间(PET)和相对碰撞时间(RTTC)来分析车辆与行人的碰撞风险。

利用计算机视觉和传感器技术,可以大大减少人力需求,提高现场安全研究的数据准确性。然而,这些技术相对复杂,需要训练有素的安全分析人员来应用。此外,在某些条件下,如被大型车辆遮挡、恶劣天气、低能见度以及照明条件差等,仍可能发生检测错误。当前,这些技术在深度学习方面的进展已经大幅提高了基于计算机视觉的物体检测和跟踪的准确性,一些商业软件产品已经被开发用于基于视频的安全评估。尽管对这些基于深度学习的计算机视觉算法/产品的详细分析和比较不在本书的讨论范围之内,但这些算法/产品在解决上述对计算机视觉和传感器技术的担忧方面表现出巨大的潜力,使得基于现场观察的安全评估变得更加可行,SSM 也比以前更加重要。与基于交通模拟产生的 SSM 相比,来自现场检测的 SSM 更加真实。随着 CAV 渗透率的提高,现场观察可以成为评估 CAV 安全的一个重要方法。

4.4.2 使用 SSM 进行基于模拟的安全性研究

仿真工具在交通分析中得到了广泛的利用,最初,交通模拟主要是用于运行评估。与基于现场的研究相比,仿真工具能够更快、更容易地建立交通情景,并允许在相同的交通输入下对不同的策略进行比较。由于仿真所提供的优势,许多研究人员也试图利用基于交通仿真的 SSM 进行安全评估。

尽管有这些优势,但对基于模拟的安全评估还是有疑虑。一些研究人员[36] 指出,模拟工具无法复制极端和危险的车辆互动/交通状况,因为模拟工具中的驾驶人行为模型是为了代表正常的驾驶习惯而不是分心和异常行为而开发的。在这个意义上,基于模拟的 SSM 只反映了交通风险,而不是真正的安全影响。基于模拟的 SSM 的另一个问题是,模拟的车辆遵循某些预设的路径。例如,VISSIM 中的车辆遵循链接和连接器。如果一个交叉路口的两个对立左转的连接器被编码为没有任何重叠,那么这些左转车辆就不存在发生迎面碰撞的机会。在现实中,左转车辆可能并不总是遵循行车道标线,并且可以进行宽/窄的转弯。这种车辆转弯半径的不确定性在现有的模拟工具中没有得到充分的考虑,会产生有偏见的 SSM 结果。

同样,研究者认为基于模拟的安全研究的理论基础是有效的。尽管一些极端情况可能无法被模拟捕捉到,但大量的车辆相互作用仍然可以被一个经过良好校准的模拟模型观察到。研究表明,通过适当校准仿真模型,仿真 SSM 的分布可以与现场观察到的 SSM 高度一致,支持基于交通仿真结果的 SSM 是可靠和有效的。

4.4.3 用于评估 CAV 安全性的模拟软件和 SSM

由于 CAV 还没有在现实世界中大规模部署,因此,很难收集现场数据来探讨 CAV 的安全影响。目前,微观交通模拟一直是 CAV 安全研究的主要工具。CAV 可以消除驾驶人的错误(如分心驾驶),但仍然受到潜在的机械和通信误差、软件误差和传感器故障的影响。与驾驶人的失误相比,这种失误相对来说更容易通过交通模拟进行建模。在这个意义上,模拟100%的CAV可以产生比HDV更可靠的效果。然而,当处理有CAV和HDV的混合环境时,仔细的模拟模型校准对于产生可靠的安全结果非常重要。

在应用微观交通仿真工具进行CAV安全建模时,通常使用VISSIM、Paramics、SUMO等专业软件包来生成详细的车辆轨迹。然后,使用代用安全评估模型(Surrogate Safety Assessment Model,SSAM)或其他定制开发的工具来分析轨迹并计算SSM。除了专门的交通模拟包,通用模拟工具(如MATLAB)也被用于安全分析。与专门的微观模拟包相比,其中的交通环境和场景被大大简化。目前关于基于仿真的安全建模和SSM应用的文献可以分为两类:①安全效应评估;②轨迹优化。

在安全效果评价方面,主要采用了基于时间和基于减速的SSM,而最流行的SSM是TTC。除TTC外,TIT和TET也经常被使用。此外,TA也被采用。基于减速的SSM的应用包括RCRI、侧擦碰撞风险(即变道冲突的数量)和TERCRI。其他安全指标也被应用于CAV安全效果评估,如速度标准差和最大速度。请注意,在大多数现有研究中,CAV和HDV的评价是基于相同的SSM(如TTC=1.5s或2s),在这些研究中没有研究CAV的单独SSM。

在轨迹优化研究中,CAV驾驶决策(如并道、换道等)轨迹是提前规划的,并考虑由SSM组成的安全约束进行优化。对于机动决策,通常采用距离和时间间隙约束来优化合并和交叉机动安全,并确保车辆之间有足够的安全空间。对于轨迹规划,最小安全间隔/间隙和TTC约束已被用于确保纵向安全。在一些研究中,SSM也被用于CAV纵向轨迹的优化目标中(不仅仅是作为约束条件)。采用的SSM和安全指标包括最小安全时间差/车道、最小减速、TET和TIT。在这些研究中,队列稳定性经常被用作具有ACC/CACC功能的CAV车队的控制目标。虽然严格意义上讲,车队稳定性不被视为SSM,但目前研究已经证明,更好的队列稳定性可以带来重要的安全效益。

4.4.4　实例应用

4.4.4.1　仿真实验设计

高速公路上匝道合流区是典型的交通瓶颈路段,上匝道车辆驶入主路会对主线交通流施加扰动,使得合流区交通流运行质量普遍较差,且容易造成交通安全问题。为探明不同CAV集聚策略对混合交通流安全性水平的影响作用,针对高速公路上匝道瓶颈路段,应用SUMO仿真软件设计不同CAV集聚策略下的交通流安全性的数值仿真试验。

为避免多车道场景下车辆间换道影响,仿真路段中匝道与主路均为单车道,如图4-7所示。在图4-7中,仿真路段长度为5km,匝道合流区长度为0.5km且位于整个路段中间位置。此外,在仿真实验中,车流的行驶方向为从左向右,车道最高限速设置为120km/h,主路上游车辆的初始驶入速度在60~120km/h范围内随机确定,进入匝道车辆初始速度为40km/h。在SUMO仿真中单次仿真时间设置为3600s,仿真步长为0.1s。考虑到混合交通流中不同类型车辆比例及其在空间位置分布的随机性,对CAV渗透率p_A在0~1的范围内以0.1为增量进行车流加载，并在不同随机参数取值下随机仿真3次，最终TIT计算结果取3次仿真计算得到的TIT结果的平均值。

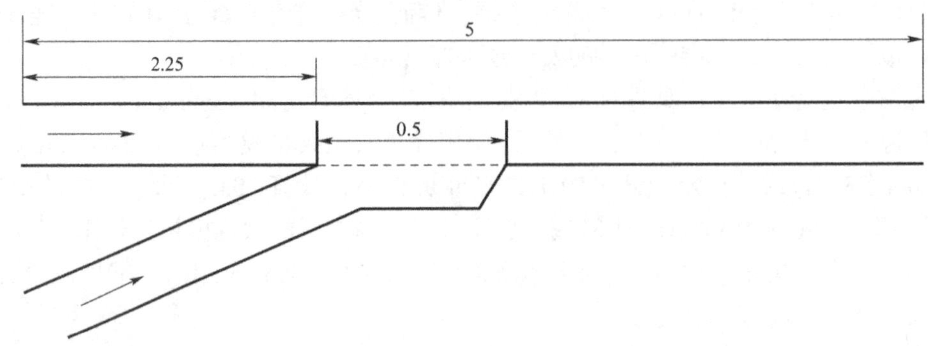

图4-7 仿真场景示意图(尺寸单位:km)

4.4.4.2 仿真参数设置

1)无集聚策略

主路单车道交通需求为3000veh/h，上匝道交通需求为360veh/h，不同类型车辆跟驰模型生成概率按照式(4-29)进行设置，对应车间时距参数设置如下：$t_c=0.6\text{s}$，$t_a=1.1\text{s}$，$t_m=2\text{s}$。

$$\begin{cases} p_{AA}=p_A^2 \\ p_{AH}=p_A(1-p_A) \\ p_{HH}+p_{HA}=1-p_A \end{cases} \tag{4-29}$$

式中：p_A——CAV的生成概率；

p_{AA}——前后两车均为CAV的生成概率；

p_{AH}——前车为HDV后车为CAV的生成概率；

p_{HH}——前后车都为HDV的生成概率；

p_{HA}——前车为CAV后车为HDV的生成概率。

2)车道级集聚策略

车道级集聚策略(Lane Level Agglomeration Strategy，LLAS)下，混合交通流安全性仅需对通用车道车流进行分析。由于自动驾驶专用车道级集聚策略涉及多车道，而本章仿真设置主路为单车道，因此，对通用车道，多车道各参数基于式(4-30)与式(4-31)按照等比例折减为单车道参数。

$$p_M=\frac{p_{GL}D}{\max(1,D-a\cdot q_{DL})}=\frac{p_AD-a\cdot q_{DL}}{\max(1,D-a\cdot q_{DL})}=\frac{p_AD-\min(p_AD,aC_{\max})}{\max[1,D-\min(p_AD,aC_{\max})]} \tag{4-30}$$

$$N=\frac{1}{b}[D-\min(p_AD,aC_{\max})] \tag{4-31}$$

式中：p_M——CAV渗透率；

p_{GL}——分配给通用车道的CAV比例；

D——交通需求；

q_{DL}——专用车道交通量；

a——专用车道条数；

C_{max}——专用车道通行能力；

b——通用车道条数。

主路单车道交通需求按照计算结果进行设置，其中整体交通需求 $D=9000$veh/h，上匝道交通需求为360veh/h，不同类型车辆跟驰模型生成概率按照式(4-32)进行设置，对应车间时距参数设置与无集聚策略(No Agglomeration Strategy，NAS)相同，分别按2种CAV专用车道部署方案进行仿真实验。

$$\begin{cases} p_{AA}=p_M^2 \\ p_{AH}=p_M(1-p_M) \\ p_{HH}+p_{HA}=1-p_M \end{cases} \tag{4-32}$$

3)车队级集聚策略

主路单车道交通需求为3000veh/h，上匝道交通需求为360veh/h，车队规模 $R=6$，编队强度 $O=0.5$，不同类型车辆跟驰模型生成概率分别按照式(4-33)～式(4-36)进行设置，对应车间时距参数设置如下：$t_{pln}=0.6$s，$t_c=0.6$s，$t_a=1.1$s，$t_m=2$s。

$$p_{HA}=p_H\lambda_{HA} \tag{4-33}$$

$$p_{HH}=p_H\lambda_{HH} \tag{4-34}$$

$$p_{pln}=\sum_{m=2}^{R}p_m=\frac{\lambda_{AA}(1-\lambda_{AA}^{R-1})p_A}{1-\lambda_{AA}^{R}} \tag{4-35}$$

$$p_{AA}=\frac{\lambda_{AA}^{R}\lambda_{AH}p_A}{1-\lambda_{AA}^{R}} \tag{4-36}$$

式中：λ_{HA}——HDV跟随CAV的概率；

λ_{HH}——HDV跟随HDV的概率；

p_{pln}——CAV车队队内均为CAV跟驰情形的生成概率；

λ_{AA}——CAV跟随CAV的概率。

4.4.4.3　交通安全仿真结果

1)无集聚策略仿真结果

根据NAS微观仿真实验，基于仿真车辆轨迹数据计算得到不同CAV渗透率下交通流碰撞安全代理指标TIT。为探明不同CAV渗透率对混合交通流安全性水平的影响作用，以CAV渗透率为0%时的纯HDV交通流的TIT计算结果作为评价基准，进一步计算得到不同CAV渗透率条件下的混合交通流相对于HDV交通流的TIT变化百分比，结果见表4-7。因此，表4-7中的负值表示相较于基准水平同比下降，即有利于降低交通流尾部碰撞风险，而正值则表示相较于基准水平同比上升，即不利于交通安全的提升。同时，针对交通安全代理指标TIT公式中的碰撞时间阈值 TTC^*，取其在1～3s范围内的值进行参数敏感性分析。

NAS 交通安全指标评价结果 表 4-7

CAV 渗透率(%)	TIT 降低百分比(%)		
	TTC* =1s	TTC* =2s	TTC* =3s
0	—	—	—
10	52	36	21
20	74	45	32
30	104	71	51
40	61	39	25
50	21	11	3
60	-6	-16	-24
70	-28	-42	-53
80	-59	-63	-71
90	-83	-89	-92
100	-99	-99	-99

从表 4-7 中可以发现，当 CAV 渗透率低于 30% 时，CAV 的引入反而会增大混合交通流尾部碰撞风险，并且在 30% 渗透率下交通流尾部碰撞风险达到最大。当 TTC* =1s 时，交通流尾部碰撞风险相较于纯 HDV 交通流提升约 1 倍；当 TTC* =3s 时，交通流尾部碰撞风险相较于纯 HDV 交通流提升约 50%。当 CAV 渗透率高于 30% 时，交通安全水平可逐渐得到提升，但只有当 CAV 渗透率提升至约 60% 以上时，交通安全追尾碰撞风险才能够得到显著降低；在 CAV 渗透率达到 100% 时，混合交通流转变为纯 CAV 交通流，此时交通流的 TIT 指标均降低 99.9% 以上，即可视为无风险状态。因此，纯 CAV 交通流对交通流尾部碰撞风险具有明显的抑制作用。此外，对 TTC* 在 1 ~ 3s 范围内进行参数敏感性分析，可以发现，TTC* 的不同取值会一定程度上影响交通安全水平随 CAV 市场率的变化趋势，在 TTC* 取值范围内，TTC* 取值越大，同等 CAV 渗透率下混合交通流碰撞风险越小。

2) 车道级集聚策略仿真结果

根据 LLAS 微观仿真实验，基于仿真车辆轨迹数据分别计算得到不同 CAV 渗透率在 2 种车道部署方案下的交通流碰撞安全代理指标 TIT。分析过程与 NAS 相同，结果见表 4-8。

LLAS 交通安全指标评价结果 表 4-8

CAV 渗透率(%)	TIT 降低百分比(部署方案Ⅰ)			TIT 降低百分比(部署方案Ⅱ)		
	TTC* =1s	TTC* =2s	TTC* =3s	TTC* =1s	TTC* =2s	TTC* =3s
0	—	—	—	—	—	—
10	21.8	18.4	15.1	30.3	19.5	12.2
20	28.3	24.7	19.2	40.2	25.9	20.5
30	35.9	31.2	23.5	75.3	40.2	35.7

续上表

CAV渗透率(%)	TIT降低百分比(部署方案Ⅰ)			TIT降低百分比(部署方案Ⅱ)		
	TTC* =1s	TTC* =2s	TTC* =3s	TTC* =1s	TTC* =2s	TTC* =3s
40	72.6	41.2	30.9	107.5	67.6	51.9
50	91.5	48.4	34.2	85.4	45.7	39.1
60	43.3	21.7	6.9	61.3	35.6	29.7
70	15.5	-3.6	-8.7	48.5	25.9	15.7
80	-29.2	-35	-47	18	-59	-72
90	-85.8	-99.9	-99.9	-67.7	-89.9	-99.9
100	-99.9	-99.9	-99.9	-99.9	-99.9	-99.9

从表4-8中可以发现,在部署方案Ⅰ下,当CAV渗透率低于50%时,CAV的引入会持续增大混合交通流尾部碰撞风险,并且在50%渗透率下交通流尾部碰撞风险达到最大。当TTC* =1s时,交通流尾部碰撞风险相较于纯HDV交通流提升约90%;当TTC* =3s时,交通流尾部碰撞风险相较于纯HDV交通流提升约34%。当CAV渗透率高于50%时,交通安全水平可逐渐得到提升,但只有当CAV渗透率提升至约80%以上时,交通安全追尾碰撞风险才能够得到显著降低。在部署方案Ⅱ下,当CAV渗透率低于40%时,CAV的引入会持续增大混合交通流尾部碰撞风险,并且在40%渗透率下交通流尾部碰撞风险达到最大,当TTC* =1s时,交通流尾部碰撞风险相较于纯HDV交通流提升约1.1倍;当TTC* =3s时,交通流尾部碰撞风险相较于纯HDV交通流提升约52%。当CAV渗透率高于40%时,交通安全水平可逐渐得到提升,但只有当CAV渗透率提升至约90%以上时,交通安全追尾碰撞风险才能够得到显著降低。

3)车队级集聚策略仿真结果

根据PLAS微观仿真实验,基于仿真车辆轨迹数据分别计算得到不同CAV渗透率下的交通流碰撞安全代理指标TIT。分析过程与NAS相同,结果见表4-9。

PLAS交通安全指标评价结果 表4-9

CAV渗透率(%)	TIT降低百分比		
	TTC* =1s	TTC* =2s	TTC* =3s
0	—	—	—
10	20.5	10.7	7.3
20	12.7	7.4	4.2
30	-12.4	-15.7	-17.8
40	-31.5	-28.6	-24.3
50	-44.8	41.6	-39.5
60	-50.8	-51.1	-48.2

续上表

CAV 渗透率（%）	TIT 降低百分比		
	$TTC^*=1s$	$TTC^*=2s$	$TTC^*=3s$
70	-70.5	-72.2	-69.8
80	-88.7	-85.5	-89.1
90	-99.9	-95.7	-93.4
100	-99.9	-99.9	-99.9

从表4-9中可以发现，当CAV渗透率低于20%时，PLAS下，CAV的引入会小幅提升混合交通流尾部碰撞风险，但增长幅度均显著低于NAS与LLAS。当$TTC^*=1s$时，交通流尾部碰撞风险相较于纯HDV交通流最大提升约20%；当$TTC^*=3s$时，交通流尾部碰撞风险相较于纯HDV交通流最大提升约7%。当CAV渗透率高于30%时，交通安全水平可逐渐得到提升，当CAV渗透率提升至约70%以上时，交通安全追尾碰撞风险基本得到抑制。

4.5 针对CAV的新SSM指标

为了解决以往研究中采用的SSM的缺陷，针对CAV交通场景下提出了一个新的SSM[37]，即带干扰的碰撞时间（Time to Collision with Disturbance，TTCD），以捕捉追尾碰撞的风险。其假设了一个干扰被强加在领先车辆上，因此，TTCD可以捕捉到当跟随车辆的速度不高于领先车辆的速度时，汽车跟随场景的风险。

让我们假定图4-8中所示的汽车跟踪场景。在时间t_0处对领先车辆施加了一个干扰。假设在受到干扰后，领先车辆将以恒定的减速度d减速，直到完全停止。d是领先车辆的减速率，它遵循一定的概率分布。如果在整个跟车过程中，跟随车辆的速度保持不变，那么在一定时间后，最终会发生碰撞，这个时间长度被定义为TTCD。

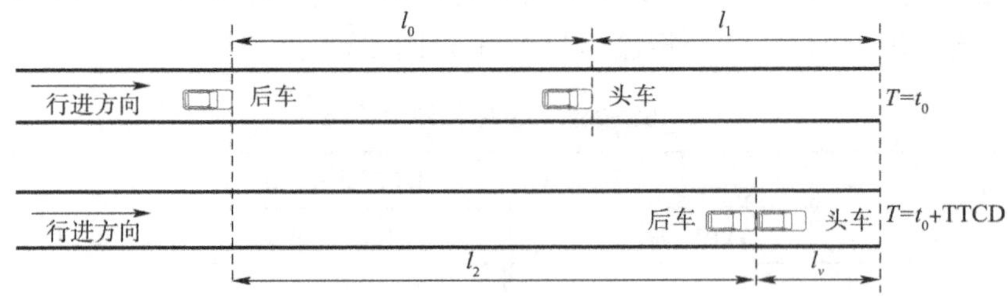

图4-8 TTCD示意图

图4-8描述了对前车施加干扰后的车辆运动。式（4-37）所描述的关系适用于所有可能的碰撞结果。

$$l_0+l_1=l_2+l_v \tag{4-37}$$

有两种可能的碰撞结果，取决于领先车辆的状态：①碰撞发生时领先车辆仍在减速；②碰撞发生时领先车辆完全停止。区分这两种碰撞结果的关键情况是，后面的车辆正好在领先车辆停止的时候与领先车辆相撞。在这种关键情况下，领先车辆l_1行驶的距离、跟随车

辆 l_2 行驶的距离以及领先车辆停下来的时间 t^*，分别由式(4-38)～式(4-40)给出：

$$l_1 = \frac{v_1^2}{2d^*} \tag{4-38}$$

$$l_2 = v_2 t^* \tag{4-39}$$

$$t^* = \frac{v_1}{d^*} \tag{4-40}$$

式中：d^*——满足上述临界条件的前车减速率。

将上述3个等式代入式(4-38)，可得：

$$d^* = \frac{2v_1v_2 - v_1^2}{2(l_0 - l_v)} \tag{4-41}$$

根据干扰施加的减速率 d 和临界减速率 d^*，有两种可能的碰撞结果。发生碰撞的条件1：

$$d \leqslant d^* = \frac{2v_1v_2 - v_1^2}{2(l_0 - l_v)} \tag{4-42}$$

碰撞结果1表示以下情况：在前车完全停止之前/之时，后车与前车发生碰撞。在这种情况下，前车和后车所走的距离由如下两个公式给出：

$$l_1 = v_1t_1 - \frac{1}{2}dt_1^2 \tag{4-43}$$

$$l_2 = v_2t_1 \tag{4-44}$$

应用上述两个等式可以得到TTCD计算公式如下：

$$\text{TTCD} = \frac{(v_1 - v_2) + \sqrt{(v_1 - v_2)^2 + 2d(l_0 - v_v)}}{d} \tag{4-45}$$

则发生碰撞的条件2：

$$d > d^* = \frac{2v_1v_2 - v_1^2}{2(l_0 - l_v)} \tag{4-46}$$

碰撞条件2表示在前车完全停止后，后车与前车发生碰撞的情况。在这种情况下后车与前车的距离公式可以表示为：

$$l_1 = \frac{v_1^2}{2d} \tag{4-47}$$

$$l_2 = v_2t_1 \tag{4-48}$$

通过上述两个公式可以得到：

$$\text{TTCD} = \frac{2d(l_0 - l_v) + v_1^2}{2dv_2} \tag{4-49}$$

下边的等式描述了TTCD的两种情形：

$$\text{TTCD} = \begin{cases} \dfrac{(v_1 - v_2) + \sqrt{(v_1 - v_2)^2 + 2d(l_0 - l_v)}}{d} & \left(d \leqslant \dfrac{2v_1v_2 - v_1^2}{2(l_0 - l_v)}\right) \\ \dfrac{2d(l_0 - l_v) + v_1^2}{2dv_2} & \left(d > \dfrac{2v_1v_2 - v_1^2}{2(l_0 - l_v)}\right) \end{cases} \tag{4-50}$$

为了将危险的遭遇与驾驶人保持安全控制的情况区分开来，必须定义一个适当的阈值 TTCD*。TTCD*与感知和反应时间以及驾驶条件有关。与用 TTC 识别冲突的方法类似，TTCD 低于 TTCD*的车辆涉及冲突。显然，TTCD 不仅与两车之间的相对速度和距离有关，而且还与前车和后车的速度以及前车的减速率有关。在跟随车辆的初始速度小于或等于领先车辆的初始速度的情况下，汽车跟随仍然可能产生风险，而不是总是被基于 TTC 和 DRAC 的方法视为安全。请注意，当后续车辆的速度 v_2 为零时，TTCD 将变为无穷大，这将不会导致冲突。

施加的干扰对 TTCD 有直接影响。扰动在本质上是随机的，它将导致领先车辆的随机减速率。因此，有必要将所有可能的减速率包括在每个跟车方案中。蒙特卡罗模拟方法被应用于计算每辆汽车的减速率样本的 TTCD。设定一个 TTCD*的阈值，我们得到 TTCD 低于 TTCD*的样本在蒙特卡罗方法产生的所有样本中的比例。扰动下的冲突风险(Conflict Risk with Disturbance，CRD)表示在假设的扰动下卷入冲突的概率，定义为式(4-51)：

$$\mathrm{CRD}_i = \frac{N_i(\mathrm{TTCD} < \mathrm{TTCD}^*)}{N} \tag{4-51}$$

式中：CRD_i——第 i 辆车在跟车场景下被卷入冲突的该概率；

$N_i(\mathrm{TTCD} < \mathrm{TTCD}^*)$——第 i 辆车在跟车的情况下 $\mathrm{TTCD} < \mathrm{TTCD}^*$ 的数量；

N——仿真产生的总样本数。

需要将 N 设置为一个较大的数，以满足减速分布概率。CDR_i 是一个在 0 ~ 1 之间的连续变量，因此，能够比较准确地量化风险。相反，基于 TTC 和 DRAC 的方法使用冲突的存在来量化风险，它是一个虚拟变量。

4.6 SSM 在 CAV 交通安全中的新变化

4.6.1 建立 CAV 仿真模型

SSM 的本质在于一个模型也能产生偶然的、有风险的相互作用。一些研究者指出，通过适当的模型校准，模拟工具能够产生计算 SSM 的有效数据。校准过程将使模拟的道路使用者更具(或更少)侵略性，并产生与现场观察总体一致的模拟相互作用。因此，适当的模拟校准程序对于基于模拟的安全研究至关重要。此外，一些人为因素(如分心、不遵守交通规则)在许多模拟工具中没有很好的定义。随着对导致交通事故和濒临交通事故的驾驶人行为有了更多的了解，这些人为因素可以被适当地建模并纳入仿真工具中，这将使基于仿真的安全输出在仔细校准后更加真实和可靠。

针对 CAV 相关的安全研究，对于许多没有机会接触 CAV 的研究人员来说，模拟是最可行的选择。对于没有人类参与的完全自动驾驶车辆，理论上可以通过仿真很好地把握 CAV 的行为和机制，因为不需要考虑反应时间和分心驾驶等人类因素。然而，仍然需要研究校准用于模拟混合自动驾驶交通的仿真模型，以准确反映 CAV 的行为和驾驶人对 CAV 的反应。在这种情况下，传统和虚拟现实驾驶模拟器可以发挥重要作用，将驾驶人带入仿真中，并模拟 CAV 和驾驶人在模拟环境中如何相互作用。此外,还可使用试点互联车辆部署项目和自动驾驶车辆现场测试的数据。

在仿真工具方面,通用仿真软件(如 MATLAB)经常被用于安全优化,而专门的交通仿真软件包(如 VISSIM)则主要用于安全影响评估。基于专业交通仿真工具的安全研究需要在模型开发和校准方面付出相当大的努力,而它们可以产生比通用仿真工具更为详细和准确的结果,更适合于安全影响评估。此外,通用仿真工具的计算要求较低,可以很好地与复杂的优化算法相结合,以确定可能的安全策略,并使用专门的仿真模型进行进一步的详细分析。然而,使用通用工具进行的模拟往往是简化的假设,可能会忽略车辆/交通特征和车辆相互作用的重要方面。因此,模拟软件的选择本质上是在准确性和效率之间进行权衡,值得进一步研究,以便为选择最合适的建模工具和/或为基于仿真的 CAV 安全研究开发新工具制定指南。例如,可以开发一种混合模拟工具,考虑简化道路段的交通模型(重点是追尾和侧向碰撞风险),同时为交叉路口、匝道和车道开发更详细的模型。

4.6.2　SSM 的有效性/可移植性

关于 SSM 的一个关键问题是其有效性。在以前的文献中,大量的努力都是为了验证 SSM。然而,这些研究是考虑到传统的交通环境,只有 HDV。当在混合自主交通或全自动交通中建立安全模型时,目前还不清楚在传统交通环境中验证的 SSM 是否仍然适用。一方面,CAV 的行为可能与 HDV 的行为非常不同。即使是具有不同自动化/连接水平的 CAV,其行为也可能不同;另一方面,HDV 的行为会因 CAV 的存在而改变。鉴于新的情况,传统的 SSM 或基于 SSM 的模型,可能需要进行相应的修订。例如,SSM 中使用的阈值可能需要调整。具体来说,TTC = 1.5s 是否仍然是 HDV 和 CAV 的一个好选择?还有一个有效的问题是,对于基于 SSM 的模型,这些基础模型是否可以转移到新的交通环境中?例如,在传统交通环境中标定的极值分布是否仍然适用于 100% 的 CAV 环境或混合自主交通?

根据了解,很少有研究试图解决这个问题。现有的大多数 CAV 安全研究假设传统 SSM 仍然有效,并可转移到 CAV 环境中。对于未来基于模拟的 CAV 安全性研究,需要仔细检查 SSM 的有效性,并与可用的现场数据进行比较。此外,SSM 的可移植性也值得关注。了解 SSM 是否能够在各种交通环境(例如所有人与混合自治交通)、基础设施类型、交通组成、天气条件等情况下提供可靠的结果是很重要的。

4.6.3　SSM 和基于 SSM 的模型

传统的 SSM 依赖于某些阈值来识别与事故相关的风险相互作用。一般来说,它们比基于 SSM 的模型更容易计算,但也有明显的缺点。例如,安全性研究通常将 TTC 阈值设置为 1.5s,以识别危险的相互作用。这意味着,如果 TTC 是唯一考虑的 SSM,那么 TTC 值大于(或小于)1.5s 的所有相互作用都是同样危险的(即导致相同的事故严重级别)。TTC 不考虑在交互过程中可能采取的任何潜在的规避动作。此外,在现实中,驾驶人的反应时间不同,车辆的制动性能也有所不同。因此,相同 TTC 的可能会导致截然不同的碰撞风险水平和严重后果,这取决于驾驶人和车辆的特性、交互形式、避险行为等。即使对于相同的交互形式,不同的车辆速度和相同的 TTC 也会给驾驶人带来不同避免碰撞的难度,并导致不同程度的事故严重程度。虽然一些 TTC 的变化(如 TIT)可以估计交互作用的严重性,但 TTC 阈值仍然是需要作为先决条件的。同样,DRAC(或其变体)的缺点是流量交互根据一组阈值被划分为队列。这些阈值很重要,但通常需要进行额外的评估才能找到它们的最佳值。对于未来的研究,需要非常仔细地检查 SSM 的阈值。

基于 SSM 的模型可以直接估计一个交互作用的碰撞风险或概率,而不需要明确设置阈值,这是与传统 SSM 相比的一个重要优势。然而,基于 SSM 的模型仍可能引入偏见。由于其固有的统计性质或未包括的外部因素,所审查的基于 SSM 的模型可能无法捕捉到交互作用的所有潜在碰撞风险影响。例如,单变量的 EVT 只能捕捉到交互作用的某些碰撞风险,因为它只测量一个指标。更具体地说,基于 TTC 的 EVT SSM 可能只能测量时间接近方面的风险,而其他风险方面(如速度、质量、减速等)没有反映。因此,值得探索更先进的解决方案,如双变量 EVT 模型。即使这种 EVT SSM 非常全面,可以涵盖所有的风险方面,其 EVT 分布仍然是对潜在的真实模式的近似。限于部分/不准确的观察和有限的样本量,拟合的 EVT 分布的参数可能会有偏差。所有这些因素都可能导致 EVT 模型估计的偏差和基于 SSM 的模型不准确,因此,应谨慎处理。

4.6.4 针对 CAV 的特定 SSM

混合自主交通环境将比100%的 CAV 环境更早出现。HDV 的行为与 CAV 不同,而且也会受到 CAV 的影响。与 HDV 相比,CAV 的反应时间要短得多(根据 CAV 系统的设计,反应时间接近于零),并且能够在彼此之间以及与基础设施之间实时分享精确而复杂的信息(例如车辆操纵)。因此,即使传统的 SSM 仍然适用于评估 CAV 的安全性,它们是否足够准确也是值得怀疑的。因此,需要根据现场数据或驾驶模拟器的结果,为不同自动化/连接水平的 CAV 开发专门的 SSM。

例如,车辆队列是改善流动性和安全性的一个有前途的可行的解决方案。一个著名的车辆排队技术是 CACC,它由车辆连接和自动化实现。在混合交通流中,车辆排队可以包括不同连接和自动化水平的 HDV 和 CAV。因此,每辆车的纵向安全性可能不同,取决于其感知周围环境和对潜在风险作出反应的能力。许多 CACC 研究都集中在考察车队的稳定性,这也可被视为整个排的安全性能指标。然而,车队稳定性和单个车辆的安全之间的基本关系还没有被明确理解,需要进一步探讨。

此外,对于特定交通场景的 SSM(例如变道和匝道合流有关的横向安全),测量横向安全对 HDV 和 CAV 都很重要,特别是在混合自主交通中。例如,在对 CAV 的合作变道/并线场景进行建模时,如果所有参与的车辆都是完全连接的并知道对方的下一步行动,那么则不一定会导致碰撞的发生。然而,关于变道和并线机动车引起的横向风险的 SSM 研究非常有限。

4.6.5 通用 SSM

由于 CAV 和 HDV 可能长期共存,考虑到上述问题,研究一套通用的 SSM 是否能满足混合交通环境下基于仿真的 CAV 安全研究的需要是很有意义的。在这种环境下,CAV 在行为和能力方面与 HDV 不同。此外,CAV 可以有不同的自动化水平。即使在相同的自动化水平下,由不同公司生产的 CAV 也可能表现出完全不同的行为。此外,用户可以将 CAV 的驾驶行为设置为激进模式、合作模式等。如果对不同的道路使用者(如 CAV、HDV)采用不同的 SSM,出于两个主要原因,可能会给决策带来困难:①如何将不同的 SSM 组合成一个总的数值,用于规划/设计比较;②如何对不同的 SSM 进行加权。在这种情况下,一套通用的 SSM 将有助于协助决策者在交通规划、基础设施设计、交通控制和管理等方面确定具有最大安全效益的策略。

4.6.6 面向安全的 CAV 轨迹优化 SSM 方法

CAV 可以提前规划它们的轨迹(例如换道和跟车)。在规划这种轨迹时,安全始终是一个重要的考虑因素。基于 SSM 的模型适合这样的目的(因为它们可以被修改),通过考虑传感器故障、网络攻击、通信延迟、信号传输范围限制、数据包丢失、车辆动态、交通流干扰和其他危险事件(例如,行人乱穿马路)等不确定因素,持续监测和预测 CAV 的碰撞风险状态。对于轨迹优化中使用的约束条件,大多数研究采用了简单的静态安全距离边界[39]。换言之,在每个时间步长必须保持最小距离以确保安全。为了提高 CAV 轨迹控制的安全性和鲁棒性,静态安全距离边界可以与时间和环境有关,并考虑到车辆速度等因素。此外,横向位置规划可以纳入纵向轨迹优化中,这对变道和并线动作尤为重要。例如,与横向碰撞风险有关的 SSM 可以被纳入目标函数或一些约束条件中。

4.6.7 发展 SSM 的新数据来源

除了使用各种传感器进行实地观察外,还预计一些新的数据源,如联网车辆甚至自动驾驶车辆将在开发 SSM 中发挥重要作用。例如,使用安全试验模型部署(Safety Pilot Model Deployment,SPMD)的数据来开发 SSM。SPMD 研究在安阿伯进行,包括约 3000 辆参与车辆和 30 个路边设备(Roadside Equipment,RSE),主要安装在有信号灯的交叉路口。这些车辆以 10Hz 的频率广播包含车速、位置等的基本安全信息(Basic Safety Messages,BSM)。基于 SPMD 数据,他们计算了 MTTC、TTC 和 DRAC,并将其与历史碰撞记录相关联。同样基于 SPMD 数据,提出了一个新的 SSM,称为 TTCD。与传统的 TTC 相比,TTCD 可以更好地考量上游车辆慢于前方车辆情况下的风险。在这种情况下,一个小的速度干扰可能会导致碰撞。应用自然驾驶研究(Naturalistic Driving Study,NDS)数据的近碰撞事件作为碰撞代用指标,其定义为"任何需要参与者车辆或任何其他车辆、行人、骑车人或动物进行快速、规避动作以避免碰撞的情况"。同时,有研究试图将驾驶人的分心驾驶行为与五项措施:卫星定位系统速度、横向和纵向加速度、加速踏板位置和偏航率联系起来。虽然他们无法找到统计学上的显著关系,但神经网络模型的结果表明,这五项措施对识别分心驾驶是有用的。

由于卫星定位系统数据只包含主体车辆的信息,所以紧急制动和加速事件被用来定义 SSM,并与历史碰撞数据进行比较。同样,可使用从卫星定位系统数据中提取的驾驶人紧急制动事件来分析自行车安全,同时也可使用从卫星定位系统数据中提取的车辆速度曲线。与此同时,开发了十多个安全指标,包括速度变化、速度带的平均值、加速噪声、每一定距离每趟车的停车频率等。对于由SSM和基于卫星定位系统或车速曲线数据得出的安全指标来说,正确规定紧急制动和加速事件的阈值是很重要的,并可能从考虑相应的交通环境(例如高速公路与地方道路)中受益。沿着这个方向,SSM也可以从Waze、INRIX和智能手机加速器数据中得到。

最近有相当多的研究应用观测数据来派生SSM。与模拟数据相比,观测数据能更好地捕捉旅行者行为的随机性,产生更现实的风险度量。这些数据集可以大致分为以下三类。

(1)视频/激光雷达/雷达数据。这些数据集通常由路边的传感器或固定地点的无人机收集,并由计算机程序自动分析。它们可以捕捉到车辆、行人和骑自行车的人以及他们之间的相互关系。根据传感器的安装位置,它的视线可能会被障碍物(如树木或货车)所阻挡。使用这种数据集得出的SSM和安全分析结果往往是针对特定收集数据的地点的,无法直接应用到其他地点。这类数据为研究固定交通环境(如交叉口的几何形状)如何在不同的交通量、天气和照明条件下影响驾驶人的行为提供了有用的信息。

(2)卫星定位系统和速度曲线数据。这类数据集来自驾驶人的智能手机、商业车辆的电子记录装置、共享汽车公司、保险公司、销售交通数据的公司等。它们通常覆盖大片区域,为研究驾驶人的行为如何因环境变化而变化以及确定热点提供了良好的机会。一些数据集还可能包括数据贡献者的信息(如年龄、性别)。从这些数据集中得出SSM的一个挑战是,关于周围环境(如与前车的距离)的信息(除道路几何和交通控制外)有限。另外,不同地点的样本量可能有很大的不同,这可能导致有偏见的SSM结果。此外,由于数据的限制,基于卫星定位系统和速度曲线数据开发的SSM只能说明追尾事故的风险(而不是其他类型,如侧面剐蹭)。

(3)联网车辆测试数据和自然驾驶研究(NDS)数据。著名的互联车辆数据集包括SPMD数据和美国运输部互联车辆试验研究数据。联网车辆和NDS数据由于其相似性而被列入同一类别。这两类数据集都提供了关于目标车辆的详细信息,包括与障碍物的距离、速度、纵向和横向加速度、车辆的转向和制动等。这些详细信息(如转向、横向加速度和到障碍物的距离)使它们与上述卫星定位系统和速度曲线数据不同,并使计算诸如TTC等SSM成为可能。此外,NDS数据集包括路面和驾驶人脸部的视频,这对于检测分心驾驶和危险的交通场景并将其与车辆运动学联系起来非常重要。这种关系可以被概括,并用于分析更广泛的卫星定位系统和速度曲线数据。

一些自动驾驶技术开发公司,如百度、Lyft和Waymo也提供了他们的数据。这样的数据集是最全面的,可以捕捉到自动驾驶车辆周围的所有交通和自动驾驶车辆的运动情况。与NDS数据不同,自动驾驶车辆数据集还包括左、右和后方的摄像头和/或激光雷达数据,使我们能够分析剐蹭和追尾(自动驾驶车辆被其他车辆追尾)的碰撞风险。请注意,自动驾驶车辆应该可以预测周围交通的动向,并采取主动行动来避免碰撞。因此,与自动驾驶车辆相关的估计SSM可能是有偏见的,因为它们反映了一个极其安全的“驾驶人”的行为。在这种情况下,与周围交通相关的SSM可能会更好地反映典型的交通安全风险。

本章参考文献

[1] VANDERSCHAAF T W. Near miss reporting in the chemical process industry[J]. Ph. D.

Thesis,1992.

[2] KLEBELSBERG D. Derzeitiger sand der verhaltensanalyse des kraftfahrens. Arbeit und leitsung[J]. Ablt. Arbeitswissenscaft soziale betriebspraxis,1964,18:33-37.

[3] PERKINS S R,HARRIS J L. Traffic conflict characteristics-accident potential at intersections [J]. Highway Research Record,1968(225).

[4] HAYWARD J. Near misses as a measure of safety at urban intersections[M]. Pennsylvania Transportation and Traffic Safety Center,1971.

[5] DAVIS G A,HOURDOS J,XIONG H,et al. Outline for a causal model of traffic conflicts and crashes[J]. Accident Analysis & Prevention,2011,43(6):1907-1919.

[6] TARKO A,DAVIS G,SAUNIER N,et al. White paper:surrogate measures of safety[J]. Committee on Safety Data Evaluation and Analysis(ANB20),2009.

[7] HYDEN C. The development of a method for traffic safety evaluation:The Swedish Traffic Conflicts Technique[J]. Bulletin Lund Institute of Technology,Department,1987(70).

[8] MINDERHOUD M M,BOVY P H L. Extended time-to-collision measures for road traffic safety assessment[J]. Accident Analysis & Prevention,2001,33(1):89-97.

[9] ALLEN B L,SHIN B T,COOPER P J. Analysis of traffic conflicts and collisions[R]. 1978.

[10] LAURESHYN A,SVENSSON Å,HYDEN C. Evaluation of traffic safety,based on micro-level behavioural data:Theoretical framework and first implementation[J]. Accident Analysis & Prevention,2010,42(6):1637-1646.

[11] CUNTO F. Assessing safety performance of transportation systems using microscopic simulation[J]. 2008.

[12] OH C,PARK S,RITCHIE S G. A method for identifying rear-end collision risks using inductive loop detectors[J]. Accident Analysis & Prevention,2006,38(2):295-301.

[13] RAHMAN M S,ABDEL-ATY M. Longitudinal safety evaluation of connected vehicles' platooning on expressways[J]. Accident Analysis & Prevention,2018,117:381-391.

[14] UNO N,LIDA Y,ITSUBO S,et al. A microscopic analysis of traffic conflict caused by lane-changing vehicle at weaving section[C]//Proceedings of the 13th Mini-EURO Conference-Handling Uncertainty in the Analysis of Traffic and Transportation Systems, Bari, Italy. 2002:10-13.

[15] ASTARITA V,GUIDO G,VITALE A,et al. A new microsimulation model for the evaluation of traffic safety performances[J]. 2012.

[16] OKAMURA M,FUKUDA A,MORITA H,et al. Impact evaluation of a driving support system on traffic flow by microscopic traffic simulation[J]. Advances in Transportation Studies, 2011(Special Issue 2011):99-102.

[17] BARCELO B J,DUMONT A G,MONTERO M L,et al. Safety indicators for microsimulation-based assessments[C]//Transportation Research Board 82nd Annual Meeting. TRB,2003: 1-18.

[18] MALKHAMAH S,TIGHT M,MONTGOMERY F. The development of an automatic method of safety monitoring at Pelican crossings[J]. Accident Analysis & Prevention,2005,37(5):938-946.

[19] TOPP H H. Traffic safety work with video-processing[J]. University Kaiserslautern,Transportation Department,Green Series,1998(43).

[20] SHELBY S G. Delta-V as a measure of traffic conflict severity[C]//3rd International Conference on Road Safety and Simulati. September. 2011:14-16.

[21] BAGDADI O. Estimation of the severity of safety critical events[J]. Accident Analysis & Prevention,2013,50:167-174.

[22] DAVIS G A,HOURDOS J,XIONG H,et al. Outline for a causal model of traffic conflicts and crashes[J]. Accident Analysis & Prevention,2011,43(6):1907-1919.

[23] KUANG Y,QU X,WANG S. A tree-structured crash surrogate measure for freeways[J]. Accident Analysis & Prevention,2015,77:137-148.

[24] ASLJUNG D,NILSSON J,FREDRIKSSON J. Using extreme value theory for vehicle level safety validation and implications for autonomous vehicles[J]. IEEE Transactions on Intelligent Vehicles,2017,2(4):288-297.

[25] ZHENG L,ISMAIL K,SAYED T,et al. Bivariate extreme value modeling for road safety estimation[J]. Accident Analysis & Prevention,2018,120:83-91.

[26] WANG C,XU C,DAI Y. A crash prediction method based on bivariate extreme value theory and video-based vehicle trajectory data[J]. Accident Analysis & Prevention,2019,123:365-373.

[27] THIERER A D,WATNEY C. Comment on the Federal Automated Vehicles Policy[J]. Available at SSRN 2876832,2016.

[28] VIRDI N,GRZYBOWSKA H,WALLER S T,et al. A safety assessment of mixed fleets with Connected and Autonomous Vehicles using the Surrogate Safety Assessment Module[J]. Accident Analysis & Prevention,2019,131(OCT.):95-111.

[29] LI Y,TU Y,FAN Q,et al. Influence of cyber-attacks on longitudinal safety of connected and automated vehicles[J]. Accident;analysis and prevention,2018,121(DEC.):148-156.

[30] RAHMAN M S,ABDEL-ATY M,WANG L,et al. Understanding the Highway Safety Benefits of Different Approaches of Connected Vehicles in Reduced Visibility Conditions[C]//Transportation Research Board 97th Annual Meeting. 2018.

[31] LI Y,LI Z,WANG H,et al. Evaluating the safety impact of adaptive cruise control in traffic oscillations on freeways[J]. Accident Analysis & Prevention,2017,104:137-145.

[32] WU Y,ABDEL-ATY M,WANG L,et al. Combined connected vehicles and variable speed limit strategies to reduce rear-end crash risk under fog conditions[J]. Journal of Intelligent Transportation Systems,2020,24(5):494-513.

[33] AUTEY J,SAYED T,ZAKI M H. Safety evaluation of right-turn smart channels using auto-

mated traffic conflict analysis[J]. Accident Analysis & Prevention,2012,45:120-130.

[34] LAURESHYN A,SVENSSON A,HYDEN C. Evaluation of traffic safety,based on micro-level behavioural data:Theoretical framework and first implementation[J]. Accident Analysis & Prevention,2010,42(6):1637-1646.

[35] CHEN P,ZENG W,YU G,et al. Surrogate safety analysis of pedestrian-vehicle conflict at intersections using unmanned aerial vehicle videos[J]. Journal of advanced transportation, 2017:2017.

[36] TARKO A P. Estimating the expected number of crashes with traffic conflicts and the Lomax Distribution-A theoretical and numerical exploration[J]. Accident Analysis & Prevention, 2018,113:63-73.

[37] XIE K,YANG D,OZBAY K,et al. Use of real-world connected vehicle data in identifying high-risk locations based on a new surrogate safety measure[J]. Accident Analysis & Prevention,2019,125:311-319.

[38] XIE Y,GARTNER N H,STAMATIADIS P,et al. Optimizing future work zones in New England for improved safety and mobility[R]. New England Transportation Consortium,2018.

[39] ZHAO R C,WONG P K,XIE Z C,et al. Real-time weighted multi-objective model predictive controller for adaptive cruise control systems[J]. International journal of automotive technology,2017,18(2):279-292.

第5章 高速公路混合交通流管理方法

截至2022年底,全国机动车保有量达4.17亿辆,其中汽车3.19亿辆;全国有84个城市的汽车保有量超过百万辆,北京、成都、重庆、上海超过500万辆,车多路少,机动车保有量的增加使得交通状况愈加严峻,交通问题也逐渐增多,在解决道路交通拥堵问题的同时提高道路通行能力,是交通人一直以来的目标。近年来,随着5G技术的不断发展,各种智能控制理论、智能算法在交通领域的应用越来越广泛,网联自动驾驶、车路协同等技术也在不断完善,新兴技术的发展对交通系统产生了巨大的影响,同时也为解决日益严重的交通问题指明了新的方向。未来,CAV终将会引领汽车市场的潮流,成为21世纪的宠儿,但在这个发展的过程中,从仅有HDV到仅有CAV的发展需要一个漫长的过程,交通流将在一段时间内处于CAV与HDV混行的状态,这将严重影响CAV效能的发挥。如何在保证安全的基础上提高CAV的效能,提高高速公路的通行能力是亟须解决的关键问题,因而对高速公路混合交通流管理方法的研究显得尤为重要。

5.1 交通流车道管理方法

5.1.1 交通流车道管理方法概述

5.1.1.1 *潮汐车道管理方法概述*

经济的快速发展和城市建设的加速推进,使城市中心区土地价格呈倍数迅猛增长,城市中心区域逐步演变为工作圈,城市外围区域逐步演变为生活圈,进而使早晚高峰时段交通流呈现出早高峰进城车流量大、晚高峰出城车流量大的潮汐式交通流特点。城市范围的不断扩展和新功能区域的增加,使新、老城区的功能分化更加明显,在连接新、老城区的城市干道上也存在着固定高峰时段的潮汐式交通流现象。我国大中城市主要道路中普遍存在着由潮汐式车流引发的拥堵问题。为有效解决潮汐式交通拥堵问题,潮汐车道应运而生,其以有效整合道路资源、提高道路利用率成为有效解决固定时段交通量分布不均匀问题的重要方法。2004年,沈阳市开通了我国首条潮汐车道,随后上海、北京、大连、贵阳、深圳等城市相继应用。2009年,《道路交通标志和标线》(GB 5708)首次明确了潮汐车道标线的具体标准,为潮汐车道的应用和推广打下了良好基础。2012年,我国首条自动化潮汐车道在石家庄市和平路红军街至友谊大街路段设置。2013年,北京市首条潮汐车道在京广桥至慈云寺桥路段设置并应用,同年,广州等城市也陆续启用了潮汐车道。潮汐车道系统的应用如图5-1所示[1]。

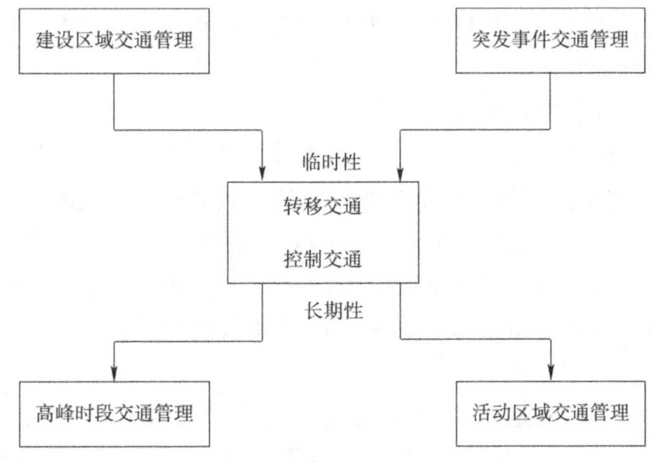

图5-1　潮汐车道系统的应用

1)潮汐车道交通管理与控制方法研究

(1)定期跟踪调查。潮汐车道实施后,需定期对路段的流量、流向、峰值等数据进行调查,确定高峰时段,并及时调整潮汐车道起止时间,使其最大限度地与早晚高峰时段同步。例如,可每季度进行一次跟踪调查,依据交通流特征适当调整潮汐车道开闭时间。

(2)科学设置标志标线与辅助设施。通过预告标志、禁止标志、潮汐车道标线、地面文字等加强潮汐车道的信息诱导。同时,通过可变交通信号灯、可移动隔离设施等对潮汐车道进行实时控制。例如,可通过分道行驶指示灯和地面文字的配合使用加强对驾驶人的引导。

(3)加强驾驶人的培训教育。通过报纸、广播、手机网络、互联网络等多种媒体手段加大宣传力度,通过易于接受的形式帮助驾驶人全面理解潮汐车道的设置目的和实施方式;通过报纸和网络消息对潮汐车道进行深入解析,通过交通广播实时播报潮汐车道信息,不断深化其对潮汐车道的认识。例如,可通过交通广播等宣传载体,广泛宣传潮汐车道的开闭时间和通行规则。

(4)增强潮汐车道上的交警执勤力量。在潮汐车道交通流向改变初期,民警应加强指挥与监督,引导驾驶人快速适应行驶方向的变化,安全驶入潮汐车道。此外,交通管理部门应加强执法力度,对违规违法非机动车进行专项整治行动,通过处罚和教育,提高其法律意识和安全意识。例如,可通过开展非机动车驾驶人专项整治行动,就潮汐车道的使用对其进行管理和教育。

2)干线协调信号控制方法的应用

干线信号控制是采用协调控制方式,减少车辆的停车次数,使重交通流方向形成绿波,降低交通干线上连续交叉口信号灯的相互影响,从而充分发挥潮汐车道效能,缩短交通消散时间,提高干道的通行能力。在潮汐式交通条件下,交通量生成迅速,交通出行起讫点基本一致,车辆运行状态以跟驰行驶为主,并沿城市干道集中向某个功能区域转移。为了尽快疏散潮汐交通流,在潮汐车道沿线宜采取干线信号协调控制,使重交通流方向形成绿波,从而充分发挥潮汐车道效能,缩短交通消散时间。干线信号协调控制主要包括感应信号协调控制和定时信号协调控制。潮汐式交通流开始和结束时可以使用感应信号协调控制,根据实时交通流状况选择最优的信号配时方案。在潮汐式交通流稳定运行后,为降低成本,可以使用干线定时信号进行控制。

5.1.1.2 可变车道管理方法概述

可变车道,是指车道内侧画了多条斜线,有点像趴下的“非”字,能随时根据交通流量更改指示方向的车道。这个主要是针对部分高峰时段车流集中,但车道偏少;或者早晚高峰时段来回车流量有明显差异的路段。碰到这种车道,根据可变车道的指示即可通行。可变导向车道主要设置在交叉路口,可依据不同时段车辆流量流向的特点,对流向进行灵活调控,变换车道的行驶方向,缓解交通压力。可变车道尤其适用于需要采取时间性交通管理措施的交叉路口[2]。

设置可变车道的目的就是解决潮汐现象比较严重的路口车辆流向。通俗一点说,就是一个路口早高峰时直行的流量比较大,而到了晚高峰时左转的流量比较大,这种早晚高峰差异化的情况就是潮汐现象。所谓交通“潮汐现象”,即每天早晨进城方向交通流量大,反向流量小;而晚上则是出城方向的流量大,更是加重了拥堵现象。针对该情况,在交通导流改造中采取可变车道的方式进行了交通组织,即:早高峰进城车辆多时,增加进城方向车道数,减少出城方向车道数,晚高峰出城车辆多时,增加出城方向车道数,减少进城方向车道数。

1)可变车道适用场景

(1)早晚高峰期时在潮汐交通拥堵的路段设置可变车道。

(2)在交叉口处设置可变导向车道,提高交叉口的时空资源利用率。

(3)在突发事件和特殊活动临时改变某车道的行驶方向,便于交通流的快速疏散。

2)可变车道设置道路条件

(1)道路上机动车车道数为双向 3 车道上,在交通量较大的城市主干道上车道数通常为 6 条以上,至少为 5 条。通过对国内外可变车道的研究表明,当总车道数量为奇数时,对于设置可变车道更加适用。

(2)为了保证可变车道的顺利实施,道路中央应不存在有轨电车或绿化带等物理隔离设施,但是若在潮汐交通现象较为明显且路段不能进行扩建等情况下,可通过拆除隔离设施的方式,将增加的道路资源设置为可变车道,缓解交通拥堵。

(3)可变车道设置长度不宜过长。设置可变车道后对驾驶人的素质要求较高,同样也增加了交通管理部门的压力,降低了整条道路的安全性。根据应用实例,可变车道设置长度在 1 ~5km 的范围内较为合适。

3)可变车道设置交通条件

(1)道路上存在较为明显的潮汐交通现象,早晚高峰路段某一方向车流量较大甚至拥堵,另一方向车流较小导致道路资源未得到充分利用。潮汐交通现象需要满足周期性特点,如果只是由于突发事件引起的潮汐交通,则不必要设置可变车道。

(2)路段上一个方向车流量比反方向车流多 40%,即交通量方向分布系数最低需达到 2/3,尽可能在 3/4 以上。

(3)将轻交通方向的车道改变成重交通方向行驶后,轻交通方向的通行能力需满足当前的交通需求,不会在此路段和交叉路口处形成新的交通拥堵。

5.1.1.3 HOV 车道管理方法概述

大容量车辆(High Occupancy Vehicle,HOV)车道在国外已实施多年,许多研究人员对HOV 车道规划、运行及效果评价作了系统的研究,表明了该措施的可行性。国内当前对其规划设计方法进行了一定研究,并对 HOV 车道的设置方法进行了深入分析[3]。

1)准入车型

准入车型对于后期 HOV 车道横断面设计、出入口交通组织等均有较大影响,设置 HOV 车道时需根据道路、交通条件和交通需求对不同车型进入 HOV 车道的利弊进行比较,确定准入车型。

小客车是 HOV 车道行驶的主要车型,是否允许其通行的关键在于确定 HOV 车道承载人数。

出租汽车:出租汽车作为城市公共交通的重要组成部分,允许利用 HOV 车道行驶,能有效提高出租汽车服务水平和利用效率。

其他车型主要包括消防车、救护车、校车和新能源车辆等。

2)车辆承载人数

HOV 车道车辆承载人数限定可分为 2 人及以上、3 人及以上和承载人数分时段变化 3 种情况。

(1)HOV 车道影响范围内的车辆平均承载人数为 1.1 ~ 1.2 时,选择 2 人及以上标准。若原有道路交通中 2 人及以上车辆占总交通量比例达到 30% 以上或 HOV 车道交通量超过 1200 ~ 1600 辆/(h · 车道),则不宜采用 2 人及以上标准。

(2)与 2 人及以上标准相比,车辆承载人数为 3 人及以上标准的实现难度大大增加。HOV 车道影响范围内的车辆平均承载人数高于 1.4 人时,可选择 3 人及以上标准。

(3)分时段调整标准即根据交通需求的变化调整承载人数。一般采用的策略是早晚高峰时间为 3 人及以上标准,其余时间采用 2 人及以上标准。由于高承载率车辆及合乘在中国尚属新鲜事物,相关政策也没有实施先例,在实施初期应以提高 HOV 车道吸引力、促进长远发展为主,可采用 2 人及以上标准。在实施之后,再根据 HOV 车道实际交通运行状况,进一步调整车辆承载人数标准。

3)运行时间

HOV 车道运行时间可分为 24h 开放、高峰时间开放、延伸的早晚高峰期间开放及特殊交通条件开放等类型。

(1)24h 开放,即 HOV 车道 24h 为 HOV 开放,可 24h 给 HOV 提供可靠、节约的行程时间。

(2)高峰时间开放,即 HOV 车道仅在早高峰、晚高峰等交通拥堵时段开放,一般为 6:00—9:00 和 16:00—19:00。

(3)延伸的早晚高峰期间开放,是指 HOV 车道一天大部分时间均开放,一般是 6:00—11:00 和 15:00—19:00,可根据实际交通状况确定。

(4)特殊交通条件开放,是指为满足特殊时间和事件的交通需求而开放 HOV 车道,主要包括大型活动期间、节假日及突发事件。

4)HOV 车道设置位置运行特征

HOV 车道允许合乘车辆(即车辆内部人数达到规定人数的车辆)行驶,禁止非合乘车辆行驶,与此同时,HOV 也可以在通用车道上行驶,在 HOV 车道的运行特征基础上分析 HOV 车道设置位置不同时的不同交通运行特征。

(1)内侧设置 HOV 车道,即为将原有道路内侧的普通车道改造为 HOV 车道,此时禁止非合乘车辆在此车道上行驶,但考虑到部分设置 HOV 车道的路段存在与主干路交叉情况,参考大连 HOV 车道在交叉路口处的解决办法,将内侧车道临近交叉路口部分更换为普通车道,左转车辆可驶入内侧车道,完成左转交通需求。

(2)外侧设置 HOV 车道,即将原有道路外侧的普通车道改造为 HOV 车道,为了满足交叉路口交通流中右转车辆交通需求,将外侧车道临近交叉路口部分改善为通用车道。HOV 车道在城市快速路中的设置位置会影响合乘车辆的交通效率,因而对其研究也具有十分重要的意义。

5.1.1.4 自动驾驶专用车道管理方法概述

城市化进程的不断推进导致了各类交通问题,如车辆拥堵、尾气排放、车辆碰撞等日益严重,如何缓解和解决此类现象成为当前和未来交通领域中亟须思考的问题。随着人工智能、5G 技术、自动控制、大数据、智能传感器检测等高新技术的快速发展,ACC、CACC、自动预警停车和紧急避障等自动驾驶技术应运而生[4]。智能交通系统是缓解道路交通拥堵、提高驾驶行车安全性、减少尾气排放和能源消耗的重要技术手段,以智能网联和自动驾驶为主要特征的新一代智能交通系统,逐渐成为解决道路交通问题的新理论和新方法。自动驾驶汽车和其相关技术在这一背景下受到了世界各国研究者的广泛关注[5]。经过近些年的不断发展,自动驾驶车辆逐渐出现在人们视野当中。美国进行了自动驾驶汽车在城市道路上的实车应用、湖南长沙开通了全国首条“315”智慧公交示范线、百度公司开启了的无人驾驶出租汽车小规模商业化应用等。随着无人驾驶车辆的进一步普及,在未来的交通道路上,CAV 将和 HDV 一样普遍存在,这也将导致 CAV 和 HDV 并存的混合交通流出现。

随着交通科学技术的发展,智慧道路建设逐渐被纳入国家发展战略。为了推进和加快汽车智能化和网联化的进程,2018 年 4 月,工业和信息化部、公安部和交通运输部联合发布《智能网联汽车道路测试管理规范(试行)》[6]。2019 年 9 月,中共中央、国务院印发《交通强国建设纲要》,提出要大力发展智慧交通,推进大数据、互联网、人工智能、超级计算机等新技术与交通行业深度融合,构建先进的交通新基础设施。此外,《交通运输领域新型基础设施建设行动方案》指导意见指出,要推进交通基础设施数字化转型和智能化升级,在交通运输领域建设新型基础设施,其中更进一步提出了建设智慧公路的发展目标,要推进车路协同等设施和相关应用场景的建设和开发。2020 年 11 月,工业和信息化部、公安部和交通运输部制定了新的战略规划,将自动驾驶汽车道路测试及示范应用范围拓宽至高速公路。近些年,在国家战略和纲要的指导下,上海 G15 高速公路(嘉浏段)、湖北鄂州机场高速公路和杭绍甬高速公路等多个智慧高速公路项目不断地开展,自动驾驶专用车道等服务于 CAV 和交通智慧信息平台的新型基础设施不断涌现，如图5-2所示。

图5-2　实际道路上的自动驾驶车辆专用车道

智慧高速公路是集信息化、智能化、网联化等能力于一体的智能交通系统。在智慧高速公路环境中，道路基础设施具备实现车辆自动驾驶所需的感知基础，具有大容量、低延迟的网联通信功能。借助于智能路侧设施，CAV可与道路或CAV之间进行连接，并与控制中心合作，实现车路互联互通、信息共享。在此基础上，控制中心可对自动驾驶进行接管与控制，完成对车辆的感知、决策、控制，实现车辆的自动驾驶。因此，基于对路网中所有车辆的控制协调，CAV在单车自动驾驶效率最优的基础上可进一步实现考虑系统级路网交通流运行效率最优的驾驶状态。类比公交车专用道的作用[7]，自动驾驶专用车道具备提高CAV运行效率的潜力，但如果阻止HDV使用某些的特定车道，会在一定程度上加剧普通车道的拥堵。因此，在存在自动驾驶专用车道的智能网联环境下，亟须深入分析如何合理引导车流的运行以提高交通流运行效率。另外，自动驾驶技术正在日趋成熟，并迅速成为现实，但是促使广泛采用这项技术的物质、法律基础等方面依然非常落后。鉴于在可预见的未来，CAV无疑将与传统交通工具共享现有道路交通网络的很大一部分，如何对现有道路进行改造升级以优化交通流是一个关键问题。

总而言之，伴随着技术的进步，交通政策和事项必须要紧跟当前国家发展趋势，为推动自动驾驶汽车的发展创新市场环境，并继续为道路交通管理领域注入新的技术和理念。然而，目前交通领域聚焦的重点是混合交通流的演化态势特性，鲜有研究者关注自动驾驶专用车道这一基础设施对混合交通流的影响。明确自动驾驶专用车道对交通的影响，在此基础上提高混合交通流的运行效率和道路资源利用率成为交通管理者必须考虑的问题。

普通大众和交通管理者对专用车道的认知基本停留在左转专用车道[8]、右转专用车道[9]、自行车专用车道[10]、公交专用车道[11]、HOV车道[12,13]等几类常见的专用车道上，对自动驾驶专用车道的理解较为浅薄。例如公交车具有固定发车间隔和班次，因此，公交专用车道上的交通基本始终处于自由流状态，并不像普通车道上的车流存在自由、拥堵等多状态的演变。自动驾驶专用车道是在我国近几年政策和发展的推动下出现的新型智慧交通基础设施，其对交通流的影响机理尚未明确。该设施也并没实现全国范围内的普及，只在部分省（区、市）的高速公路上进行了试点布设。全国高速公路网络中的各路段交通状况不一，如何依据不同的交通状况针对性地开展自动驾驶专用车道布设是一个迫切需要研究的课题[14]。此外，在当前数字化、信息化、网络化大环境下，对资源的合理规划与高效利用是交通管理者和研究者重点考虑的方向，自动驾驶专用车道作为特殊的道路资源也备受关注。

关于混合交通流的研究近几年开展得较多，而关于自动驾驶专用车道影响下的车流管理和专用车道部署没有得到深入的研究和分析，建立一个适用于自动驾驶与常规交通混合的道路优化升级的决策框架非常重要:即在何时为自动驾驶汽车提供专用车道以实现整体交通效益的提升和改善。尽管该技术正在迅速发展,但如何规划和改进基础设施投资以优化利用 CAV 技术能力的好处,值得关注。

5.1.2 自动驾驶专用车道管理方法

目前对混合交通流环境下的专用车道研究主要包括以下两个方面:城市路网的专用车道部署和高速公路的专用车道部署。

近几年,在自动驾驶专用车道领域,主要聚焦于专用车道布设策略及其对交通流运行效率的影响两个方面,通过构建混合交通流道路通行能力模型并结合仿真模拟来展开研究。Laan 等基于元胞传输模型研究了一条专用车道对交通流的影响,发现低渗透率下专用车道的布设会导致交通流的恶化,只有当渗透率大于 30% 时专用车道才有增益效果,车头时距和安全间距越小则增益效果越大。Xiao 等评估了中低渗透率条件下(小于 50%)HOV 车道转换为专用车道对交通流的影响。本书作者指出在较低的渗透率(30%)下专用车道会加重普通车道的拥堵;而当渗透率为 30% ~50% 时,交通拥堵将极大缓解,同时出行时间和行车延误也将显著减少。Li 等以双混合车道车流状况为基准,分析了全渗透率范围下布设一条专用车道对交通量的影响程度,得到了与诸多文献相似的结果。

此外,有部分学者对多车道(车道数不少于 3 条)场景下如何布设专用车道以最大化交通量进行了一定研究。文献基于元胞自动机模型揭示了不同专用车道数下的交通流性能:在较低渗透率下,尤其是车流处于低密度水平时,设置 CAV 专用车道会降低总体交通量。但当 CAV 在混合流中占主导地位时,设置专用车道的优势也随之减弱。设置 CAV 专用车道的增益只能在中等密度车流中获得。其次,专用车道上设置比其他普通车道上更高的车速限制可以进一步提高专用车道的性能。Zhong 等发现四车道场景下布设一条专用车道可以使车流具有更佳的运行效率。Zhong 等指出当渗透率低于 30% 时,适合使用混合车道;当渗透率在 40% 以上时,设置 CAV 专用道将更有利于车流运行。Zhang 等分析了车道部署方案对车流安全性能的影响,指出布设一条专用车道能够提高低交通需求下的行车安全性,而两条专用车道则适用于高需求工况中,且渗透率的提高有助于增加安全性。Zhang 等对比研究了四车道场景下设置一条和两条 CAV 专用道对交通流的影响,表明专用车道的部署需要考虑渗透率和车流密度大小,特别指出在低渗透率和低密度条件下设置专用车道容易造成资源浪费,并给出了在高密度条件下布设专用车道的最低渗透率条件。Wei 等基于博弈论的研究也说明了专用车道的效益与车流密度和渗透率紧密相关,在车辆密度为 0.11 时,当自动驾驶汽车的比例大于 40% 时,设置专用车道才能对交通流产生正向效益,此外还说明了 HDV 的换道行为会严重影响整个道路交通系统的稳定性。

除了仿真研究,也有部分学者对专用车道布设策略进行了理论分析。Hussain 等分析了混合交通流中车头时距大小(分为保守型、中性、激进型车流,车头时距逐渐降低)对道路通行能力的影响,构建了基于需求-通行能力关系的管理车道模型,研究了 2、4、6 车道场景下分别当需求小于通行能力、需求大于通行能力时的专用车道部署方案对交通流的影响。结果表明,随着渗透率和需求的增加,CAV 逐渐增多,为 CAV 车辆分配专用车道才能进一步提高交通量。交通需求越大,渗透率越高,需要的专用车道数也越多。Ghiasi 等提出了基于马尔可夫链的高速公路混合交通流道路通行能力分析模型,在此基础上构建了一个车道管路模型有效地确定了不同条件下最优的专用车道数量以最大化路段交通量。有研究提出自动驾驶车辆在一定条件下可遵循全局最优原则,这使得可以通过调控每条车道上自动驾驶车流大小实现混合交通流通行效率的最优化。基于以上原则,Chen 等和 Chang 等构建了双车道场景下平衡态车流的通行能力理论分析模型,基于车道通行限制条件研究了 CAV 渗透率、交通需求、车头时距、CAV 增益对通行能力的影响,以此确定不同条件下的车道部署策略,并将模型推广到了 $k(k\geqslant2)$ 车道场景,全面建立了专用车道部署的理论框架。

在专用车道研究领域,主要聚焦于一条专用车道对交通流的影响和多车道下场景的专用车道最优布设策略两个方面,通过构建基于混合交通流平均车头时距的道路通行能力表达式或仿真模拟来展开研究。目前也鲜有研究关注专用车道布设下车流管理策略对混合交通流的影响,即如何调控每条车道上 CAV 车流大小来实现交通量的最大化。虽然 Chen 等在构建的专用车道理论部署框架中考虑了这一因素以最大化路段交通量,但是文章在推导车流平均车头时距表达式时假设了一种 CACC 车队与 HDV 车队周期性间隔出现的理想车流。以概率论的角度分析,在渗透率小于 50% 时,CACC 多车编队行驶的概率接近 0.1,甚至更小,因此,该研究结果不能充分体现自动驾驶专用车道部署策略下 HDV 和在车道上的车辆随机分布情况对混合交通流的影响。而 Qin 等利用数值解析和仿真模拟说明了 CACC 车辆在车流中以一定概率随机出现的形式更加切合实际情况。

综上所述,针对自动驾驶专用车道部署策略下 CACC 车流管理方法的研究,缺乏基于车流随机分布特性的 CACC 车流管理方法及其对混合交通流影响的分析。鉴于此,可以考虑自动驾驶和 HDV 在道路上的空间概率分布,建立混合交通流平衡态条件下的道路通行能力表达式,分析混合流车道与专用车道通行效益,研究在已布设有专用车道的前提下 CACC 车流管理策略对交通流的影响,在此基础上研究自动驾驶专用车道部署方案。

5.1.2.1　交通流特性分析

车辆是构成车流的基本单元,交通流的运行与车辆状态变化息息相关。道路上诸多车辆状态的更新组合形成了交通流态势变化过程。对交通流状态的分析,需要从人、车、路和环境构成的复杂交通系统全局出发,了解车辆运行特点,确定影响车辆驾驶的重要因素。

1)车辆特性

(1)自动驾驶车辆特性。

2021 年 1 月 1 日正式实施的《汽车驾驶自动化分级》是我国智能网联汽车标准体系的一项基础类标准,它将为今后我国自动驾驶相关法律法规及强制性标准的制定提供了依据。《汽车驾驶自动化分级》基于车辆自动化系统能够执行动态驾驶任务的程度,根据在执行过程中的角色分配以及有无设计运行条件限制,将驾驶自动化分成 0 ~5 级,共 6 个不同的等级。在高级别的车辆自动驾驶状态下,驾驶人解放双手,其角色将由车辆操纵者向乘客转变。汽车驾驶自动化分级定义如下:

① 0 级驾驶自动化(应急辅助)。驾驶自动化系统不能持续执行动态驾驶任务中的车辆横向或纵向运动控制,但具备持续执行动态驾驶任务中的部分目标和事件探测与响应的能

力，如前车碰撞预警功能。

②1级驾驶自动化（部分驾驶辅助）。驾驶自动化系统在其设计运行条件内持续地执行动态驾驶任务中的车辆横向或纵向运动控制，且具备与所执行的车辆横向或纵向运动控制相适应的部分目标和事件探测与响应的能力，如紧急制动功能。

③2级驾驶自动化（组合驾驶辅助）。驾驶自动化系统在其设计运行条件内持续地执行动态驾驶任务中的车辆横向和纵向运动控制，且具备与所执行的车辆横向和纵向运动控制相适应的部分目标和事件探测与响应的能力，如自适应巡航功能。

④3级驾驶自动化（有条件自动驾驶）。驾驶自动化系统在其设计运行条件内持续地执行全部动态驾驶任务，车上有安全员。人机共驾，驾驶人变成安全员。

⑤4级驾驶自动化（高度自动驾驶）。驾驶自动化系统在其设计运行条件内持续地执行全部动态驾驶任务和执行动态驾驶任务接管，即去掉驾驶位和驾驶人。

⑥5级驾驶自动化（完全自动驾驶）。驾驶自动化系统在任何可行驶条件下持续地执行全部动态驾驶任务和执行动态驾驶任务接管。

自动驾驶分级详情见表5-1。

自动驾驶分级 表5-1

分级	名称	车辆横向和纵向运动控制	目标和事件探测与响应	动态驾驶任务接管	设计运行条件
0级	应急辅助	驾驶人	驾驶人和系统	驾驶人	有限制
1级	部分驾驶辅助	驾驶人和系统	驾驶人和系统	驾驶人	有限制
2级	部分驾驶辅助	系统	驾驶人和系统	驾驶人	有限制
3级	有条件自动驾驶	系统	系统	动态驾驶任务接管用户（接管后成为驾驶人）	有限制
4级	高度自动驾驶	系统	系统	系统	有限制
5级	完全自动驾驶	系统	系统	系统	无限制（排除商业与法规因素等限制）

《汽车驾驶自动化分级》标准的制定和实施，将规范驾驶自动化系统的分级要求，为智能网联汽车发展及相关行业管理提供基础支撑，为后续自动驾驶功能相关标准制定提供基础，将对推动驾驶自动化技术的普及应用发挥重要作用。

CAV根据其自动控制方式和是否进行车车通信，可分为ACC车辆和CACC车辆。ACC系统由智能传感器子系统、数字信号处理子系统以及控制子系统三大部分组成。基于该系统的ACC车辆利用毫米波雷达传感器、红外光束以及视频摄像头等探测器感知周围车辆状态信息，例如前车以及本车位置、速度。信号处理子系统负责将智能传感器系统感知到的环境信息进行数字化识别、处理和分析，并将处理后的数据传至控制子系统，由控制系统根据预定车辆驾驶方案对车辆进行针对性调控。自适应巡航控制策略可分为固定车辆间距控制策略、可变车辆间距控制策略、固定车间时距控制策略和可变车间时距控制策略。以固定车辆间距控制策略为例，ACC 系统的执行流程是利用传感器感知环境信息，当发现前车减速或有车辆变道至当前车道而导致与前车间距缩小至小于控制策略设定的间距最小值时，控制系统发送执行信号至发动机或制动系统，做出相关动作，调整与前车之间的间距，以符合设定的车辆间距。如果发现前方没有车辆或本车与前车间距大于设定距离，则恢复设定车速。综合多种车辆控制策略来说，ACC 系统除了可以控制车辆达到预定速度外，它还承担着保持预定跟车距离（或者跟车时距）以及随前后车距的变化自适应加减速等任务。ACC 系统的运行流程如图 5-3 所示。

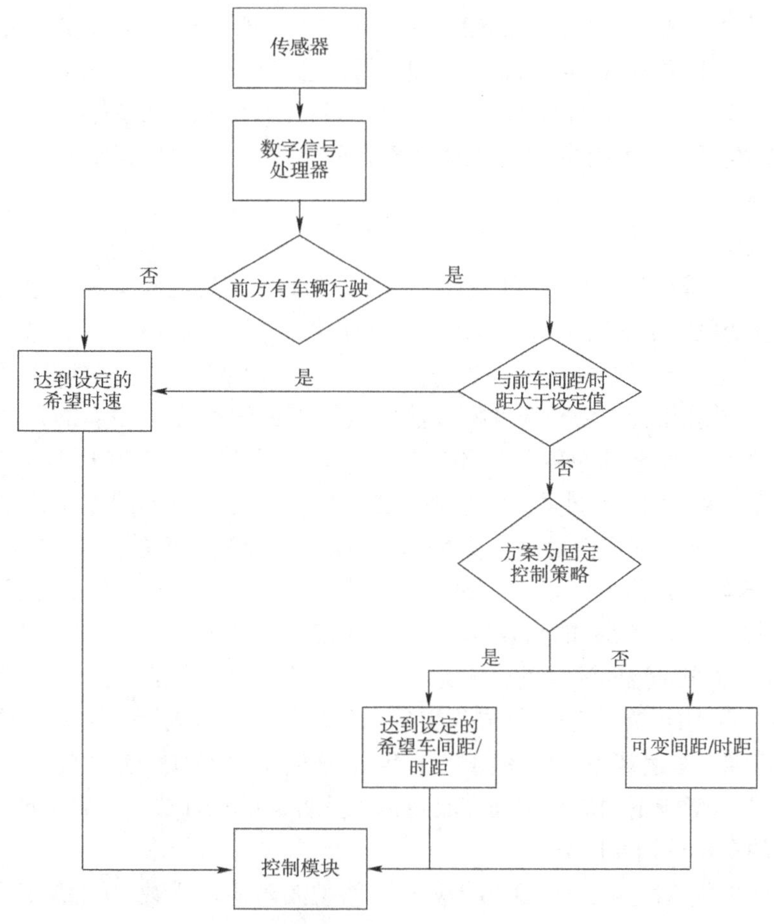

图 5-3　自适应巡航控制流程

CACC 系统最早是由美国加州大学伯克利分校 PATH 实验室提出的概念[66-67]，该系统是在 ACC 系统的基础上借助 DSRC（专用短程通信技术），通过与周围交通车辆的实时信息交互，使车辆获得丰富的交通环境数据以实现对周围交通状况的精确感知，通过车辆协同策略及时控制车辆速度和位置，达到与前车同步的效果。CACC 系统与 ACC 系统不同的是前者可以利用 V2V 通信获得超视距范围的车流运行状态信息并用于自身的控制，同时 CACC 系统具有协同控制能力，可以进行多车协同编队行驶，实现从单车控制到多车协作驾驶的突破。CACC 系统可在保证出行人员的安全性和舒适性前提下，最大程度地提升交通流通行效率。用于表征 ACC 车辆与 CACC 车辆运动特性的纵向控制模型有很多，应用最为广泛的是 PATH 实验室提出的 ACC 和 CACC 模型。

(2)人工驾驶车辆特性。

HDV 由人为操作控制驾驶,这使得人为操作是决定车辆状态变化的主要因素。人工驾驶时,驾驶人通过对周围道路设施的观察和对周围车辆位置、速度和运动趋势的目测判断之后,根据自身驾驶经验进行车辆操纵。影响人工驾驶的因素有心理状态、生理状态、驾驶经验、驾驶谨慎程度等。人工驾驶操纵的不稳定性是导致车辆纵向速度轨迹非平滑和横向位置偏移的主要原因。诸多研究通过分析各种影响因素来构建车辆跟驰模型,以尽可能切合实际地来表征人工驾驶下的车辆状态变化。经典的人工驾驶车辆纵向控制模型有 Gipps 模型、IDM 模型、Newell 模型、Widemann74 模型和最优速度模型。此外,还值得一提的是,部分研究认为 ACC 车辆的驾驶特性和 HDV 接近,其主要区别为 ACC 车辆相较于 HDV 反应时间更短。因此,这类研究的跟驰模型主要通过调节车间时距大小来分别表征 HDV 和 ACC 车辆,如 Helly 模型。

2)混合交通流特性

CAV 精确的环境感知、快速的判断决策、高效的动力控制使得其具备稳定的驾驶能力。而 HDV 的状态变化完全取决于驾驶人的手动操作能力,面对各种交通状况,驾驶人的反应能力在很大程度上决定了车辆的运动趋势。对比 CAV 和 HDV 的运动特性,可以很明显地知道自动化控制系统相较人为反应及操作能力具有更大的优势。CAV 的自动化控制,从根本上解决了人为驾驶存在的车辆行驶不稳定、速度波动起伏大、时走时停等问题。但是当 HDV 与 CAV 混合后,不同控制类型的车辆在道路上共存行驶。不同类型的多种 HDV 混合形成的交通流依然属于同质性的人工驾驶车流,而不同控制类型的车辆共存形成的车流才是真正意义上的具有异质性的混合交通流。虽然 CAV 具有优于 HV 的性能,但在道路上 HDV 的存在同样也影响 CAV 的高效行驶,两者的相互影响和这种因不同控制类型的车辆混合产生的异质性对交通流的演变的影响是需要深入探讨和研究的。同时,CAV 不同程度的混入,使得 CAV 与 HDV 的车辆比例成为影响交通流状态的重要因素之一。鉴于 CAV 的优良性能,众多研究者普遍认为 CAV 的引入对传统交通流问题的改善具有巨大的潜力。

自动驾驶技术影响下的混合交通流具备以下几方面的特性或者潜在的能力:

(1)更小的车流平均速度波动。

CACC 车辆的加入减少了车流中 HDV 出现驾驶波动的车辆数,从而降低了车流平均速度的波动程度,提高了整体混合交通流的平均速度。

(2)更少的车辆拥堵现象。

HDV 的速度波动和减速等行为造成了交通拥堵,而 CACC 车辆从根本上消除了 HDV 不合理的随机减速等速度不稳定调控行为。所以,CACC 车辆的引入,从车辆驾驶层面根源性地减少了混合交通流中的车辆拥堵现象。

(3)更高的行车效率。

CACC 车辆由于高效的控制机制和能力,具备比 HDV 更小的车头间距和更滑的速度轨迹,因此,CACC 车辆的行车效率比 HDV 更高。由此可知,CACC 车辆的引入将提高混合交通流整体的行车效率。

(4)更舒适安全的车辆行驶状态。

CACC 车辆的探测通信设备和自动控制机制使得车辆具备对快速有效的环境反应能力和精准的车辆控制能力,能够有效地规避危险和紧急制动,充分保证驾驶的安全性。CACC 车辆稳定的动力输出也极大地改善了 HDV 车速忽高忽低对驾驶人所造成的不舒适体验感。从整体而言,车流平均的安全性和舒适性将因 CACC 车辆的加入而得到提升。

5.1.2.2 道路通行能力

1)道路通行能力概念

道路通行能力,又称道路容量,最早是在美国发起研究。对道路通行能力概念的理解,每个国家都具有不同的定义。在 HCM 中,美国将道路通行能力定义为某种设施的通行能力,它指在特定的道路、交通与管制条件下,一定的时间段内某一均匀路段或车道上某一点处自然通过的人或车的最大流率。在日本,道路通行能力是指在特定的时间段内,通过道路某一横截面的最大车辆数。中国对于道路通行能力也具有自己的理解。我国认为,道路通行能力是指某一路段能够疏通交通流的最大能力。它详细的表述为:道路上某个点、某个断面或某条车道在单位时间内所能够承载的最大交通实体(车流或人流)数,通常用 veh/h 来表示,在定义中当交通实体为车流时,在计算通行能力中应换算为标准当量车型,即以小客车为基本单位。道路通行能力是表征道路交通性能的一个重要指标,根据通行能力的计算值和交通量的预测值,可以正确地确定新建道路等级及相关技术指标等。通行能力是现有道路线形改造、交通组织和控制方案的基础。

道路通行能力可分为基本通行能力、可能通行能力和设计通行能力。基本通行能力是指在理想条件下某一断面所能通过的最大车辆数,即理论上的最大通行能力;可能通行能力是指根据实际条件,在基本通行能力基础上,综合考虑实际道路、交通、控制、环境、驾驶人状况,对理想条件进行修正,确定其修正系数,然后以此修正系数乘以基本通行能力,即得到实际道路交通在一定环境条件下的可能通行能力;设计通行能力是道路规划设计的基础,只要确定了可能通行能力,再乘以给定服务水平的交通量与通行能力之比,就可以计算出设计通行能力,但此通行能力主要由道路设计的相关部门确定。

本书将通过基于仿真手段进行针对性的研究,因此,选取基本通行能力为研究对象的量化指标之一。基本通行能力可表示为关于车流平均车头时距$\bar{h}$的表达式:

$$C=\frac{3600}{\bar{h}} \tag{5-1}$$

研究认为,车头时距又和车辆的车间时距、最小安全距离、车辆长度等因素相关,因此,式(5-1)又可改写为关于车间时距 τ、最小安全距离 l_{buffer}、车辆长度 l_{lead} 的表达式:

$$C=\frac{3600}{f(\tau,l_{\text{lead}},l_{\text{buffer}})} \tag{5-2}$$

f 函数的具体表达形式根据车辆跟驰模型的变化而变化。

2)通行能力主要影响因素

(1)车辆长度。

车辆在通过道路某一断面是需要时间的。车辆速度不变时,车辆长度越长,通过断面的时间就越长。车辆通过断面的时间变化在一定程度上影响了道路通行能力的大小。

(2)车流平均速度。

通行能力与单位时间内通过断面的车辆数直接相关,而车辆速度的高低决定了一辆车通过道路某断面的时间长短。因此,车流平均速度决定了单位时间内通过道路断面的车辆数大小,因此,也决定了道路通行能力的变化。

(3)车间时距。

车间时距指前车车尾和后车车头通过某一断面的时间差,是交通流的一个重要参数,直接反映了通行能力大小。车辆的驾驶和控制特性决定了车间时距大小,因此,可以认为,车辆的类型是影响车间时距的本质因素。

(4)车辆混合类型。

由于车辆控制类型可分为自动驾驶控制和人工驾驶控制,其中自动驾驶控制又可分为ACC、CACC,因此,通过不同控制类型的CAV与HDV的组合,形成不同层次的混合自动-人工混合交通流。可形成以下三种形式的混合交通流:ACC和HDV混合;CACC和HDV混合;ACC、CACC和HDV混合。ACC和CACC车辆之间控制特性的差异,使得其在与HDV混合行驶时,对人工驾驶车流运行的影响程度也存在差异。车流组成成分不一样,道路通行能力也将随之改变。

(5)CACC车辆渗透率。

HDV行驶时存在随机扰动与速度不稳定现象,而ACC或CACC车辆行驶时无速度的随机波动。当多类车辆混合后,随着CAV比例的变化,车流速度的波动程度也将随之发生变化。不同渗透率下的交通流随机波动情况直接影响车流平均速度,从而影响道路通行能力。

(6)CACC车辆的通信方式。

有研究认为,ACC车辆是由CACC车辆退化而来,其车流中出现的ACC车辆数量取决于CACC车辆的前车是否为HDV[24]。若CACC车辆只与前车进行通信,则CACC车辆前车为HDV时,CACC车辆因无法与前车进行通信而退化为ACC车辆。该现象的出现完全取决于车车通信方式。若通信范围不受限制,任意位置的CACC车辆均可进行通信互联,则不存在退化现象。若CACC车辆不出现退化,则在混合交通流中车辆类型始终是CACC车辆和HDV两类。而退化现象的出现将使得车辆类型增加,混合状态进一步复杂化,其道路通行能力的变化趋势也将受到进一步影响。

5.1.3 自动驾驶专用车道影响下的车流管理模型

通过考虑自动驾驶专用车道的通行限制条件,提出CACC车流管理理论与方法,并基于该理论构建车流管理模型。

当前研究认为,自动驾驶车辆专用车道对CACC车辆有较强的吸引力,CACC车辆行驶在混合流车道时,具有强烈的换道至专用车道的驾驶倾向。而频繁换道将使得车流出现扰动,影响其交通运行效率。目前针对专用车道影响下的CACC车流管理方法的研究缺乏基于车流随机分布特性的CACC车流管理方法及其对混合交通流影响的分析,因此,以智能网联环境下HDV和CACC车辆构成的混合交通流为背景,研究考虑CACC车流分布特性的车流管理问题。该问题可描述为：在基本路段上布设有一定数量的自动驾驶车辆专用车道、一定数量的 CACC 车辆和 HDV；混合交通流在一定的跟驰模型控制下运行，并考虑 CACC 车辆退化现象；在考虑 CACC 车辆、ACC 车辆与 HDV 的车间时距、车间距误差、车流平均速度、渗透率因素的基础上，结合 CACC 车辆需求在各车道上的分布变化，以基本路段总交通量最大为目标，在实现多车道交通流通行效率最大化的同时得到 CACC 车辆需求在各车道的上最优分布方案，为专用车道部署方案的研究提供基础。

5.1.3.1　车辆跟驰模型

1）CACC 车辆跟驰模型

CACC 车辆相互跟随时，后车可以通过实时信息交互技术准确了解前车的驾驶状态，包括位置、速度等信息，并进行实时自车调控，实现协同自适应驾驶。加州大学伯克利分校 PATH 实验室标定的 CACC 模型很好地反映了这一特性[68]，如式(5-3)所示：

$$\begin{cases} v = v_p + k_p e + k_d \dot{e} \\ e = l_c - l_{buffer} - l_{lead} - \tau_c v \end{cases} \tag{5-3}$$

式中：v——当前时刻 CACC 车辆速度(m/s)；

v_p——前一时刻 CACC 车辆速度(m/s)；

k_p——系数，取 0.45；

e——车间距误差(m)；

k_d——系数，取 0.25；

$\dot{e}$——e 的一阶导数；

l_c——CACC 车辆的车头间距(m)；

l_{buffer}——最小安全间距(m)；

l_{lead}——前车长度(m)；

τ_c——CACC 车辆的期望车间时距(s)。

着重研究 HDV、ACC 和 CACC 车辆共存的混合交通流，因此，不考虑车身长度变化，默认车流中所有车辆车长相等、最小安全距离相同，$l_{lead}=4.5\text{m}$，$l_{buffer}=0.9\text{m}$。

当车流处于平衡态时，车间距误差为零，车辆速度恒定，因此，平衡态下的 CACC 车辆的车头间距，如式(5-4)所示：

$$l_c = v\tau_c + l_{lead} + l_{buffer} \tag{5-4}$$

2）HDV 跟驰模型

HDV 驾驶人通过目测自车与前车的间距来调整车辆状态的结果是存在误差的。在对 HDV 跟驰模型的构建中，为充分体现人工驾驶特性，考虑车辆间距误差是非常有必要的。由 Li 提出的模型真实地反映了上述 HDV 的运动特点：

当前车运动时，自车速度与加速度的大小应考虑前车从当前时刻开始以最大减速度制动所产生的行驶距离，故车间距可表示为：

$$l_r + \frac{v_{lead}^2}{2b_{lead}} \geqslant l_{buffer} + l_{error} + l_{lead} + \frac{v^2}{2b} + v\tau_r \tag{5-5}$$

式中：l_r——HDV 车头间距(m)；

v_{lead}——前车速度(m/s);

l_{error}——间距误差(取 $l_{error}=0.2\text{m}$);

b_{lead}、b——前车和自车的最大减速度(m/s²),默认相同;

τ_r——HDV 期望车间时距(s)。由式(5-5)可知,l_r 存在一个最小值 $l_{r,min}$:

$$l_{r,min}=l_{buffer}+l_{error}+l_{lead}+\frac{v^2}{2b}+v\tau_r-\frac{v_{lead}^2}{2b_{lead}} \tag{5-6}$$

稳态条件下车流中所有车辆速度相同且保持恒定的最小车间距,即 $v=v_{lead}$。因此,稳态条件下的式(5-6)可改写成:

$$l_{r,min}=l_{buffer}+l_{error}+l_{lead}+v\tau_r \tag{5-7}$$

3)CACC 车辆退化

当 CACC 车辆跟随 HDV 时,由于 HDV 未配备车车通信装置,CACC 车辆的信息交互功能失效,退化为使用传感器探测前车状态的 ACC 车辆。ACC 车辆的自动控制使得其具备比 HDV 更小的车间时距。另外,传感器的探测结果易受道路环境影响而存在误差,但 ACC 车辆具有比 HDV 更高精度的测距能力,因此,ACC 车辆车距误差 l'_{error} 更小,取 $l'_{error}=0.1\text{m}$。与式(5-7)类似,平衡态车流下 ACC 车辆与前车最小车头间距可表示为:

$$l_{a,min}=l_{buffer}+l'_{error}+l_{lead}+v\tau_a \tag{5-8}$$

式中:τ_a——ACC 车辆的车间时距。

HDV 存在一个随机因素,控制模型只保证了车辆不会发生碰撞,而在保证安全前提的下一步动作是随机的,具有不确定性。而 CAV 的状态变化是确定的,当了解了前后车辆当前状态信息,CAV 的下一步动作是可以通过计算得到的。

5.1.3.2 单车道车流分析

1)道路通行能力分析

假设单车道 CACC 车辆渗透率为 $p(0\leqslant p\leqslant 1)$,则 HDV 比例为 $1-p$。考虑 CACC 车辆退化现象,则 ACC 车辆渗透率为 $p-p^2$,退化后的 CACC 车辆渗透率变化为 p^2。此时,平衡态车流平均车头时距为:

$$\bar{h}=p^2h_c+p(1-p)h_a+(1-p)h_r \tag{5-9}$$

式中:h_r、h_a、h_c——HDV、ACC 和 CACC 车辆的车头时距。

车头时距可表示为车头间距与车辆速度的比值,结合式(5-4)、式(5-7)、式(5-8),式(5-9)可改写成:

$$\bar{h}=p^2\frac{v\tau_c+l_{lead}+l_{buffer}}{v}+p(1-p)\frac{l_{buffer}+l'_{error}+l_{lead}+v\tau_a}{v}+(1-p)\frac{l_{buffer}+l_{error}+l_{lead}+v\tau_r}{v} \tag{5-10}$$

根据式(5-1)可知,道路通行能力 C 可表示为车头时距 $\bar{h}$ 的倒数,因此,利用式(5-10)可得到平衡状态车流下的单车道理论通行能力,见式(5-11)。观察式(5-11)可以发现,道路通行能力 C(veh/h)是关于渗透率 p 的函数,即 $C=f(p)$,其中通行能力最小值 $C_{min}=C(0)$,最大值 $C_{max}=C(1)$。

$$C=\frac{3600}{p^2\tau_c+p(1-p)\tau_a+(1-p)\tau_r+\frac{l_{buffer}+l_{lead}+(1-p)l_{error}+p(1-p)l'_{error}}{v}} \tag{5-11}$$

2)单车道交通需求与交通量分析

(1)混合流车道。

单车道为混合流车道时,HDV 与 CACC 车辆均可通行。当总交通需求 D(veh/h)小于或等于混合交通流最小通行能力(即车辆全为 HDV 时的车流,C_{min})时,交通量 q(veh/h)等于交通需求,记为 Case1:

$$q=D \quad (D\leqslant C_{min}) \tag{5-12}$$

当交通需求大于最小通行能力、小于最大通行能力(渗透率为 100% 的 CACC 车流,C_{max})时,道路通行能力受 CACC 车辆占比变化的影响,则交通量变化需要考虑渗透率因素,记为 Case2。

$$q=\begin{cases}C(p) & (p\leqslant p^*)\\ D & (p>p^*)\end{cases} \tag{5-13}$$

p^* 为 $D=C(p)$ 时的 p 值,$p^*=\frac{h_r-h_a-\sqrt{(h_a-h_r)^2-4h_r(h_c-h_a)\left(1-\frac{C_{min}}{D}\right)}}{2(h_c-h_a)}$。

当交通需求 D 大于混合交通流的最大通行能力时,交通量等于通行能力,记为 Case3。

$$q=C_{max} \quad (D>C_{max}) \tag{5-14}$$

(2)自动驾驶车辆专用车道。

当车道为专用车道时,只有 CACC 车辆可在车道上行驶,车道上的交通流大小同样需要考虑交通需求和渗透率的变化,记为 Case4。

$$q=\begin{cases}pD & (pD\leqslant C_{max})\\ C_{max} & (pD>C_{max})\end{cases} \tag{5-15}$$

5.1.3.3　CACC 车流管理策略

当混合流车道与专用车道共存时,基于自动驾驶车辆可遵循全局最优原则的假设,如何在不同交通需求 D 和渗透率 p 下进行 CACC 车流管理实现交通量最大化是需要解决的一个问题。基于道路通行能力、需求和交通量之间的关系研究提出 CACC 车流管理策略并进行理论分析与建模。

1)双车道策略

道路场景为双车道时,设定内侧车道为专用车道,外侧车道为混合流车道。

方案 1:假设 CACC 车辆市场渗透率(即 CACC 车辆数在整体交通需求中的占比)为 p,在保证分配至专用车道的 CACC 车辆需求小于或等于专用车道通行能力的前提下,尽可能将更多的 CACC 车辆分配至专用车道。设分配给专用车道的 CACC 车辆需求占总交通需求的比例为 p',则 p'的约束可表示为:$0\leqslant p'\leqslant p$ 且 $p'\leqslant\frac{C_{max}}{D}$。若比例为 p 的 CACC 车辆需求大于专用车道通行能力,则将剩余的比例为 $p-p'$的 CACC 车辆需求分配至混合流车道上;若比例为 p 的 CACC 车辆需求小于或等于专用车道通行能力,则表示 $p'=p$,即该方案是将所有的 CACC 车辆分配至专用车道。方案中所提到的 CACC 车辆需求比例都是基于整体交通需求而言的。

方案 2：在不考虑专用车道通行能力限制条件下，先将任意比例 $p''(0 \leqslant p'' \leqslant p)$ 的 CACC 车流分配至混合流车道，而后将剩余的比例为 $p-p''$ 的 CACC 车流分配至专用车道。该方案允许分配至专用车道的 CACC 车辆需求大于专用车道通行能力，即 $p-p''$ 这一条件不受 $p' \leqslant \frac{C_{\max}}{D}$ 这一约束限制。

若两种方案的混合流车道均处于自由流状态，则两种方案下的道路交通量相等；若方案 1 的混合流车道为自由流、方案 2 中的混合流车道为饱和车流，则在方案 2 中混合流车道上的交通需求不能在单位时间内全部通过，由此可知，方案 1 管理策略下的道路总交通量大于或等于方案 2 的结果；若方案 2 中分配给专用车道的 CACC 车辆需求比例大于 $\frac{C_{\max}}{D}$，则这部分 CACC 车辆需求也无法在单位时间内全部从专用车道上通过，同理可知方案 1 的交通量更大。因此，在此处只需研究方案 2 中专用车道上的 CACC 车辆需求比例小于或等于方案 1 中专用车道上的比例且两方案的混合流车道上的车流始终处于饱和状态的情况。

根据以上分析，可进一步改写方案的表达形式。

方案 1：在保证分配至专用车道的 CACC 车辆需求小于或等于专用车道通行能力的前提下，尽可能将更多的 CACC 车辆分配至专用车道。先将比例为 $p'=p_1+p_2(p' \leqslant p)$ 的 CACC 车辆需求分配给专用车道（p_1 和 p_2 分别是 p' 一部分）。若总 CACC 车辆需求小于或等于专用车道通行能力（$pD \leqslant C_{\max}$），则所有的 CACC 车辆分配至专用车道；若总 CACC 车流需求大于专用车道通行能力（$pD > C_{\max}$），则在为专用车道分配之后，将剩余比例为 $p-p'=p_3$ 的 CACC 车辆分配至混合流车道上，如图 5-4a）所示。

方案 2：将 p_1（p' 中的一部分）和 p_3 比例的 CACC 车辆分配给混合流车道，剩余 p_2 比例的 CACC 车辆需求分配至 CACC 专用车道上，如图 5-4b）所示。方案改写后的 p_1、p_2、p_3 关系如式(5-16)所示：

$$\begin{cases} p_1+p_2=p, p_3=0 & (pD \leqslant C_{\max}) \\ p_1+p_2=\dfrac{C_{\max}}{D}, p_3=p-\dfrac{C_{\max}}{D} & (pD > C_{\max}) \end{cases} \tag{5-16}$$

综上所述，方案 1 和方案 2 可以做另外一种理解：方案 1 是优先为专用车道分配 CACC 车辆，这是一种固定的车流管理策略；方案 2 则是优先为混合流车道分配 CACC 车辆需求，该方案可以通过改变 p_1 大小来灵活调控分配给混合流车道的 CACC 车流需求，可认为是一种可变的车流管理策略。

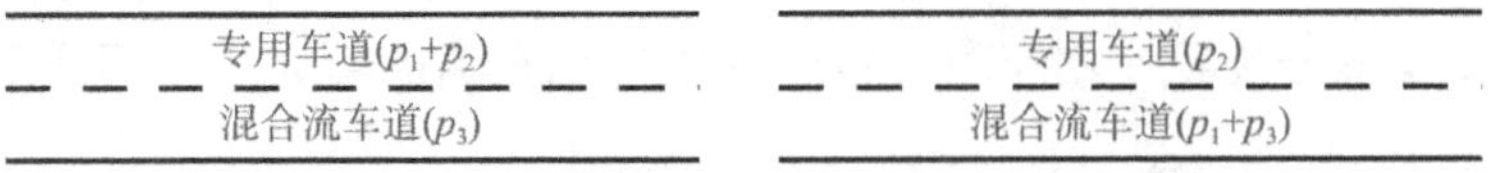

a)方案1	b)方案2
专用车道(p_1+p_2)	专用车道(p_2)
混合流车道(p_3)	混合流车道(p_1+p_3)

图 5-4　方案示意图

交通需求为 D 时，方案 1 的交通量为 $Q_1=D(p_1+p_2)+C(f(p_3))$，方案 2 的交通量为

$Q_2 = D(p_2) + C(f(p_1 + p_3))$。两种方案的交通量差为：

$$\begin{aligned}\Delta Q &= [D(p_1 + p_2) - D(p_2)] - [C(f(p_1 + p_3)) - C(f(p_3))] \\ &= Dp_1 + C(f(p_3)) - C(f(p_1 + p_3))\end{aligned} \tag{5-17}$$

其中，$f(p_3) = \dfrac{p - (p_1 + p_2)}{1 - (p_1 + p_2)}$，$f(p_1 + p_3) = \dfrac{p - p_2}{1 - p_2}$。

因为 $f(p_3) \geqslant f(p_1 + p_3)$ 且 ΔQ 关于 p_1 的一阶导大于或等于 0，由此可以得到当 $p_1 = 0$ 时，$\Delta Q = 0$ 最小，即表示方案 1 下的交通量始终大于或等于方案 2 下的交通量。这也意味着双车道场景下，将 CACC 车辆需求优先分配到专用车道上的固定车流管理策略是一种可最大化交通量的最优方案。

2）多车道策略

进一步考虑 n 条专用车道和 m 条混合流车道（$n \geqslant 1, m \geqslant 1$ 且 $n + m \geqslant 3$）构成的场景下 CACC 车流管理策略的扩展分析。

方案 1：在通行能力和交通需求范围内，平均分配给各条专用车道的最大 CACC 车辆需求比例为 $p_i + p_j (i, j = 1, 2, 3, \cdots, n; p_i, p_j \geqslant 0)$，则专用车道总 CACC 车辆需求比例为 $\sum_{i=1}^{n} p_i + \sum_{j=1}^{n} p_j$，$p_i(p_j)$ 表示分配至第 $i(j)$ 条专用车道的 CACC 车辆需求比例。若有多余 CACC 车辆需求则分配给混合流车道，混合流车道分配得到的 CACC 车辆需求比例为 $P_{\mathrm{m}} = \min\left(p - \sum_{i=1}^{n} p_i - \sum_{j=1}^{n} p_j, 0\right)$。

方案 2：首先将比例为 $P_{\mathrm{m}} + \sum_{i=1}^{n} p_i$ 的 CACC 车辆需求分配给混合流车道（默认车流在混合流车道上均匀分布，即各混合流车道渗透率相等），剩余 $\sum_{j=1}^{n} p_j$ 比例的 CACC 车辆需求分配给各条专用车道。

则两种方案的交通量差值用下式表示：

$$\Delta Q = D\sum_{i=1}^{n} p_i + \sum_{j=1}^{m} C\left(\frac{p - \sum_{i=1}^{n} p_i - \sum_{j=1}^{n} p_j}{1 - \sum_{i=1}^{n} p_i - \sum_{j=1}^{n} p_j}\right) - \sum_{j=1}^{m} C\left(\frac{p - \sum_{j=1}^{n} p_j}{1 - \sum_{j=1}^{n} p_j}\right) \tag{5-18}$$

由于 ΔQ 关于 $\sum_{i=1}^{n} p_i$ 的一阶导数大于或等于 0，由此可以得到当 $\sum_{i=1}^{n} p_i = 0$（即 $p_i = 0, \forall i$）时，ΔQ 最小[$\min(\Delta Q) = 0$]。在布设有自动驾驶车辆专用车道的多车道路段上，优先将 CACC 车辆需求分配在所有专用车道上，若 CACC 车辆需求超过所有专用车道的总通行能力，则将剩余的 CACC 车辆部署在混合流车道上，这样的 CACC 车流管理策略可以使路段交通流运行效率达到最佳，从而最大化交通量。

3）数学模型

针对以上两种不同的管理策略分别建立对应的数学模型，以 n 条专用车道、m 条混合流车道组成的道路为例，假设多车道场景下不考虑换道影响，同类型的车道上车流状况均相等。

（1）方案 1 模型。

每条专用车道的交通量 q_{d} 最大不超过通行能力 $C_{\max}$。当分配给专用车道的 CACC 车辆需求小于或等于其通行能力时，交通量等于需求；反之则等于通行能力，因此，用下式表示：

$$q_{d}=\min\left(\frac{pD}{n},C_{max}\right) \tag{5-19}$$

为专用车道分配比例为$\frac{q_d}{pD}$的 CACC 车流后，分配给混合流车道比例为 P_m 的 CACC 车流［P_m 又可表示为式(5-20)］，即剩余的 CACC 车辆需求比例。分配结果使混合流车道渗透率产生变化，其变化后的渗透率为 P_M，见式(5-21)。当渗透率和交通需求确定时，方案 1 模型中的 P_m是定值。

$$P_{m}=p-\frac{nq_{d}}{pD} \tag{5-20}$$

$$P_{M}=\frac{pD-nq_{d}}{\max(1,D-nq_{d})} \tag{5-21}$$

平均每条混合流车道交通量 q_m 可表示为：

$$q_{m}=\min\left(\frac{D-nq_{d}}{m},C(P_{M})\right) \tag{5-22}$$

道路总交通量 Q_1 可表示为混合流车道与专用车道交通量之和，见式(5-23)：

$$Q_{1}=mq_{m}+nq_{d} \tag{5-23}$$

(2)方案 2 模型。

首先为混合流车道分配比例为 P_m 的 CACC 车辆需求。平均每条混合流车道的交通 q_m 可表示为：

$$q_{m}=\min\left[\frac{(1-p+P_{m})D}{m},C(f(P_{m}))\right] \tag{5-24}$$

其中，$f(P_{m})=\frac{P_{m}}{1-p+P_{m}}$。

再为专用车道分配剩余的 CACC 车辆需求。每条专用车道的交通量 q_d 见式(5-25)：

$$q_{d}=\frac{\min[(p-P_{m})D,nC_{max}]}{n} \tag{5-25}$$

道路总交通量 Q_2 表达式与方案 1 中的式(5-23)相同。与方案 1 不同的是，当渗透率和交通需求确定时，方案 2 模型中的 P_m 是个变量，且 $P_m\in[0,p]$。

5.1.3.4 案例分析

基于所提出的两种车流管理策略进行仿真实验，用以得到不同 D、p、P_m 下的交通量变化，并验证理论管理策略的正确性。道路长度设置为 2500m，车道最高限速设置参考高速公路的实际限速，为 120km/h；车间时距参数设置如下：$\tau_r=1.6s$，$\tau_a=0.6s$，$\tau_c=1.1s$；理论模型考虑了同类型的车道上车流状况相同，且无换道现象，但实际多车道车流中换道现象普遍存在。因此，在仿真中，设置两种场景：①对各条混合流车道实行道路隔离，不允许车辆在混合流车道上的换道行为，以对应模型中理论的场景条件；②对各条混合流车道不实行道路隔离，允许车辆在混合流车道上的换道行为，以对应现实场景条件，其中换道模型采用默认的离散换道模型。在距离道路起点 1500m 处设置交通量检测器，检测器的统计频率设置为

900s/次；为使仿真实验充分表现车辆跟驰模型控制下的车辆状态变化，仿真步长应小于车间时距的最小值，因此，长设置为 0.1s，单次仿真时间设置为 7200s，仿真 5 次；交通量结果取 5 次数据的平均值。

理论通行能力的计算是基于极限的车间距离，并且车辆控制完全精确；而仿真中车辆控制是不完全精确的，存在扰动，车流状态无法达到理论上的平衡态，同时车辆为保证安全，不会以极限安全状态行驶，所以在仿真中得到的单车道通行能力低于理论值。此外，多车道场景下车辆产生的换道行为会进一步影响车流的运行。渗透率为 1 时的单车道通行能力（可以认为是专用车道的通行能力）的仿真结果略小于理论值，双车道通行能力的仿真结果既小于相同渗透率时的理论通行能力，又小于相同渗透率时 2 倍的单车道通行能力仿真值。受此影响，车流管理策略中不同交通需求 D 和渗透率 p 条件下，仿真得到的最大交通量均小于或等于理论值。可变车流管理策略的最优方案分配给专用车道的 CACC 车辆需求比例（$p-P_m$）略小于理论值，即分配给混合流车道的 CACC 车辆需求比例（P_m）略大于理论值。仿真和理论结果曲线最大交通量对应的 P_m 值见表 5-2。表 5-2 中理论和仿真最优的 P_m 值相等且都为 0，主要是因为 $P_m=0$ 时的车流分配方案已经是最优结果了。在可变车流管理策略中，特定 P_m 条件下可以得到最大交通量，但由于通行能力仿真结果小于理论值，所以仿真结果中维持最高交通量的 P_m 值范围也小于理论的 P_m 值范围。

三车道场景下车流分配策略的仿真与理论结果对比　　表 5-2

渗透率 p	P_m 分类	交通量最大时的 P_m 值			标注
		$D=6000$veh/h	$D=9000$veh/h	$D=12000$veh/h	
0.3	理论最优	0	0	0	a_1
	仿真最优	0	0	0	b_1
0.5	理论最优	0	0	0.1	a_2
	仿真最优	0	0	0.12	b_2
0.7	理论最优	0	0.18	0.3	a_3
	仿真最优	0	0.2	0.32	b_3
0.9	理论最优	0.12	0.38	0.5	a_4
	仿真最优	0.15	0.41	0.51	b_4

5.1.4　基本路段的自动驾驶专用车道部署方案

自动驾驶车辆专用车道作为智慧交通系统中新型基础设施，其对混合交通流的影响机理却极少被关注。因此，研究专用车道对混合交通流的影响及其布设问题也非常关键。该问题可描述为：在一定长度的基本路段上，考虑 CACC、ACC 车辆与 HDV 的车间时距、交通需求、渗透率、专用车道数量、车间距误差、车流平均速度、渗透率因素的变化，以路段交通量最大化为目标，得到不同条件下的最大交通量及其条件下的车道布设方案。

5.1.4.1　车道管理方案

车道管理方案的建立是基于通过自动驾驶车辆专用车道数量的调整，具体是基于固定的总车道数量,考虑不同专用车道和混合流车道数量的组合来构建多种车道管理策略。车道全为自动驾驶车辆专用车道时,HDV 车辆无法在道路上通行,车流只能为渗透率为 100% 的 CACC 车流。而车道全为混合流车道时,HDV 与 CACC 车辆均能通行。研究环境为混合交通流,因此,在构建车道管理方案时不考虑道路全由自动驾驶专用车道构成的情况,只研究专用车道数量小于总车道数时的交通量变化,且专用车道数量可为 0 条。车道管理方案见表 5-3,总车道数等于混合流车道数量与专用车道数量的总和。

三车道场景下的车道管理方案　　表 5-3

方案	混合流车道数量	自动驾驶专用车道数量
Ⅰ	1	2
Ⅱ	2	1
Ⅲ	3	0

5.1.4.2 参数设置

基于最优车流管理策略,对自动驾驶车辆专用车道管理方案进行仿真实验,用以得到不同 D、p 和不同车道管理方案下的交通量 Q 变化。单车道交通需求变化范围为 500 ~ 5500veh/h,间隔 250veh/h,总交通需求为单车道交通需求与总车道数的乘积,其范围取值主要考虑了从自由流到非自由流的变化。多车道场景下的交通需求依据车道数和单车道交通需求的不同而变化。渗透率变化范围设置为 0.1 ~0.9,变化间隔为 0.05。仿真道路长度设置为 2500m,专用车道设均为在车道内侧,车道最高限速设置参考高速公路的实际限速,取值为 120km/h。三车道的各策略仿真场景如图 5-5 所示,其中有白色线段填充的路段为自动驾驶专用车道;车道的行驶方向从左向右;各类型车辆车间时距参数设置如下:$\tau_r = 1.6$s,$\tau_a = 0.6$s,$\tau_c = 1.1$s;车辆进入车道的方式设置为随机选择可行驶的车道进入,即 HDV 不允许进入专用车道,但可选择任意一条混合流车道行驶;在距离道路起点 1500m 处设置交通量检测器,检测器的统计频率设置为 900s/次;为使仿真实验充分表现车辆跟驰模型控制下的车辆状态变化,仿真步长应小于车间时距的最小值,因此,设置为 0.1s,在 SUMO 中具体体现为 step - length value = '0.1';单次仿真时间设置为 7200s,仿真 5 次;交通量结果取 5 次仿真数据的平均值。

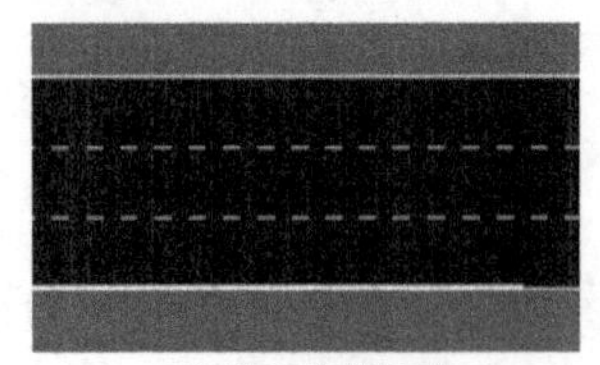
a)方案Ⅰ仿真场景

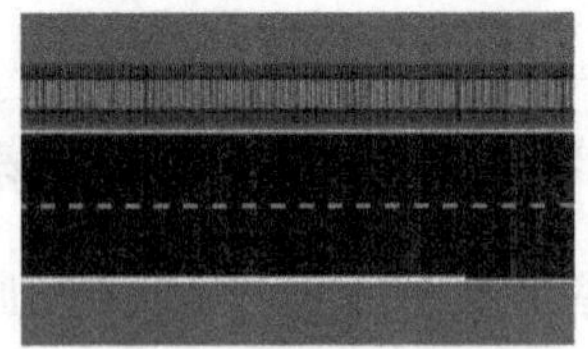
b)方案Ⅱ仿真场景

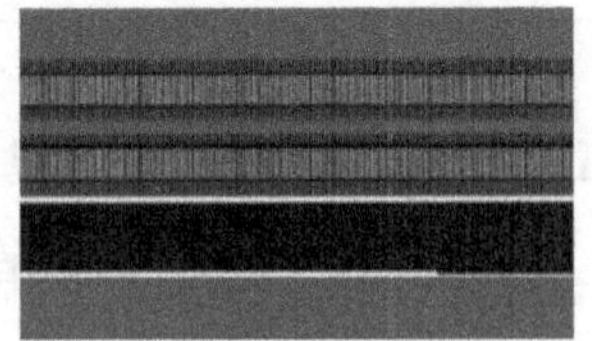
c)方案Ⅲ仿真场景

图 5-5　仿真场景示意图

5.1.4.3 仿真框架

自动驾驶专用车道管理策略的仿真框架如图 5-6 所示。

步骤 1:建立仿真场景。基于 SUMO 仿真软件构建多车道的仿真道路;基于理论车辆跟驰模型的数学公式,在软件中构建车辆仿真控制策略并设置相应参数;设置交通需求、数据检测器等,通过输出 rou、add 和 net 三类仿真文件,形成完整的专用车道仿真场景。

步骤 2:CACC 车流分配。利用通行能力解析式计算得到专用车道通行能力;结合渗透率、车道数、交通需求参数,基于 CACC 车流管理模型得到车流分配方案,主要包括专用车道的 CACC 车辆需求和混合流车道的 CACC 车辆需求大小。

步骤 3:参数修改及仿真。根据车流分配结果和模型的输入参数,利用 MATLAB 对 rou 文件进行数据读写,修改对应的交通仿真参数;利用 MATLAB 调用 SUMO 执行 sumocfg 文件以运行仿真程序并保存仿真结果。

步骤 4:仿真循环。根据不同交通需求、渗透率等条件的变化,利用 MATLAB 修改 CACC 车流管理模型参数,并转步骤 2。

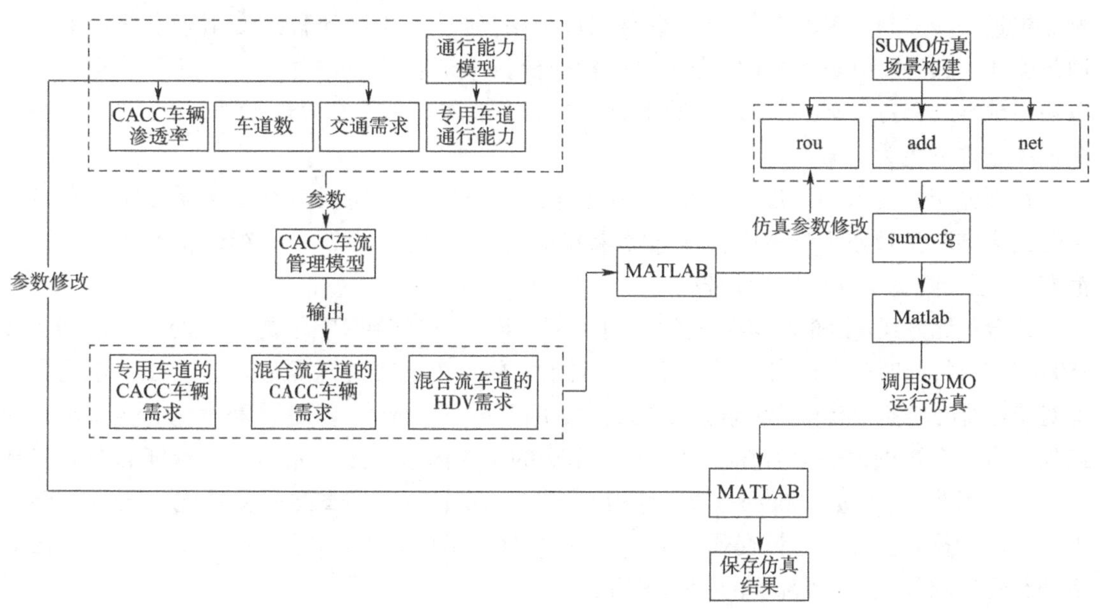

图 5-6 车道管理策略仿真框架

5.1.4.4 基于多车道场景的仿真结果分析

对不同专用车道数下的车道管理方案进行案例分析,得到各方案下的交通量;通过对比存在专用车道情况下的仿真结果和全混合流车道条件下的结果,得到相比于全混合车道的交通量变化率;对比各策略相同条件下的交通量,得到对应条件下的最优管理策略,分析最优策略对混合交通流的影响。综合不同条件下的车道管理结果,得到混合交通流下灵活的车道部署策略,使研究结果更具适用性,研究结果也可为交通管理者和决策者提供定量依据。

1)无换道影响的车道管理策略分析

当渗透率固定不变时,随着交通需求的增大,三种方案呈现出的交通量均呈现逐渐增加而后平稳的趋势。当交通需求小于或等于通行能力时,交通需求越大,交通量越大;而交通需求大于通行能力时,交通量等于通行能力。然而三方案中渗透率变化对交通量的影响与交通需求的影响存在差异。方案Ⅱ和Ⅲ中,由于专用车道的车流运行效率大于混合流车道的车流，在最优车流管理策略的控制下，CACC 车辆首选驶入专用车道。相比于方案Ⅰ中 CACC 车辆全部在混合流车道中行驶的情况，方案Ⅱ和Ⅲ对车流产生的增益更大，即在一定渗透率范围内，交通量随渗透率增大而产生的增幅（即交通量变化率）大于方案Ⅰ中的增幅。专用车道数的增多可提高专用车道总通行能力，但会导致单位时间道路上可通过的 HDV 减少，增加混合流车道拥堵。但若 CACC 车辆需求小于一条专用车道的通行能力，则专用车道的数量增多无法进一步促进交通运行效率的提升，反而会导致道路资源利用率下降。因此，在该情况下，交通量呈现出的变化为专用车道数越多，交通量越小。而当 CACC 车辆需求大于一条专用车道的通行能力时，专用车道数的增多将进一步提高道路总交通量。

不同管理策略对交通流的影响是各不相同的，但专用车道对交通流运行效率的具体影响需要进一步分析。基于各管理策略的仿真结果，通过对比得到有无专用车道条件下的交通量变化率，利用明确的交通量变化率指标来分析车道管理策略对交通流的影响程度。可以明显地看到，专用车道对交通流的正效益在高需求和高渗透率表现显著，负效益基本在低渗透率条件下更为显著。

在部分交通需求和渗透率条件下，专用车道的设置对交通流运行效率无影响。在专用车道无影响和负效益影响对应的交通需求和渗透率条件内，设置专用车道将导致道路资源浪费，甚至会降低交通流的运行效率。

综合对比方案Ⅰ、Ⅱ和Ⅲ，得到最优车道管理策略及其策略影响下的最优交通量。当 $D \leq$ 7500veh/h 时，此时交通需求小于道路总通行能力，所有车道布设方案对交通量无影响，专用车道对交通流的增益没有得到体现。如果考虑专用车道布设成本，道路设置为全混合流车道为最佳。专用车道的效益只有在满足 CACC 车辆的交通需求大于专用车道通行能力时才能得到体现。因此，当 $D >$ 7500veh/h 时，专用车道的布设策略对基本路段交通流运行的影响呈现明显的阶梯状变化。在该交通需求条件下，最优车道管理策略随渗透率变化表现为：渗透率和交通需求越大，需要部署的专用车道越多。

2）有换道影响的车道管理策略分析

有换道影响的车道管理策略，车辆换道行为降低了混合流车道交通量，换道行为对交通流的影响随着混合流车道数的增加而提高，因此，各方案下路段整体交通流受影响程度从大到小排列为：方案Ⅰ＞方案Ⅱ＞方案Ⅲ。方案Ⅲ下的混合流车道为单行道，车流无换道行为，与无换道影响下的方案Ⅲ车流一致，同时方案Ⅰ和方案Ⅱ的交通量较无换道影响的车流而言，略有下降。因此，该情况下专用车道对交通量的增益相比于无换道影响的车流更大，方案Ⅱ相对于方案Ⅰ的交通量变化率最高提升了 10%，方案Ⅲ相对于方案Ⅰ的交通量变化率最高提升了 20% 左右。此外，由于最优策略是通过对比方案Ⅰ、Ⅱ和Ⅲ的交通量而产生的，而换道降低了方案Ⅰ和Ⅱ的交通量，因此，从整体上来讲，最优车道管理策略相较于无换道影响的最优策略，专用车道的可适用范围有一定程度的扩大。

部署专用车道需要在充分了解道路交通运行规律的前提下实施，以保证道路资源利用率的最大化和交通流运行效率最大化。同时，以上结果还支持对其他车道管理策略的推断：道路上仅存在自动驾驶专用车道和人工驾驶专用车道时，该道路环境不利于多要素、全范围下的交通流运行。当 CACC 车辆的交通需求大于自动驾驶专用车道总通行能力时，由于人工驾驶专用车道对 CACC 车辆的通行限制，使得人工驾驶专用车道上的渗透率始终为 0，通行能力无法得到提升，因此，将 CACC 车辆限制在专用车道上在一定程度上将是一种降低交通流运行效率的做法。

3）交通效率提升效果的接受程度影响分析

根据对车道管理策略的分析明确了自动驾驶专用车道在部分交通条件下具备提升交通运行效率的作用，但在实际交通建设管理中，交通管理需要资金、人力、时间等多项成本，因此，所实施的管理措施和手段需要有一个改善效果的最低阈值，即最低收益。如果管理方案的效果没有达到该阈值，可以认为该方法是不成功的。因此，本部分针对专用车道影响下交通流运行效率的提升接受程度，分析最低接受阈值对专用车道布设策略的影响。下面以无换道影响下的结果为例进行分析讨论。

进行如下的简单假设：一条专用车道对交通流运行效率的改善阈值为 0.1，则两条专用车道的改善阈值为 $0.1\times2=0.2$，依此类推。随着可接受的最低阈值的逐渐提高，即对专用车道的要求提高，使得专用车道的可适用范围变小。最低阈值变化对专用车道部署策略的影响间接反映了当布设专用车道需要考虑投入成本和收益时，需要权衡两者之间的利益关系，两者的权衡直接影响了专用车道部署结果。

双车道场景下，优先为专用车道分配 CACC 车辆需求的固定车流管理策略和优先为混合流车道分配 CACC 车辆需求的可变车流管理策略的对比分析证明了优先为专用车道分配 CACC 车辆的固定车流管理策略可在任意交通需求和渗透率条件下实现交通量的最大化。

基于通行能力解析式，通过考虑 CACC 车辆需求在各车道上的分布情况，构建了可变 CACC 车流管理和固定 CACC 车流管理的两种 CACC 车流管理策略。车流管理策略的数值分析和仿真实验证明了优先为专用车道分配 CACC 车辆需求的固定车流管理策略的最优性；车辆的换道行为不会影响其最优性，只会因为该行为对车流的干扰而降低交通量。在优先为混合流车道分配 CACC 车流的可变车流管理策略下，随着 CACC 车流分配比例的增大，交通量总体呈现出单调递减、先稳定后减小、先增大后减小三种变化趋势。利用优先为专用车道分配 CACC 车辆的固定车流管理策略可以直接得到最优车流分配方案和最大交通量。此外，当交通需求和渗透率一定时，若总交通需求小于该渗透率下的混合流车道通行能力，则两种方案对交通流的影响是相等的。参数敏感性分析表明，车间时距的减小、渗透率和车流平均速度的提高有利于交通量的提升，但间距误差的减小对交通量几乎无影响。

基于最优车流管理策略，构建了自动驾驶专用车道管理方案。混合流车道的车辆换道行为降低了最优管理策略下的道路交通量，也在一定程度上扩大了专用车道的适用范围；三车道场景下，专用车道的布设最高可使交通量提升 40% ~60%。专用车道虽然可以提高交通量，但是在低交通需求条件下布设专用车道反而会因为专用车道的不充分利用，降低道路资源的利用率。而在低渗透率条件下，专用车道的布设加剧了混合流车道的拥堵，从而降低了混合流车道的车流运行效率，最高可使交通量降低 20% 左右。因此，专用车道的布设需要综合考虑各方面因素，以实现各方效益的权衡。

5.2 匝道合流车辆协同控制方法

5.2.1 匝道合流协同控制方法概述

匝道是互通式立体交叉不可缺少的组成部分，是供上、下相交的道路，在高速公路的出入口，靠近右侧的道路，通常匝道连接着辅道、临近主线路桥或者斜道，是道路交通基础设施的重要组成部分。匝道可以根据交通流的实际情况禁止或者放行部分车辆，从而保证匝道汇入的车辆不会对主路车辆的行驶造成很大的干扰，同时降低匝道处汇入主线的车辆的延误、通行时间等。匝道的车辆控制大多采用信号灯控制，通过信号灯控制匝道车辆汇入主线，调节匝道汇入主路的车辆数，实现对主线交通流的管控，匝道设置信号灯的依据是通过获得匝道上下游的交通需求与道路通行能力的差额，确定最优汇入流量以提升主线的通行效率。通过对匝道的控制，可以保证主路车辆的平稳高效行驶，提高主路的通行效率，实现行车延误的转移。在车路协同背景下，通过车车通信、车路通信，控制端可以实时获取车辆的数据，同时也能根据获取的数据信息及时采取措施作出决策。匝道属于高速公路的一个瓶颈区，对匝道处采取合理的措施是影响高速公路通行效率、保证高速公路通行安全的一个重要因素。

截至 2022 年底，中国公路总里程 528 万 km，其中高速公路里程 16.91 万 km。高速公路作为城市间的联系纽带，在推动国民经济发展中发挥着极其重要的作用，同时因其安全、高效、快捷的特点在客货运输的过程中也充当了非常重要角色。十九届五中全会提出加快建设交通强国，而公路交通建设是交通强国建设中非常重要的部分。我国高速公路数量及里程数不断增加，高速公路已成为城市间行车的首选之路。

根据公安部的统计数据，我国小汽车的人均占有量也不断地提高，截至 2022 年底，全国汽车保有量达到 4.17 亿辆。日益增加的交通流量及交通需求使得道路状态更加复杂、动态，交通拥堵、效率低下、事故频发等交通问题也逐渐增多。同时，高速公路合流区作为交通事故及拥堵高发的区域，其运行效率决定了区域道路的运行质量。因此，在智能交通系统、自动驾驶等技术的快速发展下，如何改善高速公路合流区通行效率再次成为工程焦点。在智能网联环境下，如何发挥网联化、数字化、智能化基础设施的使用效率，高度耦合人、车、路、环境的关联成为提高国家交通通行效率的研究热点。

然而，传统交通流下车辆之间通信闭塞，存在较多的安全问题，随着智能交通的发展，出现了 HDV 与 CAV 混行的模式，即传统交通流正向着混合交通流转变，车与车、路之间的协调通信为解决交通问题提供了契机。即便如此，高速公路的匝道合流区仍是出现问题较多的区域，该区域由于匝道车辆的汇入对主线车辆的通行造成了干扰，从而产生了一系列影响，车辆的无规则合流或与车辆配合的不合理机制都会加剧交通拥堵的发生，甚至引发大型交通事故。

针对高速公路匝道车辆的安全合流问题，国内外学者在安全性分析、汇入引导方案以及协同控制策略方面进行了大量的研究。Pei 等[15]提出一种基于动态规划的匝道合并协同驱动策略，通过定义好状态空间、状态转移和准则函数来降低复杂度。Ding 等[16]提出一种基于规则的协同策略，以极小的计算量获得接近最优的归并序列。李可[17]将主线基本路段跟驰换道模型进行拓展和改进，建立了适用于合流区车辆的微观运行模型。陈润超[18]把合流区内车辆的安全协作问题转为时空轨迹图的曲线长度问题，以最小冲突为目标构建了匝道合流区优化控制模型。邸允冉[19-24]等基于车联网环境提出了协同控速策略和算法，实现车辆间的实时交互和协同通行，为匝车合流创造安全汇入间隙。刘畅等[25]建立了入口匝道的车辆最优车速控制问题并推导出各车辆纵向速度的最优解析解。黄泽豪[26]提出了一种虚拟车辆的方法，在到达合并点之前控制每辆车的状态，使整个群体收敛到稳定状态。田丽萍等[27]通过路侧单元（Road Side Unit，RSU）对高速公路主干路和匝道交通状况进行实时感知，控制主路车辆的实时行驶速度。因此，为了缓解交通拥堵、减少交通事故的发生以及提高道路通行效率，在适当的路段进行合理的控制并设计规则高效的主车-匝车协同模式是非常有必要的。

5.2.2　匝道合流协同控制方法

5.2.2.1　传统环境下匝道控制技术

国内外针对高速公路匝道的管理控制研究，以入口匝道的控制为主。国外针对高速公路匝道的研究时间较久，对匝道的管理控制研究方法也相对成熟。传统环境下匝道控制最优方法大致可以分为开环线性控制方法以及开环非线性控制方法。大多数研究以车辆的总行程时间最小、道路总流量最大或者入口匝道车辆的延误最小、排队时间最短等作为目标函数，依据路测检测设施所得的数据以及通过交通预测得到的车辆状态信息和 OD（起讫点）数据，同时写入一定的约束条件，包括车辆最高行驶速度、主线通行能力、匝道通行能力、最大排队长度等，最终将该优化问题转化为一个线性规划或者非线性规划问题，从而求解出最优的匝道合流方法，但该传统最优控制方法的最大缺点在于往往模型相对复杂，求解难度较大，求解困难，求出来的解很有可能不是全局最优解，特别是在非线性控制方法中，该缺点尤为明显。

随着我国高速公路建设的快速发展，道路资源与车辆出行需求的矛盾愈加明显，高速公路交通管理与控制问题也逐渐成为研究的热点，同时也取得了相应的成果。有学者于 2010 年提出了强化过程型匝道控制模型，其本质是一个马尔可夫决策过程（Markov Decision Process，MDP），使用的前提条件是若干个连续数量有限的马尔可夫决策过程。假定主线流入交通量为 Q，匝道调节率为 r，定义 $Q \cup r = M$。此模型利用价值函数进行匝道控制策略选择，得到最优流出量函数与最优匝道控制策略，但是并没有在实际运用中取得效果，其模型的理论性与实践性需要进一步完善。

1）强化学习型匝道控制模型的研究

强化学习是一种重要的机器学习方法。强化学习通过感知环境状态信息来学习动态系统的最优策略，通过试错法不断与环境交互来改善自己的行为，并具有对环境的先验知识要求低的优点，是一种可以应用到实时环境中的在线学习方式，因此，在智能控制、机器学习等领域得到了广泛研究。强化学习中的一个重要里程碑就是 Q 学习算法，它是一种模型无关的强化学习算法。Sutton 认为 Q 学习是瞬时差分算法的一种,称其为离策瞬时差分算法(off-policy TD),最优行动值的估计的更新依赖于各种“假设”的动作,而不是根据学习策略所选择的实际行动[28]。

为了解决高速公路匝道控制问题,提出了基于 TD 强化学习的匝道控制模型:

$$Q(\text{qin}_t, r_t) \leftarrow Q(\text{qin}_t, r_t) + a[\text{qout} + r\max Q(\text{qin}_{t+1}, r) - Q(\text{qin}_t, r_t)] \tag{5-26}$$

如图 5-7 所示,qin 为主线上游交通量;r 为匝道流入交通量;qout 为主线下游交通量;dm 为主线上游密度;dr 为匝道密度;vm 为主线上游平均速度。

令合流部驻留交通量 q 为:

$$q = \text{qin} + r - \text{qout} \tag{5-27}$$

则合流部驻留密度为:

$$\rho_L = \frac{q_{t+1}}{L} \tag{5-28}$$

主线流入由 $\text{qin}_t \leftarrow \text{qin}_{t+1} + q$ 进行更新。qin 可由检测器获得,即为已知量;匝道流交通量 r 为控制选择策略;qout 为匝道控制策略 r 的报酬;ρ_L 为合流部的驻留密度;L 为合流部长度。

图 5-8、图 5-9 分别展示了强化学习型匝道控制策略及算法。

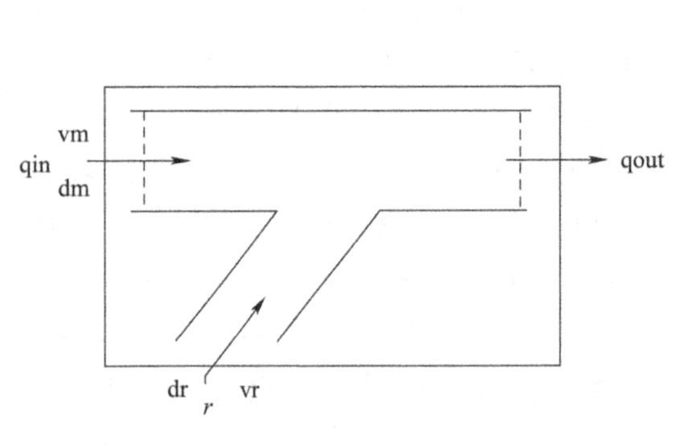

图 5-7 强化学习型匝道控制手法概念图

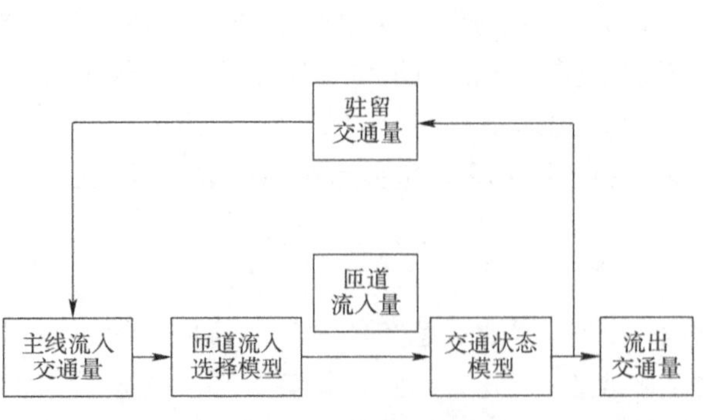

图 5-8 强化学习型匝道控制策略

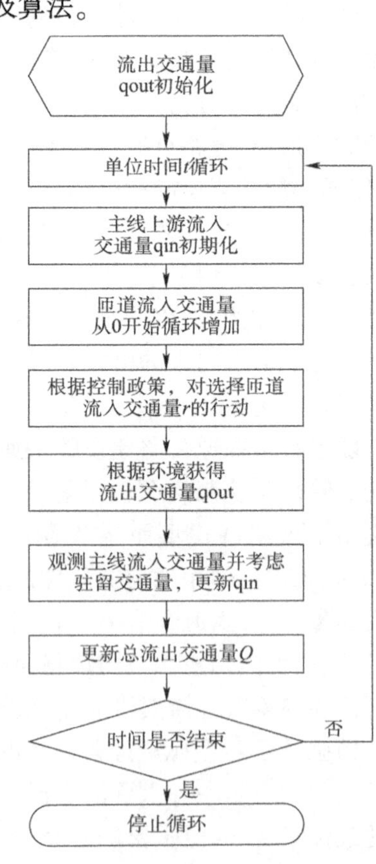

图 5-9 匝道控制策略算法

图 5-8 所示的强化学习型匝道控制策略图描述了强化学习型匝道控制方法的基本要素

之间的关系。其策略为：最优条件为主线不发生交通拥堵；匝道不发生交通拥堵；主线交通量最优化。根据现有研究交通模拟结果可知：当主线和匝道的密度大于 15 台/km 以上时，交通状态形成大的交通拥堵的可能性比较大。令主线和匝道密度都小于 15 台/km 为策略条件，报酬函数为匝道流入交通量 r，价值函数为总流出交通量 Q，环境模型为交通状态即本线流入交通量、驻留交通量、匝道流入交通量及相关的速度密度指标构成的整体。

主线上游交通量可由观测获得，作为状态变量；匝道流入交通量 r 为控制策略，作为选择变量；qout 为伴随着匝道控制策略的报酬。应用交通流模拟进行预测，并根据预测结果进行 Q 学习过程，进而进行控制决策选择。

该模型通过与匝道和交通状态的交互作用，根据过去获得的匝道控制经验信息，逐步改进控制系统自身的未来性能，具有一定的自主性。匝道控制系统的性能是自我改进的，是一种动态过程。匝道控制系统的性能随时间而改变，性能的改进在与主线交通流量及主线交通状态反复作用的过程中进行。匝道控制系统有记忆功能，需要积累控制策略经验，用以改进其性能。匝道控制系统还有性能反馈功能，明确它的当前主线道路交通量和密度与最适流量和密度之间的差距，从而施加改进控制策略。

2）案例分析

仿真的目的是应用强化学习型匝道控制模型进行匝道控制，缓解合流部交通拥堵，从而验证强化学习型匝道控制模型的可行性及有效性。下面在交通模拟中设定高速公路主线长 1000m、匝道长 200m、主线和匝道汇合区长 100m，表 5-4 给出了实例 A、B 和 C 的主线道路交通量和有无强化学习型匝道控制的匝道流入交通量。

参数设定和匝道控制选择策略　　表 5-4

实例	时间(min)	主线流入交通量(台/h)	匝道流入交通量(台/h)	
			无控制	有控制
A	1.5	600	800	800
	3	1200	800	600
	4.5	1800	800	0
	6	2200	800	600
B	1.5	1200	800	800
	3	1800	800	600
	4.5	2200	800	0
	6	1600	800	600
C	1.5	600	800	800
	3	800	800	600
	4.5	1000	800	0
	6	1200	800	600

在实例 B 中，当主线交通量为 1200 台/h 时，并不需要匝道控制；当主线交通量达到

1600 台/h 时，匝道控制是必要的，匝道的控制策略是 600 台/h。当主线交通量持续增加到 2200 台/h 时，最佳的控制策略是关闭匝道。如不进行匝道控制，主线的平均速度将降低 4m/s，而进行匝道控制后的主线平均速度在 25m/s 上下波动。各个实例的控制效果见表 5-5。在实例 B 中，以通过交通量为评价指标，交通量增加了 280 台/h，拥堵的缓和效果为 15.22%，以平均行程时间为评价指标，减少了 40s/台，拥堵的缓和效果为 51.28%。

控制效果 表 5-5

实例	无控制	有控制	变化量	堵塞缓解率(%)
A 交通量(辆/h)	1850	1860	10	0.54
A 平均行程时间(s/辆)	73	40	-33	-45.38
B 交通量(辆/h)	1840	2120	280	15.22
B 平均行程时间(s/辆)	78	38	-40	-51.28
C 交通量(辆/h)	1560	1680	120	7.69
C 平均行程时间(s/辆)	38	43	5	10.97

匝道控制是缓和高速公路合流部交通堵塞的一种有效手段。本书以能够表现时时刻刻变化的交通状态的交通模拟为工具，以强化学习为最优化选择模型，提出了动态智能型的强化学习型匝道控制模型，并应用交通模拟对模型的可行性进行验证，通过有无应用该模型的模拟结果进行对比，结果表明强化学习型匝道能够缓解高速公路合流部的交通堵塞。

5.2.2.2 基于车路协同的匝道控制技术

传统的匝道控制技术一般只能对车道的流量进行控制，且由于技术问题获得的有效信息往往因其精确性与全面性从而不能达到最佳效果。随着车路协同技术的不断发展，对于匝道的控制，不仅可以控制匝道路段的汇入流，同时也可以对主路交通量进行控制。

匝道合流区是交通拥堵、交通事故的高发地段，成为制约交通运行的瓶颈，而车路协同技术的发展为缓解匝道合流问题提供了新方法[29]。CAV V2V 和 V2X 协调合流区域内车辆的运行，进而提高交通效率、降低交通事故率。

协同合流策略旨在解决主线车辆和匝道车辆安全高效通过合流区的问题。相较于其他方法，基于规则的方法算法简单，计算速度快，具有实时高效的特点。基于规则的方法中的合流顺序通常由一些启发式规则定义，例如“先进先出”规则。早期的合流序列根据每辆车的“到达时间”确定，然而这种方法仅仅基于简单的合流规则，并没有优化车辆的合流顺序。此后，Pei[15]等基于动态规则，提出了一系列旨在提高道路通行能力的主动合流算法，此类算法能有效提高车流通行效率。Xu[30]等针对 CAV 车车通信的特性，以主线车辆行驶时间最小化和合流车辆数量最大为规则提出合流方案，证明其在效率与能耗方面的有效性。同理，针对快速路入口匝道排队过长造成的衔接交叉口拥堵问题，宋现敏[31]等以系统总通行能力最大和交叉口车均延误最小为目标，提出一种快速路入口匝道和衔接交叉口的联动控制优化方法。另一类基于规则的方法则利用了“局部间隙最优”的思想，即高速公路主线上的车辆为合流车辆产生间隙。Cao[32]等人基于上述思想，提出了一种基于模型预测控制(model predictive control,MPC)的CAV协作合流轨迹生成优化模型，在该方法中主线上的车辆调整其速度创造最优合流间隙，以提高合流效率。

然而，纯网联环境的落地需要漫长的时间，混合交通场景(即道路上同时存在CAVs和HDVs)的管理是CAV发展过程中不可避免的问题。在混合交通条件下，有必要设计既能适应CAVs又能适应人工驾驶车辆的协调策略。Rios Torres 和 Malikopoulos[33]应用“先进先出”规则，以最小化燃油消耗为目标[34]，研究了不同CAV渗透率下的合流策略[35]，研究表明CAV渗透率的提高有助于降低合流产生的燃油消耗[36]。Ding[37]等针对混合交通流的环境提出了基于规则的合流策略，研究结果表明CAV渗透率为30%时，该策略可以有效缓解走走停停波并减少交通拥堵[38]。然而，这些方法主要针对CAV进行控制，并且是一种静态的控制过程，没有考虑到HDV的波动性。

为解决上述问题，提出了高速公路上匝道分层协作合流框架，该框架集成了合流序列调度算法和协作合流算法，并根据车辆类型与车辆状态进行实时的调整。首先，提出了一种基于规则的高速公路合流序列实时调度算法，优化合流区车辆的合流顺序，解决了传统固定合流序列无法适应HDV驾驶行为随机扰动的问题。然后根据合流序列调度算法及当前车辆的位置，判断协作合流的车辆组及车辆类型，分别建立CAV-CAV、CAV-HDV和HDV-HDV的协作合流控制算法，通过数学模型描述混合交通流下的合流策略，改善了以往研究仅通过仿真模拟混合交通流下CAV-HDV及HDV-HDV合流的情况。

1)模型研究

基本假定：高速公路合流区，研究对象为CAV与HDV混行的交通流，其中CAV可通过路侧单元采集的信息与自身感知信息实时自动调整状态，而HDV则基于前车信息实时调整车辆状态。为方便建模，作出如下几点假设：匝道车道仅与主线右车道完成协作合流；HDV的轨迹在较短时间(如几秒内)是可预测的；每辆CAV都装有传感器，信息收集、传递无延迟。研究场景示意图如图5-10所示。

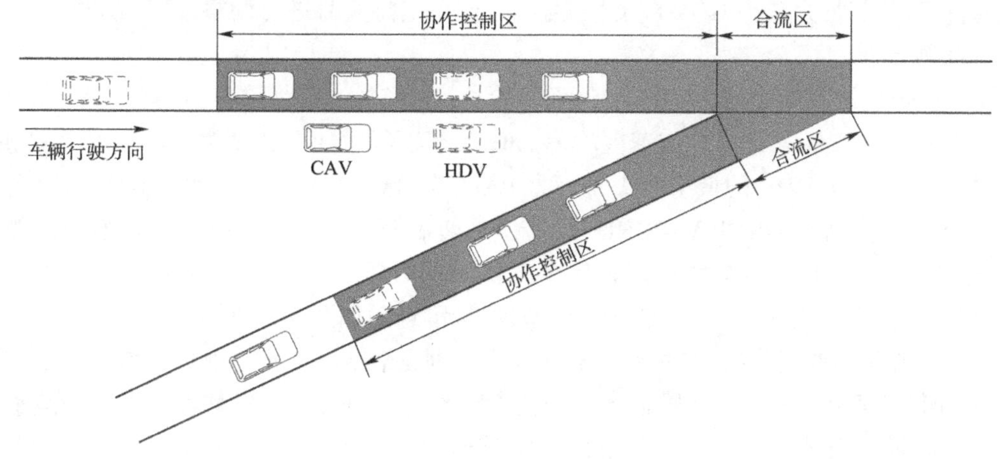

图5-10 协作控制区示意图

2）基于协作合流策略

协作合流策略框架如图5-11所示，包含两个算法模块：一个是车辆合流序列调度算法，另一个是车辆协作合流算法。其中，合流序列算法主要用于确定车群通过合流区的顺序，由于HDV驾驶行为具有随机性，且高密度环境下协作车辆的加减速会对后续车辆的状态产生严重的影响，为此提出了实时动态的合流序列确定方法，解决了车辆相互影响对后续合流序列造成的影响。协作合流算法主要包括速度控制模型和速度引导模型，速度控制模型用于CAV-CAV、CAV-HDV之间的协作合流，通过控制CAV的速度，实现匝道车辆平滑地汇入主线。速度引导模型用于HDV-HDV之间的合流，通过智能可变速度指示牌提示HDV按照该速度行驶。

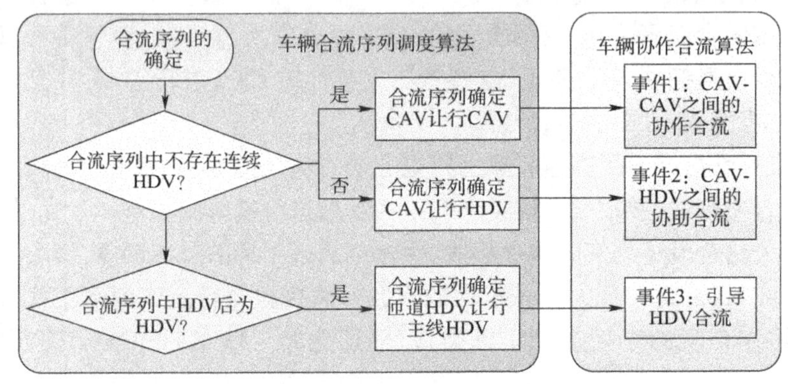

图5-11　协作合流的层次结构

3）车辆合流序列调度算法

为确定车辆通过合流点的最佳顺序，在“先进先出”和“主线优先”规则的基础上，考虑车辆状态动态变化的特点，提出了一个确定实时合流序列的方法，方法实施的具体流程如图5-12所示。当匝道车辆进入协作控制区时，开始计算车辆到达合流点的时间，并与协作控制区内主线车辆到达合流点的时间相比较。同时依据制定的规则，确定匝道车辆在合流序列中的位置。当主线车辆和匝道车辆均为HDV时，根据“主线优先”原则，主线车辆获得优先通行权。同时，为减小HDV波动性影响，合流序列将实时进行调整。

4）案例分析

设定协作控制区的长度为300m，合流区的长度为30m，道路限速30m/s，CAV和HDV的期望速度均为27m/s，最大加减速度均为2m/s^2，车辆舒适加减速度为1m/s^2，CAV的最小车头时距设定为1s，HDV的最小车头时距为1.6s，当CAV与CAV合流时，前后车之间分别保持1.5s的车头时距；当CAV与HDV合流时，前后车之间分别保持2s的车头时距；当HDV与HDV合流时，前后车之间分别保持2s的车头时距。仿真中使用的车辆跟驰模型为IDM模型，车辆横向运动模型为LC2013模型，场景示意图如图5-13所示。

根据合流序列调度算法，实时更新车辆合流序列见表5-6。从表中可以看出，当仿真时长为50s时，车辆开始进入协作控制区。当仿真时长为8s时，合流序列发生变化，车辆b的合流序列提前，位于车辆e之前。这是由于匝道车辆e执行合流策略：减速、让行主线车辆a。同理，主线车辆d、匝道车辆f、匝道车辆h的合流序列也发生了改变。

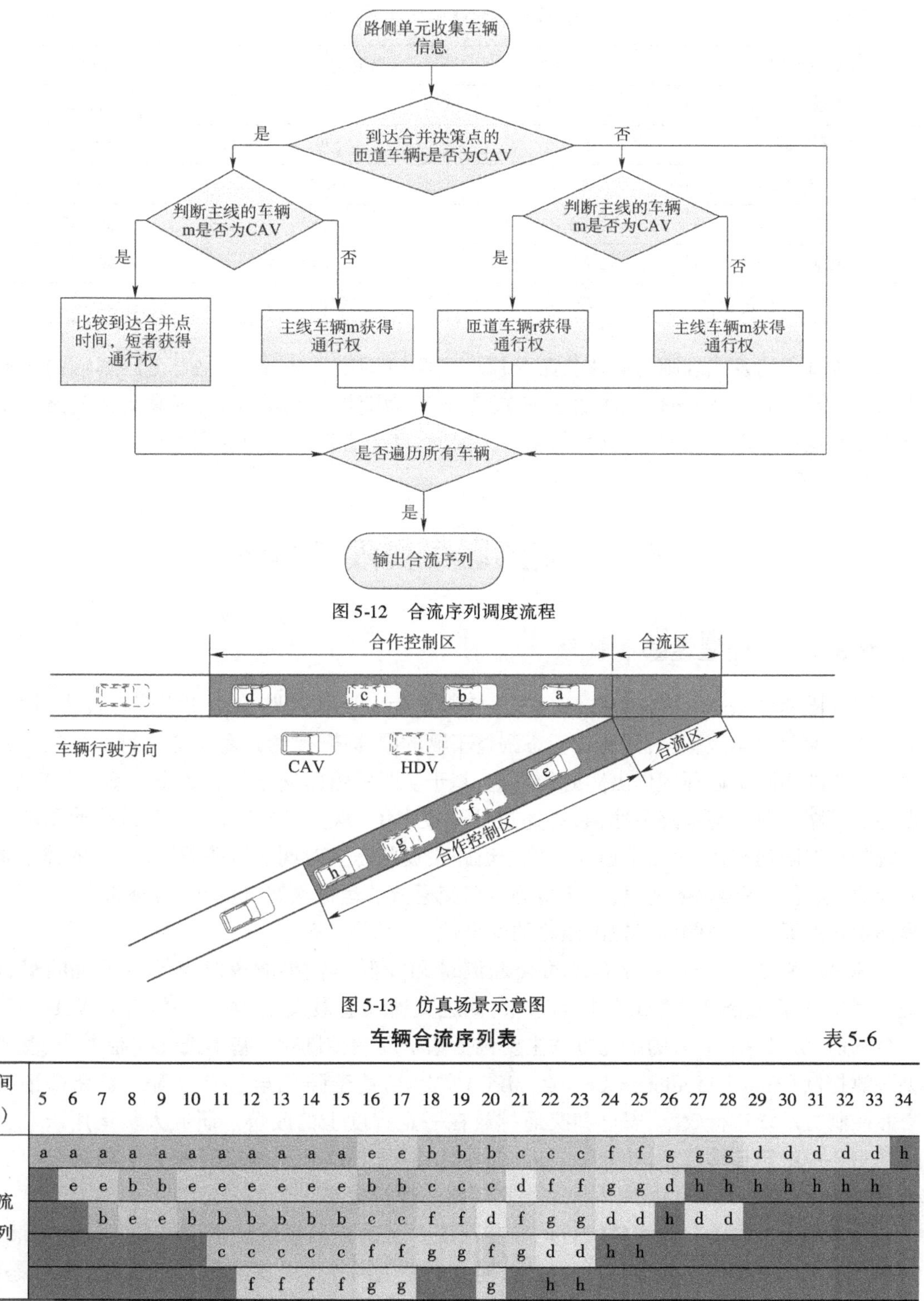

图 5-12　合流序列调度流程

图 5-13　仿真场景示意图

车辆合流序列表　　表 5-6

时间(s)	5	6	7	8	9	10	11	12	13	14	15	16	17	18	19	20	21	22	23	24	25	26	27	28	29	30	31	32	33	34
合流序列	a	a	a	a	a	a	a	a	a	a	a	e	e	b	b	b	c	c	c	f	f	g	g	g	d	d	d	d	d	h
		e	e	b	b	e	e	e	e	e	e	b	b	c	c	c	d	f	f	g	g	d	h	h	h	h	h	h	h	
			b	e	e	b	b	b	b	b	b	c	c	f	f	d	f	g	g	d	d	h	d	d						
							c	c	c	c	c	f	f	g	g	f	g	d	d	h	h									
								f	f	f	f	g	g			g		h	h											

对采用上述合流策略与先进先出策略、无控制的三种方案进行对比分析。采用燃油经济性、总延误、总出行时间等指标评估本书所提出方法的性能，具体结果见表 5-7。

不同控制策略下的评估结果　表 5-7

控制类型	控制策略	先进先出策略	无控制
总延误(s)	2016.26	2573.62	3353.63
总出行时间(s)	571.5	579	610.3
平均 PMX(mg)	33.83	36.09	38.34
平均 NO_x(mg)	684.49	736.89	842.37
平均油耗(mg)	893.79	942.49	967.53
平均 CO_2(mg)	2079278.58	2192556.92	2283427.37

一种基于启发式规则的高速公路合流序列实时调度算法,能优化合流区车辆的合流顺序,解决传统固定合流序列无法适应 HDV 驾驶行为随机扰动的问题,提高高速公路上匝道合流区的运行效率、减少交通事故的发生。因此,基于启发式规则的高速公路合流序列实时调度算法是有效的。

5.3 瓶颈区可变限速方法

5.3.1 可变限速基本概念

可变限速(Variable Speed Limit,VSL)控制作为主要的道路主动安全管理技术,被广泛应用于高速公路车流管理,其通过动态调整车辆的限速值,改善道路交通运行的性能。其能对变化中的道路交通环境作出实时的反应,基于实时的道路交通状态数据主动进行判别,根据控制策略实时调整道路限速值,并通过信息技术手段将数据实时传输至道路使用者。与传统的静态限速相比,可变限速可以根据道路交通状态实时调整道路限速值,不依赖于某一限速值,通过改变道路限速值,间接影响道路交通流的运行状态,进行道路交通主动干预,在提高道路的通行能力的同时提高道路的安全性。

相关研究证明,VSL 在提高道路交通流量和降低车辆事故风险上具备可观的潜在效益[39-42]。为了充分发挥 VSL 的控制效果,促进交通效益最大化,国内外学者对 VSL 展开了大量的研究。目前,VSL 的研究方法主要包括基于反馈控制[43]、基于最优控制[44-45]、基于模型预测控制(Model Predictive Control,MPC)[46-48]和基于强化学习[49-50]等。研究都证明了 VSL 控制对系统通行效率、安全和交通排放在一定程度上的改善。研究人员运用宏观交通流模型——细胞传输模型(Cell Transmission Model,CTM)来刻画通行能力下降现象对交通流的影响,进而利用 VSL 控制方法来提高道路的通行效率[51-53]。

可变限速控制为一类特殊的自动控制系统。自动控制系统是指用一些自动控制装置,对生产中某些关键性参数进行自动控制,使它们在受到外界干扰的影响而偏离正常状态时,能够被自动地调节而回到工艺所要求的数值范围内。可变限速基于道路实时的交通流数据,根据所采用的可变限速控制策略确定最优的道路限速值。可变限速的控制对象为道路上车辆的行驶状态,输入量为道路交通流实时数据,输出量为限速牌上发布的限速值,控制器为可变限速控制策略。而控制理论通常分为两类,即开环控制与闭环控制。

5.3.2　基于开环控制的可变限速

开环控制系统由控制器和受控对象组成,如图5-14所示,是指无反馈信息的系统控制方式。当操作者启动系统使之进入运行状态后,系统将操作者的指令一次性输向受控对象。此后,操作者对受控对象的变化便不能做进一步的控制。采用开环控制设计的人机系统,操作指令的设计十分重要,一旦出错,将产生无法挽回的损失。开环控制因其结构简单、易维护、高稳定性被广泛应用于许多控制系统。

图5-14　开环控制系统

5.3.2.1　基于开环可变限速模型

基于实时数据提出了对数线性碰撞预测模型[54]。对数线性模型类似于普通回归,它允许我们调查所选的历史数据和调整的碰撞频率之间关系的本质。对数线性模型是使用聚合数据开发的,可以在更广泛的范围内比非聚合模型更有利于描述碰撞频率和分类变量之间的一般关系,此外,还可以考虑单独作用或以各种组合作用的变量之间的相互作用。

本书中假设碰撞率代表碰撞潜力,该模型将碰撞潜力定义为碰撞前兆和外部控制因素的函数。基于直觉判断和过去研究经验发现,该模型选择以下三个参数在发生碰撞前的一些时间间隔内计算碰撞前兆:

(1)固定位置上的速度随时间的变化,表示为速度变化系数:

$$\mathrm{CVS} = \frac{1}{n}\sum_{i}^{n}\frac{(\sigma_s)_i}{\overline{s_i}} \tag{5-29}$$

式中:$(\sigma_s)_i$——车道i在周期Δt上计算的速度标准差;

$\overline{s_i}$——车道i在Δt周期内的平均速度(km/h);

n——车道数。

(2)沿路段速度的空间变化,表示为上下游之间的速度差:

$$Q = |\overline{s_1} - \overline{s_2}| \tag{5-30}$$

式中:$\overline{s_1}$、$\overline{s_2}$——在同一个地点上下游在时间Δt内的平均速度(km/h)。

(3)车辆的换道行为表示为上下游之间体积差的协方差:

$$\mathrm{COVV} = \frac{1}{n-1}\sum_{i=1}^{n-1}|\mathrm{cov}(V_i, V_{i+1})| \tag{5-31}$$

式中:V_i、V_{i+1}——车道i和车道$i+1$中上下游位置在时间Δt内的平均体积差,车道i和车道$i+1$是相邻车道。

为了解释碰撞前体对碰撞潜力的影响,碰撞频率被分为两个外部因素,包括道路几何形状(R)和高峰或非高峰交通模式(P);碰撞潜力和碰撞前兆之间的关系采用乘法模型的函数形式,因为它比线性回归更能描述影响碰撞的因素之间的非线性关系,因此,将碰撞频率表

示为上述解释变量的乘函数,并对函数进行对数变换如下:

$$\ln(F)=\theta+\lambda_{\mathrm{CVS}(i)}+\lambda_{Q(j)}+\lambda_{\mathrm{COVV}(k)}+\lambda_{R(l)}+\lambda_{P(m)}+\beta\ln(E) \tag{5-32}$$

式中:F——碰撞频率;

θ——常量;

$\lambda_{\mathrm{CVS}(i)}$——碰撞前兆 CVS 的影响水平是否有 i 个水平;

$\lambda_{Q(j)}$——碰撞前兆 Q 的影响是否有 j 个水平;

$\lambda_{\mathrm{COVV}(k)}$——碰撞前兆 COVV 的影响是否有 k 个水平;

$\lambda_{R(l)}$——道路几何的影响是否有 1 级;

$\lambda_{P(m)}$——高峰或非高峰交通模式的影响是否有 m 个水平;

β——曝光系数。

需要注意的是,碰撞前兆和外部因素被定义为分类变量。

将该碰撞预测模型应用于可变限速控制中,从而降低发生碰撞的概率。为了真实地模拟可变限速影响下的交通状况的变化,使用 PARAMICS 微观交通流模拟器进行模拟。

5.3.2.2 案例验证

以加拿大多伦多 Gardiner 高速公路的 4.7km 路段作为研究场景(图 5-15)[54]。试验结果表明,开环控制下的可变限速可以减少 5% ~17% 的整体的碰撞概率。

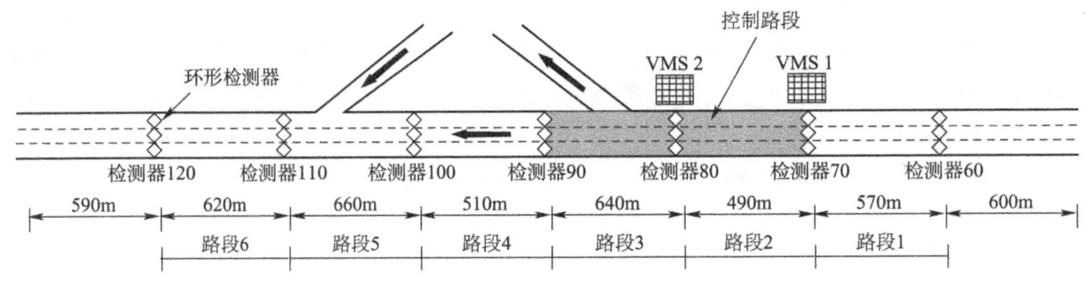

图 5-15 研究场景

5.3.3 基于闭环控制的可变限速

可变限速的另一类控制称为闭环控制。闭环控制为被控的输出量以一定方式返回到作为控制的输入端,并对输入端施加控制影响的一种控制关系,是带有反馈信息的系统控制方式。当操作者启动系统后,通过系统运行将控制信息输向受控对象,并将受控对象的状态信息反馈到输入中,以修正操作过程,使系统的输出符合预期要求。如图 5-16 所示,闭环控制输出量通过一个测量单元变送元件反馈到输入端,与输入信号相比后得到偏差信号作为控制器的输入,而反馈信息的目的是减少偏差从而达到预期的控制效果。闭环控制是一种比较灵活、工作绩效较高的控制方式,能提高系统的稳定性,但闭环控制的缺点在于开环控制具有可预见性,反馈控制中只有系统出现偏差之后才会采取一定的措施进行纠正。

鉴于国内外对于可变限速方法的研究,现有研究能有效提升道路通行效率、降低车辆的延误,然而,对于瓶颈区的研究以在线优化模型或开环可变限速控制为主,前者受限于模型的计算精度,且计算量大,后者受限于抗干扰能力差,需要经过反复测试后方可生效。因而,在此介绍一种以瓶颈区为研究对象的基于比例控制器的可变限速反馈控制方法[55]。

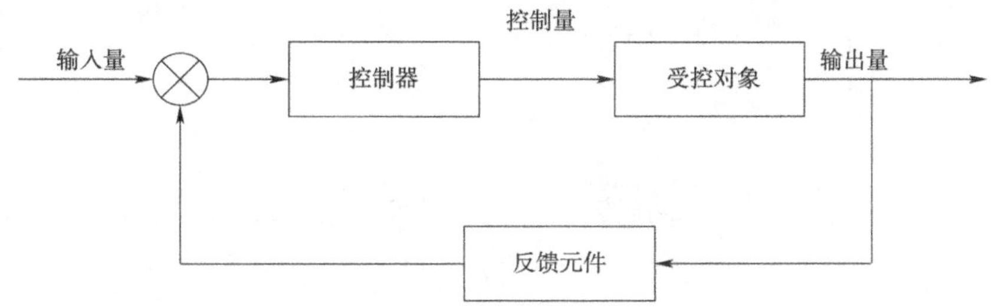

图 5-16 闭环控制系统

5.3.3.1 可变限速反馈控制模型

基于历史数据分析瓶颈区道路交通流通行能力与占有率的关系,确定通行能力下降时占有率的变化情况。通过检测器实时监测瓶颈区的占有率,当瓶颈区的占有率超过道路阈值时,采用可变限速控制,从而调节上有车辆到达率,确保瓶颈区不会产生拥堵现象。

$$\mathrm{vsl}(t)=\mathrm{vsl}(t-1)+k_{\mathrm{p}}[o_{\mathrm{c}}-o(t)] \quad (o(t)>o_{\mathrm{c}}) \tag{5-33}$$

式中:k_{p}——比例项控制参数;

t——时刻;

$o(t)$——一个步长内瓶颈区占有率;

o_{c}——期望占有率;

vsl——发布的可变限速值。

当道路流量降低时,瓶颈区的占有率将会恢复正常状态,道路排队现象也逐渐消失,可变限速的限速值恢复到默认的限速值:

$$\mathrm{vsl}(t)=v_{\mathrm{default}} \quad (o(t)\leqslant o_{c}) \tag{5-34}$$

式中:v_{default}——默认限速值。

考虑到行车的安全性,一般采用 85 百分位车速作为限速值(反馈控制器输出的最大值),且需将得到的限速值需四舍五入至 10 的整数倍才能发布。基于反馈控制的可变限速中包括一个控制参数,调整该参数的大小可以调控系统的稳定性,从而达到好的控制效果。该控制模型采用比例控制器,基于比例的可变限速控制模型可表示为:

$$\mathrm{vsl}(t)\begin{cases}\min(\mathrm{vsl}(t)=\mathrm{vsl}(t-1)+k_{\mathrm{p}}[o_{\mathrm{c}}-o(t)],v_{\max}) & (o(t)>o_{\mathrm{c}})\\ v_{\mathrm{default}} & (o(t)\leqslant o_{\mathrm{c}})\end{cases} \tag{5-35}$$

式中:$v_{\max}$——第 85 百分位车速;

v_{default}——默认限速值。

可变限速反馈控制如图 5-17 所示。

5.3.3.2 案例验证

1)可变限速控制场景

为验证上述基于比例的反馈控制可变限速的有效性,以实测数据构建快速路瓶颈区元胞传输模型并开展验证。为评价给予反馈控制的可变限速模型的有效性,以稳定交通需求为背景,将基于反馈控制的可变限速、可变限速的模糊控制与无控制下的效果进行对比。无控制即为对上游道路交通实行默认的限速值管理。

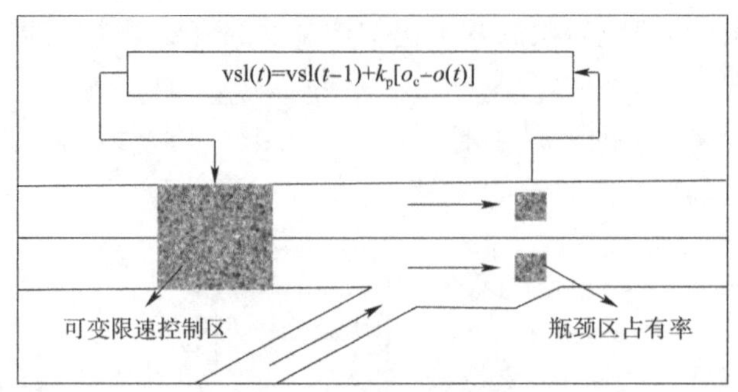

图 5-17　可变限速反馈控制

可变限速模糊控制依据道路交通流的相关信息实施可变限速控制，实时动态进行道路车辆的车速控制。当瓶颈区的占有率和流量超过一定的阈值时，启动模糊控制器，对路段的交通流进行管控。可变限速模糊控制器的设计如图 5-18 所示。

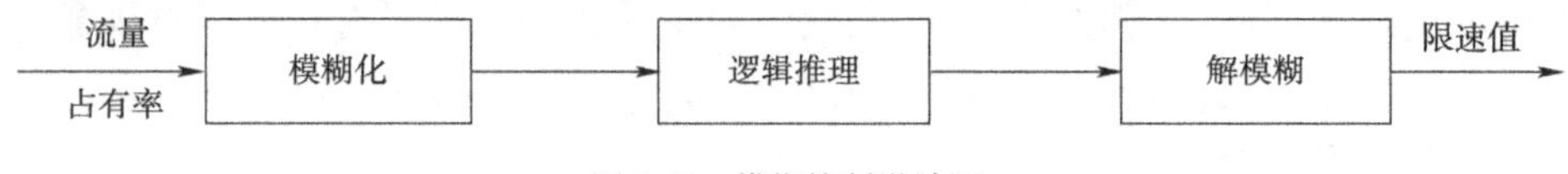

图 5-18　模糊控制设计图

反馈控制以瓶颈区的实际占有率和期望占有率差值为控制信号输出可变限速值，再以限速效果为下一步信号进行方案修改控制。

2）结果分析

由图 5-19 可见，在基于反馈控制的可变限速中，主线的限速值从 10min 后开始变化，也就是瓶颈区通行能力开始下降，启动可变限速，限速值从 80km/h 下降到 30km/h。当仿真达到 45min 时，瓶颈区排队车辆慢慢减少，限速值不断上升，通行能力逐渐恢复。采用可变限速后，瓶颈区交通得到缓解，限速值不断下降，流量降低，道路交通流基本稳定，瓶颈路段车速基本维持在 70km/h 左右。

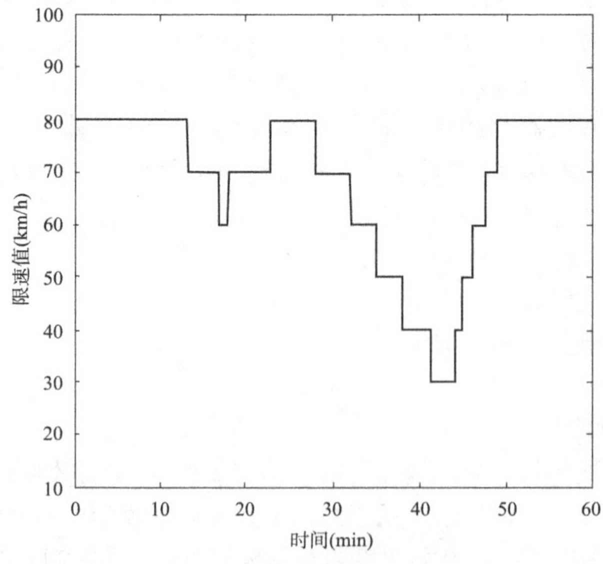

图 5-19　反馈控制中可变限速值的变化图

为评估基于反馈控制的可变限速对缓解交通流拥堵的有效性,在稳定交通需求的条件下,分别对比基于反馈的可变限速、可变限速模糊控制、无控制方案,通过对该路段的总的车流量及平均行程时间进行对比,评价基于反馈控制的可变限速的控制效果,得到每条道路上的优化结果,比较该控制方法对每条道路流量控制的有效性。

从仿真时间内路段的流出流量与通行时间变化图(图5-20、图5-21)可知,在稳定道路需求条件下,无控制条件下通过的车辆数在10min达到最大,10min后通过的车辆逐渐减少。采用可变限速模糊控制在第10～23min,通过的车辆数低于无控制方案,但后面流量慢慢恢复。实施基于反馈控制的可变限速控制,流量在23min后开始不断增加。

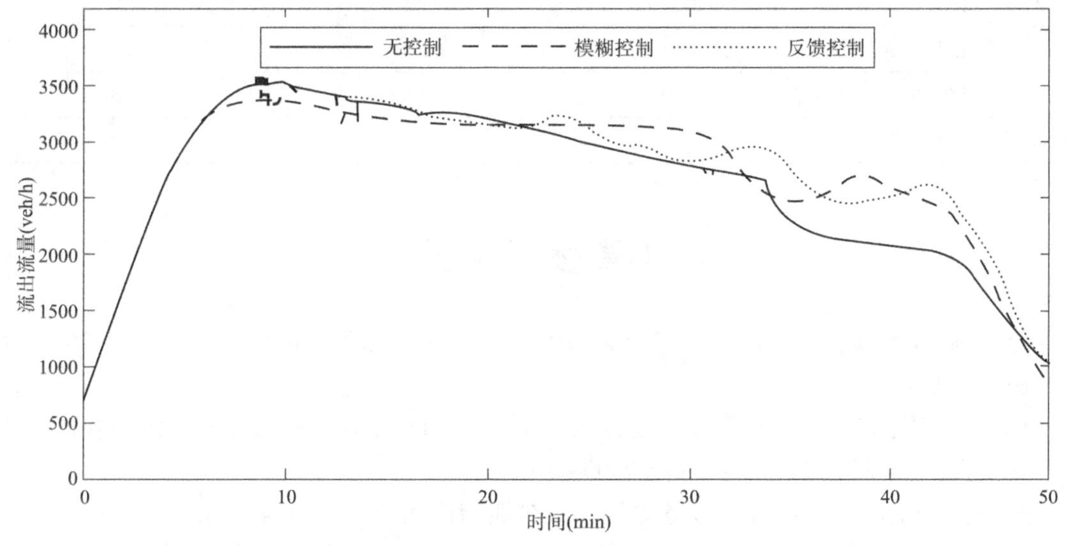

图5-20　稳定需求下流出流量变化曲线

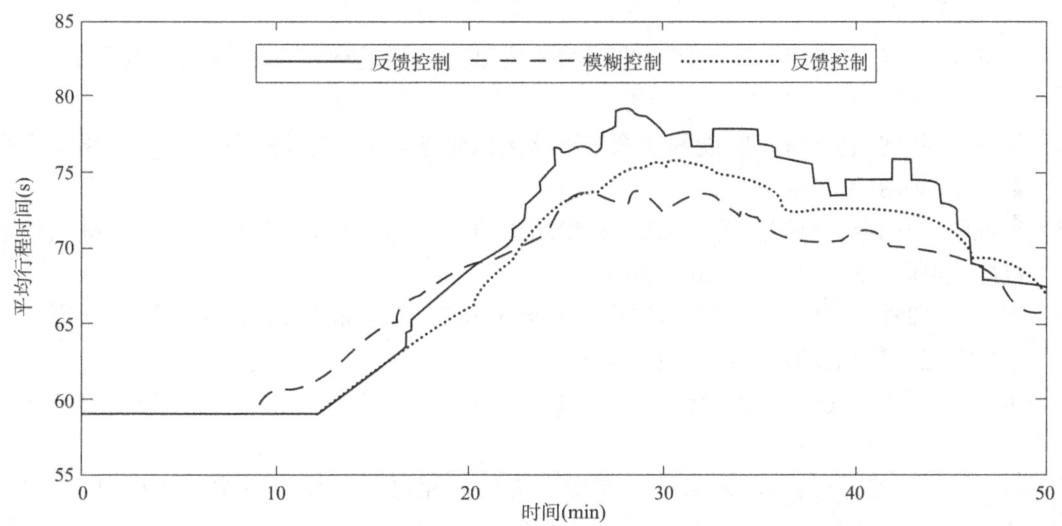

图5-21　稳定需求下平均行程时间变化曲线

从表5-8中可以看出,稳定交通需求状态下,与无控制相比,模糊控制下总流出车辆数增加了2.7%,反馈控制提高了5.2%,反馈控制的总流出车辆数多于模糊控制。模糊控制下平均时间减少了4.8%,反馈控制的平均行程时间比模糊控制的减少了7.8%,反馈控制下的平均行程时间减少百分比也高于模糊控制。因此,从这两个指标的结果可以看出,对于稳定交通需求情况下,可变限速反馈控制可比可变限速模糊控制更为明显地提高车辆通行效率。

稳定交通需求下主线可变限速控制效果汇总 表5-8

项目	方案		
	无控制	模糊控制	反馈控制
总流出车辆数(veh/h)	2211	2271	2326
差值比例(%)	—	2.7%	5.2%
平均行程时间(s)	68.9	65.6	63.5
差值比例(%)	—	-4.8%	-7.8%

本章参考文献

[1] 苑敬雅,周彤梅,朱茵.潮汐车道交通管理与控制方法研究[J].交通企业管理,2015,30(12):41-43.

[2] 徐小高,夏莹杰,朱思雨,等.基于强化学习的多路口可变车道协同控制方法[J].浙江大学学报(工学版),2022,56(5):987-994+1005.

[3] 张举,张甜.城市HOV车道设置方法[J].公路与汽运,2013(3):46-48.

[4] 王飞跃,曹东璞,李升波,等.自动驾驶技术的挑战与展望[J].人工智能,2018(6):111-119.

[5] 冉斌,谭华春,张健,等.智能网联交通技术发展现状及趋势[J].汽车安全与节能学报,2018,009(2):119-130.

[6] 袁建华,陆文杰,宋群.《智能网联汽车道路测试管理规范(试行)》解读[J].道路交通科学技术,2018(3):3-4.

[7] 宋现敏,张明业,李振建,等.动态公交专用道的设置及其仿真分析评价[J].吉林大学学报(工学版),2020,50(5):1677-1686.

[8] 陈永恒,白乔文,魏雪延.设有待转区的左转专用车道车辆释放过程建模[J].交通运输系统工程与信息,2014,14(1):174-179.

[9] 胡功宏.城市平交口偏置右转专用车道长度计算方法[J].安徽理工大学学报(自然科学版),2017,37(5):14-17.

[10] 赵丽丽,王恪.开封旧城区自行车专用车道设计探讨[J].城市道桥与防洪,2015(9):56-57+74+9-10.

[11] 张丹丹,董志衡.郑州市常规公交专用道设计研究[J].城市公共交通,2020(12):40-44.

[12] 王瑜,李勇.基于模糊综合评价的HOV车道综合效益分析[J].公路交通科技,2020,37

(9):148-158.

[13] 张举,张甜,韩凤春. 基于交通效率的 HOV 车道设置分析[J]. 交通科学与工程,2012,28(4):96-100.

[14] KUMAR A,GUHATHAKURTA S,VENKATACHALAM S. When and where should there be dedicated lanes under mixed traffic of automated and human-driven vehicles for system-level benefits? [J]. Research in Transportation Business & Management,2020,36:100527.

[15] PEI H,FENG S,ZHANG Y,et al. A cooperative driving strategy for merging at on-ramps based on dynamic programming[J]. IEEE Transactions on Vehicular Technology,2019,68(12):11646-11656.

[16] DING J,LI L,PENG H,et al. A rule-based cooperative merging strategy for connected and automated vehicles[J]. IEEE Transactions on Intelligent Transportation Systems,2019,21(8):3436-3446.

[17] 李可. 高速公路合流影响区车辆运行建模和仿真分析[D]. 武汉:华中科技大学,2015.

[18] 陈润超. 车路协同下基于冲突规避的匝道合流优化控制方法[J]. 交通科技,2021(1):104-107.

[19] 邸允冉. 混合驾驶环境下快速路入口匝道协调控制[D]. 合肥:合肥工业大学,2021.

[20] 景首才. 智能车路网联的合流区车辆协同控制方法研究[D]. 西安:长安大学,2020.

[21] 张存保,李劲松,黄传明,等. 基于车路协同的高速公路入口匝道车辆汇入引导方法[J]. 武汉理工大学学报(交通科学与工程版),2017,41(4):537-542.

[22] 夏银霞. 基于车路协同的高速公路入口匝道车辆汇入引导方法研究[D]. 武汉:武汉理工大学,2016.

[23] 王龙飞. 基于车路协同的匝道合流算法研究与仿真[D]. 西安:长安大学,2018.

[24] 林祎. 智能网联环境下基于车辆行为优化的匝道管控策略研究[D]. 南京:东南大学,2020.

[25] 刘畅,庄伟超,殷国栋,等. 高速匝道入口多智能网联车协同合流控制[J]. 东南大学学报(自然科学版),2020,50(5):965-972.

[26] 黄泽豪. 高速匝道入口智能网联车辆协同合流控制研究[D]. 南京:东南大学,2020.

[27] 田丽萍,朱弘戈,朱晓东,等. 面向高速公路匝道合流区通行效率的车路协同限速方法[J]. 公路,2019,64(8):310-316.

[28] 王兴举,宫城俊彦. 强化学习型匝道控制模型的研究[J]. 石家庄铁道大学学报(自然科学版),2010,23(2):104-108.

[29] ZHAO Z,WANG Z,WU G,et al. The state-of-the-art of coordinated ramp control with mixed traffic conditions[C]//2019 IEEE Intelligent Transportation Systems Conference(ITSC). IEEE,2019:1741-1748.

[30] XU L,LU J,RAN B,et al. Cooperative merging strategy for connected vehicles at highway on-ramps[J]. Journal of Transportation Engineering,Part A:Systems,2019,145(6):04019022.

[31] 宋现敏,张璐雨,白乔文,等. 快速路入口匝道与衔接交叉口联动控制优化方法[J]. 交

通运输系统工程与信息,2021,21(6):63-73.

[32] CAO W,MUKAI M,KAWABE T,et al. Cooperative vehicle path generation during merging using model predictive control with real-time optimization[J]. Control Engineering Practice, 2015,34:98-105.

[33] RIOS-TORRES J,MALIKOPOULOS A. Automated and cooperative vehicle merging at highway on-ramps[J]. IEEE Transactions on Intelligent Transportation Systems,2017,18(4): 780-789.

[34] RIOS-TORRES J,MALIKOPOULOS A. A survey on the coordination of connected and automated vehicles at intersections and merging at highway on-ramps[J]. IEEE Transactions on Intelligent Transportation Systems,2016,18(5):1066-1077.

[35] RIOS-TORRES J,MALIKOPOULOS A,PISU P. Online optimal control of connected vehicles for efficient traffic flow at merging roads[C]//2015 IEEE 18th international conference on intelligent transportation systems. IEEE,2015:2432-2437.

[36] RIOS-TORRES J,MALIKOPOULOS A. Impact of partial penetrations of connected and automated vehicles on fuel consumption and traffic flow[J]. IEEE Transactions on Intelligent Vehicles,2018,3(4):453-462.

[37] DING J,LI L,PENG H,et al. A rule-based cooperative merging strategy for connected and automated vehicles[J]. IEEE Transactions on Intelligent Transportation Systems,2019,21(8):3436-3446.

[38] DING J,PENG H,ZHANG Y,et al. Penetration effect of connected and automated vehicles on cooperative on-ramp merging[J]. IET Intelligent Transport Systems, 2019, 14(1): 56-64.

[39] DU S,RAZAVI S. Variable Speed Limit for Freeway Work Zone with Capacity Drop Using Discrete-time Sliding Mode Control[J]. Journal of Computing in Civil Engineering,2019,33(2):04019001.

[40] LYU P,LIN Y,WANG L,et al. Variable Speed Limit Control for Delay and Crash Reductions at Freeway Work Zone Area[J]. Journal of Transportation Engineering, Part A: Systems,2017,143(12):04017062.

[41] YANG X,LU Y,LIN Y. Optimal Variable Speed Limit Control System for Freeway Work Zone Operations[J]. Journal of Computing in Civil Engineering,2017,31(1):04016044.

[42] 于德新,刘珩,郑黎黎,等.高速公路瓶颈区域可变限速控制方法[J].交通运输系统工程与信息,2018,18(3):120-125.

[43] IORDANIDOU G R, RONCOLI C, PAPAMICHAIL I, et al. Feedback-based Mainstream Traffic Flow Control for Multiple Bottlenecks on Motorways[J]. IEEE Transactions on Intelligent Transportation Systems,2014,16(2):610-621.

[44] CARLSON R C,PAPAMICHAIL I,PAPAGEORGIOU M,et al. Optimal Mainstream Traffic Flow Control of Large-scale Motorway Networks[J]. Transportation Research Part C: Emer-

ging Technologies,2010,18(2):193-212.

[45] LI D,ZHAO Y,RANJITKAR P,et al. Hybrid Approach for Variable Speed Limit Implementation and Application to Mixed Traffic Conditions with Connected Autonomous Vehicles [J]. IET Intelligent Transport Systems,2018,12(5):327-334.

[46] RONNCOLI C,PAPAMICHAIL I,PAPAGEORGIOU M. Hierarchical Model Predictive Control for Multi-lane Motorways in Presence of Vehicle Automation and Communication Systems [J]. Transportation Research Part C:Emerging Technologies,2016,62:117-132.

[47] LIU S,HELLENDOORN H,DE SCHUTTER B. Model Predictive Control for Freeway Networks Based on Multi-class Traffic Flow and Emission Models[J]. IEEE Transactions on Intelligent Transportation Systems,2016,18(2):306-320.

[48] LI Z,ZHU X,LIU X,et al. Model-based Predictive Variable Speed Limit Control on Multi-lane Freeways with A Line of Connected Automated Vehicles[C]//2019 IEEE Intelligent Transportation Systems Conference (ITSC). IEEE,2019:1989-1994.

[49] Li Z,XU C,GUO Y,et al. Reinforcement Learning-based Variable Speed Limits Control to Reduce Crash Risks Near Traffic Oscillations on Freeways[J]. IEEE Intelligent Transportation Systems Magazine,2020,13(4):64-70.

[50] WU Y,TAN H,QIN L,et al. Differential Variable Speed Limits Control for Freeway Recurrent Bottlenecks Via Deep Actor-critic Algorithm[J]. Transportation Research Part C:Emerging Technologies,2020,117:102649.

[51] 李志斌,金茂菁,刘攀,等. 提高高速公路通行效率的可变限速控制策略[J]. 吉林大学学报(工学版),2013,43(5):1204-1209.

[52] YU M,FAN W D. Optimal Variable Speed Limit Control in Connected Autonomous Vehicle Environment for Relieving Freeway Congestion[J]. Journal of Transportation Engineering, Part A:Systems,2019,145(4):04019007.

[53] LI Z,LIU P,XU C,et al. Optimal Mainline Variable Speed Limit Control to Improve Safety on Large-scale Freeway Segments[J]. Computer-Aided Civil and Infrastructure Engineering, 2016,31(5):366-380.

[54] LEE C,HELLINGA B,SACCOMANNO F. Evaluation of variable speed limits to improve traffic safety[J]. Transportation research part C: emerging technologies, 2006, 14(3): 213-228.

[55] 尤兰,王嘉文,耿良凤,等. 城市快速路瓶颈区可变限速反馈控制方法研究[J]. 中国水运,2022(4):128-131.

第6章

城市路网混合交通流管理方法

近年来，我国经济蓬勃发展，城镇化水平不断提高，超级大都市不断形成，北京、上海、广州等一线城市人口已经超2000万，新一线城市人口数量也急剧增长，日益增长的人口数量让城市路网不堪重负。据高德地图发布的《2022年第二季度中国主要城市分析报告》，其监测的50个城市中有8%的城市高峰期处于严重拥堵状态、58%的城市处于缓行阶段，仅有34%的城市能够通畅行驶。其次，车流量的急剧上升诱导了众多的交通事故，万车死亡率居高不下，近年来万车死亡人数始终维持在1.8人左右，同时机动车保有量的迅猛增长加剧了环境污染和能源消耗，严重影响了城市居民的身体健康与生活质量。交通学者及政府主管部门逐渐意识到，仅依靠路网的大量扩张和传统被动式交通组织渠化难以满足日益增长的交通需求，更无法突破以人为主体的管控策略和运输方式固有的瓶颈和上限。车路协同和自动驾驶技术为交通系统注入了新的活力，其自动驾驶和全息感知功能可以显著降低交通事故、提升通行效率，被认为具备大幅缓解交通拥堵和降低交通安全等交通问题的潜力。由此可知，对交通系统智能化、数字化、网联化的升级是国内未来交通发展的迫切需求。

近年来政府高度重视智慧交通发展态势，为此提出了一系列相关重要政策。2019年，政府部门相继提出了《数字化交通发展规划纲要》《交通强国建设纲要》等国家重大战略需求政策；2020年政府工作报告中重点提出建设“两重一新”的目标，交通运输部印发的《关于推动交通运输领域新型基础设施建设的指导意见》中指出，要积极推进交通设施智能化、数字化、自动化的升级，为CAV的大规模落地提供基础保障；2022年国务院发布的《关于印发“十四五”现代综合交通运输体系发展规划的通知》中指出要加强智能网联汽车、自动驾驶、车路协同等领域技术研发。以上相关政策表明，需要大力发展网联自动驾驶汽车（CAV）、建设新型交通基础设施和研发智慧交通系统。国内智能交通发展势头迅猛，近年陆续建立了十几家自动驾驶测试区，正在兴建一大批新型智能交通基础设施。同时一大批互联网龙头企业投入智能交通领域研发，例如百度、华为和阿里巴巴等。2019年，中国百度自动驾驶出租汽车队落地长沙，CAV与传统车辆（HDV）一起共享道路资源；2020年10月，百度在北京开启自动驾驶网约车服务，虽然车内配备安全员，但行驶过程中安全员并不会参与车辆控制，而是作为额外的安全保障措施。这意味着目前已经正式进入小规模CAV与HDV混行时代，在不久的将来将会进入大规模混行阶段，而“大规模混行环境下CAV到底可以为交通系统带来什么机遇和挑战”，这一直是交通学者们积极思索的新问题。

6.1　混合交通流网络均衡

6.1.1　混合交通流网络均衡基本概念

如果两点之间有很多条道路而这两点之间的交通量又很少,行驶车辆显然会沿着最短的道路行走。随着交通量的增加,最短径路上的交通流量也会随之增加。增加到一定程度之后,这条最短径路的行驶时间会因为拥挤或堵塞而变长,最短径路发生变化,这一部分行驶车辆将会选择新的行驶时间次短的道路。随着两点之间的交通量继续增加,两点之间的所有道路都有可能被利用。

如果所有的道路利用者(即驾驶人)都准确知道各条道路所需的行驶时间并选择行驶时间最短的道路,最终两点之间被利用的各条道路的行驶时间会相等,没有被利用的道路的行驶时间更长。这种状态被称为道路网的平衡状态。

在交通流分配中,一个实际路网上一般有很多个 OD 对,每个 OD 对之间的各条径路都是由很多路段组成的,这些路段又可排列组合成无数条不同的径路,这样每个 OD 对间都有多条径路,而且复数个 OD 对之间的径路又互相重叠。由于这些原因,使得实际道路网的平衡远比上述描述要复杂。正是由于这种复杂性,人们一直探索能够严密定义这种平衡并能进行数学表示的途径。

6.1.1.1　交通网络均衡问题

1952 年,著名交通学者 Wardrop 提出了交通网络平衡的第一原理和第二原理,奠定了交通流分配的基础。Wardrop 第一原理认为:驾驶人已知网络状态并选择最短路径时,网络会达到平衡状态。考虑道路饱和度对出行延迟的影响,当路网达到平衡时,每个 OD 对的每条被使用的路径具有相等且最短的行程时间,没有被使用的路径的出行时间大于或等于最小出行时间。由于车辆在路径选择规则上遵循个人路径最短原则,故 Wardrop 第一原理也被称为用户最优或者用户均衡(User Equilibrium,UE)。Wardrop 第二原理为:路网达到平衡态时,车辆在路网上的分配应使得整个交通系统的出行成本最小,车辆的路径选择以整体效益最大化为目标,故也被称为系统最优原理(System Optimization,SO)。

1)用户均衡分配模型

1956 年,Bechamn 提出了一种符合 Wardrop 第一原理准则的数学规划模型,该模型奠定了交通流分配方法的基础。Bechamn 用户均衡分配的核心思想是:在交通网络达到平衡态时,所有被利用的道路具有相等且最小的阻抗,未被利用的路径具有更大或者相等的阻抗。据此,Bechamn 提出了 UE 数学规划模型,如下:

$$\min Z(X) = \sum_a \int_0^{x_a} t_a(w)\mathrm{d}w \tag{6-1}$$

$$\begin{cases} \sum_k f_k^{rs} = q_{rs}(\forall r,s) \\ f_k^{rs} \geqslant 0(\forall r,s) \end{cases} \tag{6-2}$$

其中:

$$x_a = \sum_{r,s} \sum_{k} f_k^{rs} \delta_{a,k}^{rs} (\forall a) \tag{6-3}$$

式中：x_a——路段 a 上的交通量；

t_a——路段 a 的阻抗；

f_k^{rs}——点对 (r,s) 间第 k 条路径的交通量；

q_{rs}——点对 (r,s) 之间的需求；

$\delta_{a,k}^{rs}$——路段与路径之间的相关变量。

$$\delta_{a,k}^{rs} = \begin{cases} 1 & (\text{如果路段 } a \text{ 在}(r,s)\text{间的第 } k \text{ 条路径上}) \\ 0 & (\text{其他情况}) \end{cases} \tag{6-4}$$

2）系统最优分配模型

系统最优以路网中所有用户总阻抗最小为目标，其约束条件和用户平衡分配模型一致，SO 数学规划模型如下：

$$\min \tilde{Z}(X) = \sum_{a} x_a t_a (x_a) \tag{6-5}$$

$$\begin{cases} \sum_{k} f_k^{rs} = q_{rs} (\forall r,s) \\ f_k^{rs} \geqslant 0 (\forall r,s) \end{cases} \tag{6-6}$$

其中：

$$x_a = \sum_{r,s} \sum_{k} f_k^{rs} \delta_{a,k}^{rs} (\forall a) \tag{6-7}$$

SO 模型的求解可分为三种情况：

（1）当道路阻抗函数 $t_a(x_a)$ 为定值时，各路段的阻抗不受交通量的影响，最短路径分配即为系统总成本最小，采用最短路径分配法求解的结果即为满足系统最优的解。

（2）当道路阻抗函数 $t_a(x_a)$ 为线性函数时，目标函数可以转化为一个线性规划模型，可使用线性规划的解法求解。

（3）当道路阻抗函数 $t_a(x_a)$ 为非线性函数时，令：

$$\overline{t_a}(x_a) = t_a x_a + x_a \frac{\mathrm{d}t_a(x_a)}{\mathrm{d}x_a} \tag{6-8}$$

则：

$$\begin{aligned} \int_0^{x_a} t_a(w) \mathrm{d}w &= \int_0^{x_a} \left[t_a(w) + w \frac{\mathrm{d}t_a(w)}{\mathrm{d}w} \right] \mathrm{d}w \\ &= \int_0^{x_a} t_a(w) \mathrm{d}w + w \mathrm{d}t_a(w) \\ &= \int_0^{x_a} \mathrm{d}t_a(w) w = x_a t_a(x_a) \end{aligned} \tag{6-9}$$

由此可知，以 $\overline{t_a}(x_a)$ 为阻抗函数进行用户均衡求解，所求解即为 SO 分配模型的解。

6.1.1.2 模型求解算法

Bechamn 在 1956 年将 UE 交通分配问题转换为线性规划问题数学模型后，大量交通学者试图构建简单高效的算法快速获取大规模路网的配流，由此形成了一系列丰硕的研究成果。从路段层面出发，1956 年 Frank 和 Wolfe 两位交通著名学者首次提出了求解凸优化问题的算法，即 Frank-Wolfe（F-W）算法。研究发现，该算法十分适合求解交通分配问题，其建模简单，也十分容易理解，至今依旧被广泛用于路网交通流分配问题。后续有不断学者对其进行改进，提出了其他的求解方法。

1）Frank-Wolfe 算法

该算法以 0-1 分配为基础，通过重复确定搜索最优步长和最速下降方向用逼近平衡解，基本思路步骤如下：

步骤 0：初始化。根据各路段自由行驶时间进行 0-1 分配，将交通需求分配至交通网络各路段中，得到初始解 x_a^1。令迭代次数 $n=1$，计算路阻 $c_a^0=c_a0$，$\forall a\in A$。

步骤 1：计算道路阻抗。按照当前各路段的交通量 x_a^{n-1} 计算各路段的路阻，$c_a^n=c_a x_a^{n-1}$，$\forall a\in A$。

步骤 2：搜索可行方向。按照步骤 1 求得的道路阻抗和 OD 交通量进行 0-1 分配得到各路段的附加交通量 y_a^n。

步骤 3：基于一维极值问题求解下式获取步长 λ^n。

$$\sum_a (y_a^n - x_a^n) t_a [x_a^n + \lambda^n (y_a^n - x_a^n)] = 0 (0 \leqslant \lambda^n \leqslant 1) \tag{6-10}$$

步骤 4：更新流量。$x_a^n = x_a^n + \lambda^n (y_a^n - x_a^n)$，$\forall a$。

步骤 5：如果 x_a^n 已满足收敛精度要求，即 $\mathrm{RG}<\varepsilon$，则停止计算，x_a^n 为最终分配结果。否则，令 $n=n+1$，返回步骤 1。

$$\mathrm{RG} = \frac{\sqrt{\sum_a (x_a^n - x_a^{n-1})^2}}{\sum_a x_a^n} \leqslant \varepsilon \tag{6-11}$$

F-W 算法的优势如下：

（1）在交通分配问题中，F-W 算法中搜索方向求解很简单，搜索方向等价于寻找最短路问题，因此，可应用于大规模路网配流；

（2）F-W 算法是一种既严格又实用的算法，数学逻辑性强。

F-W 算法的缺陷如下：

（1）当逼近最优解时，搜索方向将垂直于目标函数在点 x_a^n 的梯度，导致算法后期迭代收敛速度较为缓慢；

（2）收敛速度受初始解、道路网络和交通需求的影响。

2）连续平均法

MSA 是一种介于增量分配和均衡分配之间的循环分配方法，通过不断调整各路段分配的流量而逐渐接近平衡分配结果。具体计算步骤如下：

步骤 0：初始化。根据各路段自由流行驶时间进行全由全无分配，得到初试解 x_a^0。令迭代次数 $n=0$，路阻函数 $c_a^0=c_a0$，$\forall a\in A$。

步骤 1：令 $n=n+1$，按照当前各路段的交通量 x_a^{n-1} 计算各路段的路阻，$c_a^n=c_a x_a^{n-1}$，$\forall a\in A$。

步骤 2：按照步骤 1 求得的行驶时间和 OD 交通量进行 0-1 分配，得到各路段的附加交通量 F_a^n。

$$F_a^n = \sum_r \sum_s \sum_k g_k^{rs} \delta_{a,k}^{rs} \tag{6-12}$$

$$g_k^{rs} \geqslant 0 (\forall k, r, s) \tag{6-13}$$

g_k^{rs} 为第 n 次迭代的附加径路交通量。

步骤 3:计算各路段当前交通量 x_a^n。

$$x_a^n = (1-\xi) + \xi F_a^n \quad (0 \leqslant \xi \leqslant 1) \tag{6-14}$$

步骤 4:如果 x_a^n 满足精度要求或者达到设定的最大循环次数,则停止计算,x_a^n 为最终分配结果,否则,返回步骤 1。

MSA 算法的优势如下:

(1)简单实用,易于理解;

(2)接近平衡解,如果系数严格按照数学规划模型取值时,可得到平衡解;

(3)既可求解非均衡交通分配也适用于均衡分配。

MSA 算法的缺陷如下:

(1)收敛速度较慢,影响其在大规模路网中的应用;

(2)传统 MSA 算法每次迭代的步长是相同的,在迭代初始值时较大,但在接近最优解时,由于迭代步长过小,导致收敛速度急剧下降;

(3)算法的迭代步长直接影响收敛速度。

3)ML-OP 算法

该算法将机器学习和优化问题结合,也属于启发式算法,算法的求解核心思路为采用多元线性回归和整数线性规划迭代求解交通分配问题。具体步骤为:首先,设置初始可行的解;然后,基于可行解求解交通分配问题,并且计算目标函数;其次,将目标函数与决策变量进行回归,并校正决策变量的系数。基于以上求解的系数再求解整数线性规划(Integer Linear Programming,ILP),为下一次迭代找到新的可行决策变量,基于更新的解求解下层问题,并对更新后的数据应用新的回归。最后,根据迭代次数判断是否跳出循环,最大迭代次数是用户自行设置的参数。该算法适用于大规模网络,并且可以快速收敛到局部最优。

$$\overline{Z} = \sum_{a \in A} b_a \cdot y_a + \overline{b} \cdot \sum_{a \in A} c_a y_a + b_0 \cdot 1 \tag{6-15}$$

式中:$\overline{Z}$——上层目标函数的线性近似值;

b_a、$\overline{b}$、b_0——需要标定的参数;

b_a——每项工程的权重;

c_a——项目成本;

y_a——项目的二元决策变量。

由于这是一个最小化问题,因此,权重越低,则相应项目选择的实施机会就越大。第二项($\overline{b} \cdot \sum_{a \in A} c_a y_a$)将总预算视为额外的解释变量,以提高回归模型的适用性。式中每个 b 值都是需要标定的。最后,b_0 是一个偏差项,可以更好地拟合训练数据。

$$(\text{ILP})\ \overline{Z} = \sum_{a \in A} b_a \cdot y_a + \overline{b} \cdot \sum_{a \in A} c_a y_a \tag{6-16}$$

$$\sum_{a \in A} c_a y_a \leqslant B \tag{6-17}$$

$$\left\{\sum_{a\in Y1^k} y_a + \sum_{a\in Y0^k} y_a \leqslant |Y1^k| - 1 \quad Y1^k = a \mid y_a^k = 1; Y0^k = a \mid y_a^k = 0 \quad (k=1,\cdots,i)\right. \tag{6-18}$$

式中:B——项目预算;

$Y1^k$、$Y0^k$——取值为1和0的可行项目;

y_a^k——第k个项目的二元决策变量。

步骤0:初始化。令迭代次数$i=0$,设置最大迭代次数$i_{\max}$,令$y_a^0=0$。

步骤1:基于可行解y_a^i,求解下层交通分配问题,并将所求值返回至目标函数Z^i。

步骤2:计算y_a^k以及相应$Z(k=1,\cdots,i)$,并校准新的多元回归函数$\overline{Z}^i$。

步骤3:基于当前的y_a^i和$\overline{Z}^i$,更新线性近似目标函数及ILP中的约束条件。

步骤4:如果$i=i_{\max}$,则停止计算并返回最优解;否则,继续求解更新的ILP问题,返回新的可行解y_a^{i+1},令$i=i+1$,返回至步骤1。

6.1.2　混合交通流出行成本

传统的车辆出行成本计算方法大多数将其等价于时间成本,但CAV具有节约能耗的优势,故混合交通流下的车辆出行成本计算需要考虑CAV和HDV的能耗成本差异。现有大部分研究都假定CAV遵循系统最优的路径决策原则,按照客观行程时间计算CAV和HDV用户的出行成本,这种方式可能会牺牲CAV效益而满足HDV的效益,尤其是在中等偏低渗透率下。该类建模思路存在的缺陷为:仅将CAV的潜在效益默认为路径决策差异带来的效益,忽略了CAV为用户带来的时间价值和节能性等直观效益。这不符合CAV的特性,因为CAV的作用是在保障用户效益的前提下提高系统效益。因此,面向CAVL环境,应综合考虑CAV和HDV能耗和时间价值的差异,建立不同车道的车辆出行成本计算函数。

6.1.2.1　出行时间成本计算方法

出行时间是出行者路径抉择优先考虑的因素,其受道路、交通量、环境等因素的影响,目前多数研究采用美国联邦公路局提出的BPR阻抗函数作为出行时间计算方法。然而,由于CAV和HDV、CAVL和GL存在差异,因此,GL上的HDV、GL上的CAV和CAVL上的CAV的出行时间成本不尽相同的。为此,下面将细化各类车型在不同车道的出行成本计算方法,建立混合交通流出行时间成本计算方法。

1)通用车道出行时间成本

对于通用车道HDV用户出行时间成本,基于经典的BPR阻抗函数,建立HDV用户的出行时间成本函数,如下:

$$T_{a,\mathrm{G}}^{\mathrm{HDV}}(x_a^{\mathrm{HDV}},x_a^{\mathrm{CAV}},C_{a,\mathrm{G}}) = t_0\left[1+\alpha\left(\frac{x_{a,\mathrm{G}}^{\mathrm{HDV}}+x_{a,\mathrm{G}}^{\mathrm{CAV}}}{C_{a,\mathrm{G}}}\right)^{\beta}\right]\cdot \mathrm{VOT} \tag{6-19}$$

式中:$T_{a,\mathrm{G}}^{\mathrm{HDV}}$——路段$a$通用车道上HDV的出行成本;

$x_{a,\mathrm{G}}^{\mathrm{HDV}}$、$x_{a,\mathrm{G}}^{\mathrm{CAV}}$——路段上通用车道的HDV和CAV交通量,为通用车道的基本通行能力,由CAV渗透率决定;

VOT——HDV时间价值;

t_0——自由流阻抗;

α——模型权重。

对于通用车道 CAV 用户出行时间成本，考虑不同类别车辆用户时间差异，建立 CAV 的出行时间成本函数，如下：

$$T_{a,G}^{CAV}(x_a^{HDV},x_a^{CAV},C_{a,G})=t_0\left[1+\alpha\left(\frac{x_{a,G}^{HDV}+x_{a,G}^{CAV}}{C_{a,G}}\right)^{\beta}\right]\cdot\varphi\cdot \mathrm{VOT} \tag{6-20}$$

式中：$T_{a,G}^{CAV}$——路段 a 通用车道上 CAV 的出行成本；

φ——CAV 用户时间价值与 HDV 时间价值的折减系数，$0<\varphi\leqslant 1$。

2）自动驾驶专用车道 CAV 出行时间成本

由于 CAV 编队后会巡航控制，车辆速度和车辆密度之间不存在显著关系，密度的增大并不会导致车速的降低，因此，基于 CAV 特性，假定 CAVL 上行驶的 CAV 处于平衡态，道路阻抗为常数，即自由流出行成本。当需求大于通行能力时，溢出的 CAV 流量将分配至通用车道。由此，可计算出 CAV 的出行时间成本：

$$T_{a,CAVL}^{CAV}=t_0\cdot\varphi\cdot \mathrm{VOT} \tag{6-21}$$

式中：$T_{a,CAVL}^{CAV}$——CAVL 上 CAV 的出行成本。

3）路段出行时间成本

由式(6-19)～式(6-21)可得路段 a 上车辆的加权平均出行时间成本，如下：

$$T_a(x_a,p_a)=1-p_a\,T_{a,CAVL}^{CAV}+p_a-p_{a,CAVL}^{CAV}\,T_{a,G}^{CAV}+p_{a,CAVL}^{CAV}\,T_{a,CAVL}^{CAV} \tag{6-22}$$

式中：T_a——路段 a 的每辆车的平均出行时间成本；

p_a——路段 a 上 CAV 渗透率；

$p_{a,CAVL}^{CAV}$——CAVL 上 CAV 占路段流量的比例，CAVL 未达到饱和时，$p_{a,CAVL}^{CAV}=p_a$。

CAV 车辆优先选择 CAVL，当 CAVL 达到饱和时则选择通用车道。可对路段 a 上的交通量分配进行建模，具体步骤如下：

$$x_{a,CAVL}^{CAV}(x_a,p_a,l')=\min\ p_a x_a,l'c_{CAVL} \tag{6-23}$$

$$x_{a,G}^{CAV}=p_a\cdot x_a-x_{a,CAVL}^{CAV} \tag{6-24}$$

$$x_{a,G}^{HDV}=1-p_a\cdot x_a \tag{6-25}$$

式中：l'——CAVL 的数量。

进而，由式(6-23)可求得 $p_{a,CAVL}^{CAV}$：

$$p_{a,CAVL}^{CAV}=\frac{x_{a,CAVL}^{CAV}}{x_a}=\frac{\min\ p_a x_a,l'c_{CAVL}}{x_a} \tag{6-26}$$

当 $l'c_{CAVL}\geqslant p_a x_a$ 时，即路段通行能力满足交通需求，即 $p_{a,CAVL}^{CAV}=p_a$。

6.1.2.2 出行能耗成本计算方法

CAV 通过自适应轨迹规划减少加减速的频率，进而减少能耗，尤其在城市道路中，效益更为显著。Zhang 等跟踪了北京 40 辆燃油车在实际道路的燃油情况，提出了单辆汽车汽油消耗计算方法，并对其系数进行了标定[1]。因此，采用其提出的方法和系数计算车辆能耗成本：

$$E_a=\gamma\eta\vartheta_1\left(\frac{s_a}{t_a}\right)^{-\vartheta_2}s_a \tag{6-27}$$

式中：E_a——能耗(gal/mile)；

s_a——路段的长度；

t_a——车辆在路段 a 的出行时间；

ϑ_1、ϑ_2——待标定的系数。

根据 Zhang 的标定，$\vartheta_1 = 147.92$，$\vartheta_2 = 0.689$，为自动驾驶车辆节约能耗率，混合车流取95%，CAVL 取 80%；表示汽油的价格（元/L），取值 6.3 元/L。将能耗转为 L/km，英里（mile）转换为公里（km）的系数为 1.609，加仑（gal）转换为升（L）的系数为 3.785。

能耗也可表示为：

$$E_a = \frac{1.609}{3.785}\eta\vartheta_1\left(\frac{s_a}{t_a}\right)^{-\vartheta_2}s_a \tag{6-28}$$

其中，t_a 的计算方式如下：

$$t_{a,\mathrm{G}} = t_0\left[1 + \alpha\frac{x_{a,\mathrm{G}}^{\mathrm{HDV}} + x_{a,\mathrm{G}}^{\mathrm{CAV}}}{C_{\mathrm{a,G}}}\right]^{\beta} \tag{6-29}$$

$$t_{a,\mathrm{CAVL}} = t_0 \tag{6-30}$$

式中：$t_{a,\mathrm{G}}$、$t_{a,\mathrm{CAVL}}$——车辆在 GL 和 CAVL 车道的出行时间。

因此，由式(6-22)及式(6-28)可以得出混合交通流出行总成本，如下：

$$M_a = 1 - p_a T_{a,\mathrm{G}}^{\mathrm{HDV}} + p_a - p_{a,\mathrm{CAVL}}^{\mathrm{CAV}} T_{a,\mathrm{G}}^{\mathrm{CAV}} + p_{a,\mathrm{CAVL}}^{\mathrm{CAV}} T_{a,\mathrm{CAVL}}^{\mathrm{CAV}} + \frac{1.609}{3.785}\eta\vartheta_1\left(\frac{s_a}{t_a}\right)^{-\vartheta_2}s_a \tag{6-31}$$

6.1.2.3 不同属性车道通行能力计算方法

道路通行能力指单位时间内通过道路某一断面的最大交通量，平衡态下由车头时距分布决定。在混合交通流环境下，由于 CAV 的跟车时距与 HDV 跟车时距不同，所以交通流车头时距分布不均匀，车头时距的变化也影响了道路通行能力。两者的比例和各自的车头时距决定了道路通行能力，故 CAV 渗透率与道路通行能力存在显著的关联性，有必要对此展开深入的研究，建立面向 CAVL 条件下的路段通行能力计算模型。

1）自动驾驶专用车道通行能力

对于自动驾驶专用车道的通行能力而言，其计算模型如下：

$$c_{\mathrm{CAVL}} = \frac{3600}{h_{\mathrm{A}}} \tag{6-32}$$

式中：c_{CAVL}——单 CAVL 的通行能力（veh/h）；

h_{A}——CAV 车流车头时距（s）。

2）通用车道通行能力

对于通用车道通行能力，其计算模型如下：

$$\tilde{p}(l',p,d) = \frac{\max(0,pd - l'\cdot c_{\mathrm{CAVL}})}{\max(1,d - \tilde{q})} \tag{6-33}$$

式中：$\tilde{p}$——CAV 在路段 a 通用车道的渗透率；

$\max(0,pd - l'\cdot c_{\mathrm{CAVL}})$——分配至 CAVL 达到饱和的剩余车辆数，CAVL 通行能力大于 CAV 需求时用零表示；

l'——路段 a 上 CAVL 数量；

p——路段 CAV 渗透率；

$\max(1, d-\tilde{q})$——通用车道交通量，为 CAVL 的交通量，$\tilde{q}=\min(p_a d, l' c_{\mathrm{CAVL}})$。

使用 max 函数是为避免分母为零，由此可得通用车道通行能力：

$$c_{\mathrm{GL}}(\tilde{p})=\frac{3600}{\tilde{p}h_{\mathrm{A}}+1-\tilde{p}h_{\mathrm{H}}} \tag{6-34}$$

式中：c_{GL}——单通用车道的基本通行能力；

h_{H}——HDV 的车头时距。

3）路段通行能力

对于自动驾驶专用车道的通行能力而言，其计算模型如下：

$$C=l' c_{\mathrm{CAVL}}+(l-l') c_{\mathrm{GL}}=l' \frac{3600}{h_{\mathrm{A}}}+l-l' \frac{3600}{\tilde{p}h_{\mathrm{A}}+1-\tilde{p}h_{\mathrm{H}}} \tag{6-35}$$

式中：C——路段通行能力；

l——车道总数。

需要注意的是，若 CAV 与 HDV 的车头时距相等，CAVL 通行能力与通用车道一致，则设有 CAVL 的路段通行能力没有变化。

6.1.3 混合交通流网络均衡交通分配方法

近年来，国内外高度重视 CAV 与车路协同技术的发展，研究表明，全智能网联环境下 CAV 可以大幅提高交通效率。但是，其间必须经历一段较长时间的 CAV 与 HDV 混行的阶段，由于 CAV 与 HDV 驾驶行为存在较大差异，但尚不清楚大规模 CAV 与 HDV 混行会对路网交通流产生何种影响。然而，推进 CAV 车辆的发展是各国建设智慧交通系统及智慧城市的重要手段，因此，中美等国都拟建设自动驾驶 CAVL，以推进交通系统智能化、网联化、数字化的升级。面对新型交通流特性及交通规划理念的演变，解析新型元素带来的交通网络均衡变化成为未来智能交通发展规划的基石。本节将对混合用户下的交通分配展开研究，建立面向 CAVL 环境下的混合交通流分配模型。

智能网联环境下，CAV 与 HDV 的路径选择原则存在较大差异，由于 CAV 具有全局信息感知与共享的功能，且受到中央控制平台的调控，故以往的研究大多假定 CAV 车辆遵循系统最优的路径选择原则。而 HDV 依据历史经验选择对自己最优的路径，遵循用户最优路径选择原则。本书同样假定 CAV 和 HDV 分别遵循 SO 和 UE，根据不同类别车辆路径选择原则的差异，构建多类用户网络均衡模型，同时，为了更符合实际 CAV 特性，所提模型在成本计算方面考虑了多维 CAV 的潜在效益。

HDV 遵循 UE 原则：

$$\min_{x_{a,\mathrm{G}}^{\mathrm{HDV}}} Z\ x=\sum_{a\in A}\int_0^{x_{a,\mathrm{G}}^{\mathrm{HDV}}} M_{a,G}^{\mathrm{HDV}}\ x_{a,\mathrm{G}}^{\mathrm{HDV}}+x_{a,\mathrm{G}}^{\mathrm{CAV}}\ \mathrm{d}x \tag{6-36}$$

$$\sum_k f_{rs}^{\mathrm{HDV},k}=q_{rs}^{\mathrm{HDV}} \quad (r\in R, s\in S, k\in K_{rs}) \tag{6-37}$$

$$f_{rs}^{\mathrm{HDV},k}\geqslant 0 \quad (r\in R, s\in S, k\in K_{rs}) \tag{6-38}$$

$$x_{a,\mathrm{G}}^{\mathrm{HDV}}=\sum_{rs}\sum_k f_{rs}^{\mathrm{HDV},k}\cdot\delta_{rs}^{a,k} \quad (r\in R, s\in S, k\in K_{rs}, a\in A) \tag{6-39}$$

式中：$M_{a,\mathrm{G}}^{\mathrm{HDV}}$——出行成本；

$f_{rs}^{\mathrm{HDV},k}$——OD 对 r-s 第 k 条路径的 HDV 流量；

q_{rs}^{HDV}——OD 对 r-s 之间的 HDV 需求；

$\delta_{rs}^{a,k}$——路段与路径之间的相关变量。

$M_{a,\mathrm{G}}^{\mathrm{HDV}}$ 函数的计算方法如下：

$$M_{a,\mathrm{G}}^{\mathrm{HDV}} = t_0\left[1+\alpha\left(\frac{(x_{a,\mathrm{G}}^{\mathrm{HDV}}+x_{a,\mathrm{G}}^{\mathrm{CAV}})[\tilde{p}h_{\mathrm{A}}+(1-\tilde{p})h_{\mathrm{H}}]}{(l-l')3600}\right)^{\beta}\right]\cdot \mathrm{VOT} \tag{6-40}$$

CAV 遵循 SO 原则：

$$\min_{x_{a,\mathrm{G}}^{\mathrm{CAV}}} Z\ x = \sum_{a\in A} x_{a,\mathrm{G}}^{\mathrm{CAV}}\ T_{a,\mathrm{G}}^{\mathrm{CAV}} + E_{a,\mathrm{G}}^{\mathrm{CAV}} + x_{a,\mathrm{CAVL}}^{\mathrm{CAV}} T_{a,\mathrm{CAVL}}^{\mathrm{CAV}} + E_{a,\mathrm{CAVL}}^{\mathrm{CAV}} \tag{6-41}$$

$$\sum_k f_{rs}^{\mathrm{CAV},k} = q_{rs}^{\mathrm{CAV}} \quad (r\in R, s\in S, k\in K_{rs}) \tag{6-42}$$

$$f_{rs}^{\mathrm{CAV},k} \geqslant 0 \quad (r\in R, s\in S, k\in K_{rs}) \tag{6-43}$$

$$x_{a,\mathrm{G}}^{\mathrm{CAV}} = \sum_{rs}\sum_k f_{rs}^{\mathrm{CAV},k}\cdot \delta_{rs}^{a,k} \quad (r\in R, s\in S, k\in K_{rs}, a\in A) \tag{6-44}$$

$T_{a,\mathrm{G}}^{\mathrm{CAV}}$、$T_{a,\mathrm{CAVL}}^{\mathrm{CAV}}$的计算方式见式(6-23)和式(6-24)，$E_{a,\mathrm{G}}^{\mathrm{CAV}}$、$E_{a,\mathrm{CAVL}}^{\mathrm{CAV}}$的计算方法见式(6-32)。

6.2 路网可靠性分析

6.2.1 路网可靠性的基本理论

6.2.1.1 路网可靠性的含义

根据系统可靠性理论，可靠性被定义为为了某件产品在确定条件下和要求时间内完成指定功能的能力。在 20 世纪 80 年代，有学者将可靠性理论引入交通行业中来。由于路网可靠性的研究起步较晚，现有研究成果不成体系，国内外学者对于道路网络的可靠性也还没有形成一个统一的、确切的定义。本书将路网可靠性定义为在一定的条件及时间内，当路网受到外界因素干扰时，其所能满足交通需求的能力。

6.2.1.2 路网可靠性的分类

城市道路网络是保障社会经济发展的重要生命线，其可靠运行能力受到多种不确定性因素的影响，可从连通可靠性、行程时间可靠性、容量可靠性三个方面来分析各种情况下的应变能力。

1）连通可靠性

连通可靠性以网络拓扑结构作为可靠性分析基础，计算方法简单，借用串并联思想抽象路网拓扑结构，进而得出计算结果。

串联情况下：

$$P(x) = \prod_i p(x_i) \tag{6-45}$$

并联情况下：

$$P(x) = 1-\prod_i (1-p(x_i)) \tag{6-46}$$

式中：$p(x_i)$——第 i 个路段的可靠度；

$P(x)$——路网总体可靠度。

在研究初期，连通可靠度局限在“通”和“不通”两种状态，分别取值为0和1，串联结构下，只要有一个路段可靠度为0，则整体路网可靠度为0。为更好地反映现实世界的交通运行情况，连通可靠性逐渐拓展到了[0,1]。当处理复杂的大规模网络时，为简化其复杂程度，通常需要将其拆为多个小网络进行分析。此外，连通可靠性在常规路网可靠性评价上的表现不佳，其更多用于评价灾害导致的道路瘫痪后的可靠性。

2）行程时间可靠性

行程时间可靠性将出行时间纳入考虑，反映了出行者能在规定的时间内完成出行的概率，相较于连通可靠性，其优势在于更加直观地反映现实中的路网可靠性。路网可靠性通常包括路径行程时间可靠性、OD对行程时间可靠性和系统行程时间可靠性。以路径行程时间可靠性分析为例，在实际计算中，路段行程时间由BPR函数进行计算，一般将行程时间近似认为服从正态分布，由此可得下式：

$$T_a(x_a, c_a) = t_{a0} \cdot \left[1 + \alpha\left(\frac{x_a}{c_a}\right)^{\beta}\right] \tag{6-47}$$

$$E(T_a) = E(t_{a0}) + \alpha t_{a0} \cdot E\left(\left[\left(\frac{x_a}{c_a}\right)^{\beta}\right]\right) \tag{6-48}$$

$$\mathrm{var}(T_a) = \alpha^2 t_{a0}^2 \cdot x_a^{2n} \cdot \left[E\left(\frac{1}{c_a^{2n}}\right) - E\left(\frac{1}{c_a^{n}}\right)\right] \tag{6-49}$$

式中：t_{a0}——路段a的自由流旅行时间；

x_a——路段流量；

c_a——路段通行能力；

α、β——系数，分别取0.15和4。

路径行程时间可靠性实际计算的是选择此路径所用时间小于行程时间阈值的概率，由式(6-47)～式(6-49)可得路段行程时间可靠度计算式：

$$P_a = P(T_a \leqslant t_a) = \phi\left[\frac{t_{a0} - E(t_a)}{\sqrt{\mathrm{var}(T_a)}}\right] \tag{6-50}$$

式中：P_a——路段行程时间可靠性；

t_a——路段a的行程时间阈值。

3）路网容量可靠性

路网容量可靠性在储备容量的基础上提出来的，即实际交通需求水平低于最大储备容量的概率，描述了路网在各种不确定性因素影响下满足一定交通需求的能力。通过对路网容量可靠性进行研究和分析，能够定量地评价城市道路网络的整体运行质量和抵御风险的能力，确定路网中的薄弱和瓶颈环节，为道路规划设计和管理提供决策依据，在有限的资源下充分地发挥路网的潜在能力。

当交通出行水平低于最大储备容量时，交通量处于可承受范围内，此时存在可靠性的概念，需要计算可靠性；当路段上交通量为0时，路段没有被使用，此时可靠性为0；当交通出行水平高于最大储备容量时，路网不可靠。在实际求解时，一般以上下界逼近的思想得到路网容量可靠性的近似值，如下：

$$\sum P_C Z(C,\mu) \leqslant P(\mu,C) \leqslant \sum P_C Z(C,\mu) + (1 - \sum p_C) \tag{6-51}$$

式中：C——不同容量水平对应的状态数；

Z——乘子，可按下式计算：

$$Z(C,\mu) = \begin{cases} 1 & (\mu_{KC} \geqslant \mu) \\ 0 & (\mu_{KC} \leqslant \mu) \end{cases} \tag{6-52}$$

可以发现，路网容量可靠性计算核心为储备容量的计算，一般通过双层规划模型计算，上层规划为储备容量最大化，下层规划为交通流量分配模型（如 SUE 随机用户均衡模型）。

6.2.1.3 路网可靠性影响因素

影响道路网络可靠性因素多种多样，简要分类为交通供给、交通需求和突发因素三方面。

1）交通供给

交通供给从交通建设者角度出发，主要包括两个主要因素：①是道路网络系统的拓扑结构，这说明了道路网络系统中各节点和路段的连接模式；②是路网中各等级道路所占比例及其组合，这反映了道路网络可能存在的流量组织形式。其中，第一个因素主要是说明了在道路网络系统之中各节点和路段的物理联通模式，而第二个因素则说明了整个道路网络系统流量的组织形式，二者结合，共同反映了整个道路网络所承受的交通容量。

道路网络的拓扑结构是对整体路网中的节点数量、道路水平、路网规模的整体把握，也是提供给交通运输服务的基本元素。对于一个道路网络来说，其规模越大，整个网络所能够提供的交通供给越大，在一定的交通需求下，形成交通拥堵或者阻塞的可能性就越小，因此，道路网络的可靠性也就越高。此外，道路网络中的路段越密集、节点越多，那么相邻交叉路口之间的距离就会变得越短，而出行者在相邻节点之间就有更多的路线供选择，因此，出行者对于不同路线的选择也就更加复杂，而这将对整个道路网络的可靠性产生影响。

不同等级的路段所能承担的最大交通量截然不同，就某一个路段而言，路段的通行能力越大，造成该路段发生交通拥堵或者阻塞的概率就越小；而对于整个道路网络系统来说，在不同比例的各等级道路以及由这些道路组成的各种不同的模型下，整个道路网络系统可提供的交通供给也不完全相同，在整个路网系统之中可能会存在某些瓶颈路段，会对整个路网系统的承载能力产生较大的影响，也就是说，限制了整个路网可支撑的交通需求，而合理分配不同等级的道路以及把这些路段合理地组合在一起则会使得整个路网系统内的交通分配更加均衡、合理，而道路网络系统的可靠性也就有了一定的保障。所以说，道路网络中的不同等级的道路所占的比例及其它们的组合模式，也是影响路网可靠性的一个重要因素。

2）交通需求

交通需求从交通出行者角度出发，主要包括以下几个因素：①是需求的弹性变化；②是个体出行存在随机性；③是交通信息实时准确性；④是车型比例。具体如下：

需求的弹性变化，即出行者的交通需求会随着区域内的经济发展而呈现单调递增性，因此，可以说整个区域内的交通供需状况也会随着时间的推移、区域内的经济发展呈现不同的状态，呈现出一种渐变的不稳定状态。

个体出行存在随机性，即在区域路网内，每一个出行者在出行之前，都会根据自身已处的环境情况自主对出行时间、方式和路径进行选择，而每一个出行者都有自己选择的基准，这种随机性造就了区域路网内的交通诉求在时空上存在有极大的不确定性，从而影响了道路网络的稳定性。

交通信息实时准确性影响着人们对于出行路线的选择，在交通信息的引导下人们倾向于选择行驶速度更快、交通效率更高的道路，使得交通需求在路网内的分配更加趋向于均衡和合理，进而提高了整个道路网络系统的可靠性。

车型比例，即道路网络系统中不同类型车辆的比例。随着区域内的经济的发展，路网中不同类型车辆所占比例也随之改变，道路网络系统中车流的运行特性也就会呈现出不同的状态，从而造成了出行时间的不同。因此，不同类型车辆所占比例也对道路网络可靠性有着重要的影响。

3）突发因素

突发因素主要包括自然灾害和突发事件两类。

自然灾害包括恶劣的自然天气以及重大的地质灾害，如地震、泥石流、大暴雨等，这类事件的发生将对路网产生严重威胁，严重时甚至导致道路系统瘫痪。由此可见，自然灾害的发生将造成道路网系统的可靠性严重降低。

突发事件指发生在道路上不可预测的事件，如交通事故等，若不能及时处理，会造成车辆排队，最终导致交通阻塞。随着时间的推移，交通阻塞会蔓延到相邻的路段上来，从而影响整个路网系统的运行通畅能力，进而影响路网可靠性。

6.2.1.4 可靠性分析方法研究

目前主流的可靠性分析方法主要有如下几类。

1）蒙特卡罗法

蒙特卡罗法是试验数学的分支之一，多用于分析行程时间可靠性。其基本思路是：将某一个随机事件按照相同的概率模拟成另一个事件，统计随机或伪随机数的特征值（均值或者概率等）作为问题的最优解。主要步骤如下：

步骤1：确定路网中各路段容量的概率分布，生成该概率分布下的路段容量值；

步骤2：根据生成的路段容量值，基于平衡算法求解均衡解，得到行程时间；

步骤3：寻找有效路径对应的行程时间；

步骤4：对路段容量反复抽样，重复步骤1、步骤2，得到大量行程时间样本；

步骤5：利用上述样本，以频率作为概率，根据有效路径的行程时间的可靠度，得到路网可靠性。

蒙特卡罗法的优势在于：①直观、易于掌握；②计算机程序较为成熟；③收敛的速度与维数不相关；④较容易获得主要变量的分布概率。

蒙特卡罗法的缺陷在于：①需要的模拟次数较多；②对于大规模系统，需要采集的样本数量巨大；③实际路网的应用较难。

2）解析法

解析法是用数学模型表示需求解的问题，之后通过设计算法求解模型从而解决复杂问题的一种方法。其基本思路是，以简单的组合来代替复杂的网络，求得概率，以此等价于原有的复杂网络系统的可靠性概率。需要注意的是，由于实际路网的路段容量存在波动，需要计算路网可能存在的 n 个状态概率，再根据最大值、最小值确定可靠性。主要步骤如下：

步骤1：选取系统最可能状态 n，获取子空间 S_n；

步骤2：计算 n 个不同状态的可靠性概率；

步骤3：通过最大最小值，求得路网可靠性概率。

解析法的优势在于：①概念清晰；②模型成熟度高；③算法效率较高。

解析法的缺陷在于：①难以同时处理多种随机影响因素；②工作量与路网的节点和路段直接相关，大规模路网需要的数据资料量较大。

3）事件树法

事件树法可以根据已经或者可能发生事故信息，由上而下地分析事故的原因，找出系统发生事故和导致事故的各个原因之间的逻辑关系，并对系统可靠性进行定性、定量分析。主要步骤如下：

步骤1：构建用于路网交通状态可靠性分析的路网交通状态故障树；

步骤2：对路网交通状态故障树进行定性分析；

步骤3：对路网交通状态故障树进行定量分析。

事件树法的优势在于：①较为直观、形象；②对于故障信息，能够较为明确地传送。

事件树法的缺陷在于：实际路网抽象为事件树较为困难，难以验证逻辑是否一致。

6.2.2 路网容量可靠性双层规划模型

以自动驾驶、车联网为代表的智能网联技术将对城市道路网络的稳定运行能力产生深远影响。当前，网联自动驾驶汽车已逐步进入实际道路环境中，美国 Tesla 公司推出 Autopilot“完全自动驾驶功能”系统并将其安装在 CAV 上，至今已经完成了超过 2.2×10^9mile 的行驶里程。国内的百度、高德等公司在长沙、上海、广州等多个城市的开放道路上开展了无人驾驶出租汽车实际运营。针对这种趋势，建立了面向智能网联环境的路网容量可靠性双层规划模型。下层模型是 SO-UE 混合交通流网络均衡模型，因 CAV 相较 HDV 拥有更强的信息交互能力，更易接受系统管理，因此，假设 CAV 遵循 SO 的路径选择原则，HDV 遵循 UE 的路径选择原则，寻找使自身效益最大化的路径。两类车辆在混合交通流中遵循不同的路径选择原则，在相互影响下达到网络均衡。

6.2.2.1 下层用户均衡交通分配(UE-TAP)

在用户均衡交通分配模型(UE-TAP)模式下，HDV 出行者基于“自私”的路径选择原则，选取通行时间最短的路径。HDV 和 CAV 混合交通流中遵循不同的路径选择原则，在相互影响下达到均衡后，任意一个 OD 对的 HDV 所使用的路径均具有最小且相等的通行时间，其他未被使用的路径的通行时间则大于最小通行时间。基于 Beckmann 的构建方式，将上述 UE-TAP 模式表述为一个非线性最优化问题：

$$\min z\ (\bar{x})\ =\ \sum_{a=A}\int_{0}^{x_a} t_a\, x_a + \xi\, \bar{x}_a\, \mathrm{d}x \tag{6-53}$$

$$\sum_{p} f_{p,i}^{k} = q_{i}^{k} \quad (i \in N, k \in D) \tag{6-54}$$

$$f_{p,i}^{k} \geqslant 0 \quad (p \in P_{i}^{k}, i \in N, k \in D) \tag{6-55}$$

$$x_{a} = \sum_{i} \sum_{k} \sum_{p} f_{p,i}^{k} \cdot \delta_{a,p,i}^{k} \quad (a \in A, p \in P_{i}^{k}, i \in N, k \in D) \tag{6-56}$$

式中：x_a——HDV 在道路 a 上的交通流量；

$\bar{x}_a$——CAV 在道路 a 上的交通流量；

q_i^k——HDV i 到 k 的出行需求；

$f_{p,i}^k$——从 i 到 k 路径 p 上的 HDV 的流量；

t_a——路段 a 的阻抗；

p——HDV 的路径；

P_i^k——HDV 从 i 到 k 的所有路径集合；

$\delta_{a,p,i}^k$——关于 HDV 的道路路径发生因子（如果道路 a 属于路径 p，从 i 到 k 对 HDV 可用，则值为 1，否则为 0）；

ξ——CAV 编队行驶折算系数。

式(6-53)中的 Beckmann 目标函数能确保 HDV 出行者选取最短的通行路径，式(6-54)～式(6-56)则描述了 HDV 出行者的路径和流量分配约束。

6.2.2.2　下层系统最优交通分配(SO-TAP)

由于 CAV 具有信息交互的功能，能接收路网的全局信息，故假定 CAV 遵循系统最优的路径选择原则。在系统最优交通分配(SO-TAP)模式下，CAV 出行者选取使系统总出行时间最短的路径。CAV 与 HDV 使用的是相同的道路网络，其主要差异是 UE-TAP 中构建的是 Beckmann 目标函数，而 SO-TAP 的目标函数是系统总出行时间。为了统一求解 UE 和 SO 混合的交通分配问题，将 Beckmann 目标函数中的延迟函数替换为边际延迟函数，得到如下非线性最优化问题：

$$\min z(\bar{x}) = \sum_{a=A} \int_{0}^{\bar{x}_a} \bar{t}_a (x_a + \xi \bar{x}_a) \mathrm{d}x \tag{6-57}$$

$$\sum_{\bar{p}} \bar{f}_{\bar{p},i}^{k} = \bar{q}_{i}^{k} \quad (i \in N, k \in D) \tag{6-58}$$

$$\bar{f}_{\bar{p},i}^{k} \geqslant 0 \quad (p \in \bar{P}_{i}^{k}, i \in N, k \in D) \tag{6-59}$$

$$\bar{x}_{a} = \sum_{i} \sum_{k} \sum_{p} \bar{f}_{\bar{p},i}^{k} \cdot \bar{\delta}_{a,p,i}^{k} \quad (a \in A, p \in \bar{P}_{i}^{k}, i \in N, k \in D) \tag{6-60}$$

式中：$\bar{f}_{\bar{p},i}^k$——从 i 到 k 路径 p 上的 CAV 的流量；

$\bar{P}_i^k$——CAV 从 i 到 k 的所有路径集合；

$\bar{\delta}_{a,p,i}^k$——关于 CAV 的道路路径发生因子（如果道路 a 属于路径 p，从 i 到 k 对 CAV 可用，则值为 1，否则为 0）。

式(6-57)是 Beckmann 目标函数，式(6-58)～式(6-60)是 HDV 车流的路径和流量分配约束。

6.2.2.3　非线性互补下混合交通均衡模型

基本交通均衡模型不适用于大型复杂网络求解,且求解不便,但将其转化为非线性互补问题,利用 GAMS 软件非线性规划模块求解,可使混合交通均衡模型适用于大型复杂网络,降低求解难度。非线性互补问题(NCP)是找到满足方程和不等式系统的矢量,也就是 $x \geqslant 0$, $F(x) \geqslant 0, x(F)x = 0$。其中,$F(x)$ 是一个给定的矢量函数,$\boldsymbol{x}$ 是一个矢量变量,符号"·"是逐元素相乘的哈达玛积。上述公式也可用更紧凑的表示:$0 \leqslant \boldsymbol{x} \perp F(\boldsymbol{x}) \geqslant 0$(符号"⊥"表 $\boldsymbol{x}$ 在 $F(x)$ 上的投影)。具体步骤如下:

步骤 1:需求划分。在 CAV 混入 HDV 的混行交通流中,确定两类交通流的需求是最先也是最重要的任务,设 λ 为 CAV 在混合交通流中的渗透率,其范围为 $0 \leqslant \lambda \leqslant 1$。因此,两类车辆的某一 OD 对间的交通需求为:

$$q_i^k = 1 - \lambda \widehat{q}_i^k \tag{6-61}$$

$$\overline{q}_i^k = \lambda \widehat{q}_i^k \tag{6-62}$$

$$\widehat{q}_i^k = q_i^k + \overline{q}_i^k \tag{6-63}$$

式中:q_i^k——HDV 需求;

$\overline{q}_i^k$——CAV 需求;

$\widehat{q}_i^k$——总需求。

步骤 2:最短路径搜索。假设路网中驶向终点 $D = 1, 2, \cdots, k, \cdots, |D|$ 的车流量为 $X = X^1, X^2, \cdots, X^k, \cdots, X^{|D|}$,例如,$x_{ij}^k$(或 x_a^k)为路段 a 上以 k 为终点的车流量;$t_a(x)$ 为道路 a 的阻抗函数。通过建立以下互补条件实现均衡状态:

$$\begin{cases} t_j^k + t_{ij}(X) - t_i^k \geqslant (0) \\ x_{ij}^k \geqslant 0 \\ x_{ij}^k \cdot t_j^k + t_{ij}(X) - t_i^k = 0 \end{cases} \quad (i,j \in A, k \in D) \tag{6-64}$$

式中:$t_{ij}(X)$——道路 ij 上关于 HDV 阻抗函数;

t_j^k——HDV 从 j 到 k 的时间;

t_i^k——HDV 从 i 到 k 的时间。

当 $t_j^k + t_{ij}(X) - t_i^k = 0$ 时,道路 (i,j) 是从 i 到 k 的最短路径,道路上流量大于 0,即 $x_{ij}^k \geqslant 0$;否则,$t_j^k + t_{ij}(X) - t_i^k \geqslant (0)$,表示此道路上没有通向 k 点车流,即 $x_{ij}^k = 0$。式(6-64)可以用更为简洁的方式表示,如式(6-65)所示:

$$0 \leqslant x_{ij}^k \perp [t_j^k + t_{ij}(X) - t_i^k] \geqslant 0 \quad (i,j \in A, K \in D) \tag{6-65}$$

式(6-65)为关于 UE 相关流量的约束,需要注意的是,最短路径搜索中最关键的是模型的延迟函数,对于上述公式道路的行驶时间不仅取决于相应道路的交通流量,而是交通流量网络的向量的函数。此外,可以用边际延迟函数替换延迟函数,以确保 SO 流量,与 SO 相关流量约束公式如下:

$$0 \leqslant \overline{x}_{ij}^k \perp \left[\frac{\overline{t}_j^k + \overline{t}_{ij} X + \partial \overline{t}_{ij}(x)}{\partial \overline{x}_{ij} - \overline{t}_i^k} \right] \geqslant 0 \quad (i,j \in A, K \in D) \tag{6-66}$$

式中：$\bar{t}_j^k$——CAV 从 j 到 k 的时间；

$\bar{t}_i^k$——CAV 从 i 到 k 的时间；

$\bar{t}_{ij}(x)$——道路 ij 上关于 CAV 阻抗函数；

∂——权重参数。

采用 BPR 函数作为 HDV 交通流阻抗函数，如式(6-67)所示：

$$t_{ij}(X)=\alpha_{ij}+\beta_{ij}\cdot\left[\frac{(x_{ij}+\xi\bar{x}_{ij})}{c_{ij}}\right]^{A}\quad(i,j\in A)\tag{6-67}$$

式中：α_{ij}、β_{ij}——参数，要通过实地测量数据校准（α_{ij}可以解释为自由流动行驶时间）；

c_{ij}——道路 ij 的随机道路容量。

CAV 的边际阻抗函数计算方式如下：

$$\bar{t}_{ij}(X)=\alpha_{ij}+\beta_{ij}\cdot x_{ij}+\xi\bar{x}_{ij}/c_{ij}^{4}+4\beta_{ij}\xi\bar{x}_{ij}/c_{ij}^{4}\cdot x_{ij}+\xi\bar{x}_{ij}^{3}\quad(i,j\in A)\tag{6-68}$$

步骤 3：确定路径流量约束。路径流量守恒约束可以表示为：

$$\sum_{j\,|\,i,j\in A}x_{ij}^{k}-\sum_{j\,|\,j,i\in A}x_{ji}^{k}=q_i^k\quad(i\in N,k\in D)\tag{6-69}$$

路径流量守恒约束也必须按 NCP 格式编写。将式(6-69)与其各自的行驶时间绑定如下：

$$0\leqslant t_i^k\perp\sum_{j\,|\,i,j\in A}x_{ij}^{k}-\sum_{j\,|\,j,i\in A}x_{ji}^{k}-q_i^k\geqslant0\quad(i\in N,k\in D)\tag{6-70}$$

如果行驶时间始终为非零，则始终满足式(6-69)。上述为关于 UE 相关流量的约束，SO 相关流量约束公式如下：

$$0\leqslant\bar{t}_i^k\perp\sum_{j\,|\,i,j\in A}\bar{x}_{ij}^{k}-\sum_{j\,|\,j,i\in A}\bar{x}_{ji}^{k}-\bar{q}_i^k\geqslant0\quad(i\in N,k\in D)\tag{6-71}$$

步骤 4：确定道路流量约束。由于(6-67)中的延迟函数取决于道路的流量，方程系统还必须具有从路径流量 x_{ij}^k得出道路流量 x_{ij}的约束条件：

$$0\leqslant x_{ij}\perp x_{ij}-\sum_{k}x_{ij}^{k}\geqslant0\quad(i,j\in A)\tag{6-72}$$

上述为关于 UE 相关流量的约束，与 SO 相关流量约束公式如下：

$$0\leqslant\bar{x}_{ij}\perp\bar{x}_{ij}-\sum_{k}\bar{x}_{ij}^{k}\geqslant0\quad(i,j\in A)\tag{6-73}$$

通过以上四个步骤可以将基本交通网络均衡模型转换为非线性互补下的混合交通网络均衡模型，可以利用 GAMS 直接对模型求解，求解方便且高效，克服了传统网络均衡模型求解大型路网十分困难的问题。

6.2.3 基于混合交通流的路网容量可靠性分析

城市道路网络是保障社会经济发展的重要生命线，其可靠运行能力受到多种不确定性因素的影响，可从连通可靠性、行程时间可靠性、容量可靠性三个方面来分析各种情况下的应变能力。其中，容量可靠性是交通管理者和路网规划者最为关注的一个指标，描述了路网在各种不确定性因素影响下满足一定交通需求的能力。通过对路网容量可靠性进行研究和分析，能够定量地评价城市道路网络的整体运行质量和抵御风险的能力，确定路网中的薄弱和瓶颈环节，为道路规划设计和管理提供决策依据，在有限的资源下充分地发挥路网的潜在能力。

6.2.3.1　道路容量分布

受到各种不确定因素的影响，道路的通行能力会发生波动。即道路实际容量 c_a 可以视为一个随机变量，在容量上限 c_a^{H} 和下限 c_a^{L} 之间波动。现有研究一般假设不同路段的容量是相互独立的随机变量。然而在实际交通环境之中，两条道路的容量取值是相互影响的。例如，在同一城市交通网络之中，城西区域强降雨，那么城西区域多条道路的通行能力一定程度上是相互影响的，与城西区域道路相邻的城东区域道路的容量也会受城西范围内强降雨影响。而受到交通事故、道路维修等因素的影响，相邻道路的容量分布会具有更高的相关性。因此，用多元随机变量表征路网的道路容量，并假定相邻道路容量的随机分布具有强相关性，非相邻道路具有弱相关性：对于路网中任意两条道路 $a_i, a_j \in A$，若两者相邻，则其容量随机变量的相关系数设为 $p_{ij}=0.5$；若不相邻，其相关系数 $p_{ij}=0.1$。

6.2.3.2　容量可靠性计算

采用蒙特卡罗仿真技术来计算的容量可靠性，具体步骤如下：

步骤0：初始化。设定最大抽样次数 $N_{\max}$，令抽样计数 $n=1$。

步骤1：抽样。假设各路段容量服从多元随机分布，根据相关性假设确定各随机变量之间的相关系数。采用变换抽样法产生道路容量的第 n 次采样 $\boldsymbol{C}_n=[c_1^n \quad c_2^n \quad \cdots \quad c^n_{|A|}]$。

步骤2：定义功能函数。当抽样确定路网容量向量后，利用 GAMS 软件求解智能网联环境下混合交通均衡网络模型，获得路网内各道路的实际流量，则路网容量可靠性功能函数如下：

$$M_n(\boldsymbol{C}_n)=\begin{cases}1 & (\forall \hat{x}_a < c_a^n) \\ 0 & (\exists \hat{x}_a \geqslant c_a^n)\end{cases} \quad (a \in A) \tag{6-74}$$

步骤3：判定是否达到最大抽样次数。若 $n<N_{\max}$，则令 $n=n+1$，重复操作第1步、第2步；否则，转入第4步。

步骤4：计算路网容量可靠性估计值。基于统计方法，采用如下公式计算出容量可靠性估计值：

$$R(d)=P[\hat{x}_a \leqslant c_a, \forall a \in A] \tag{6-75}$$

6.2.3.3　案例分析

选用经典的 Sioux-Falls 交通网络进行案例分析。该路网包含24个节点、76个有向路段，两节点间道路均为双向道路。道路基础信息如图6-1所示，其中路段的注释为（α_{ij}，c_{ij}^{theo}），α_{ij}表示路段 ij 的自由流时间（min），c_{ij}^{theo}表示路段 ij 的理论容量上限（veh/h）。路网的 OD 矩阵需求见表6-1，其中 α 与 β 为道路的阻滞系数，ξ 取0.5。基于变换抽样的蒙特卡罗方法产生多元随机变量，对概率分布的类型有所限制，一般为正态分布、均匀分布、极大值分布、极小值分布、Gamma 分布等。其中只有均匀分布能设置确定的上下限范围。鉴于以上原因，采取均匀分布作为各路段容量的边缘概率分布，容量的波动范围限制为 $c_{ij}^{\mathrm{theo}} \sim 0.5c_{ij}^{\mathrm{theo}}$。

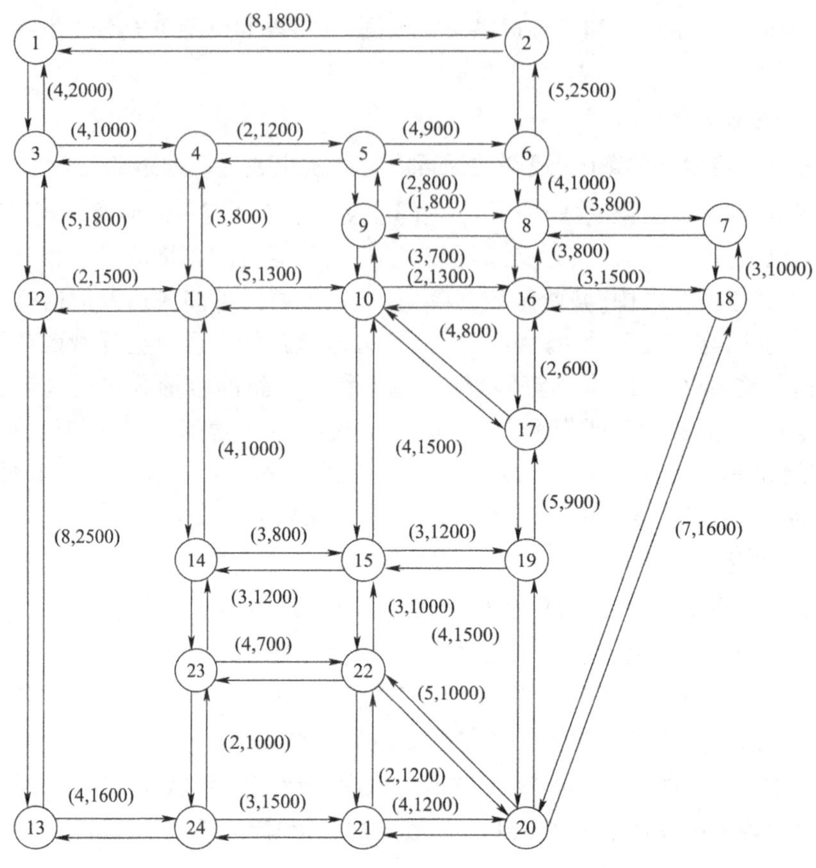

图 6-1 Sioux-Falls 网络

Sioux-Falls OD 需求矩阵(单位:veh/h) 表 6-1

终点	起点				
	1	2	10	13	20
1	0	700	300	500	200
2	700	0	200	400	400
10	300	200	0	600	800
13	500	400	600	0	500
20	200	400	800	500	0

1)容量可靠性分析

为了便于比较,定义需求水平 d 为实际交通需求与理想道路容量下能满足的最大交通需求之比。d 小于 1,则表明交通需求小于道路最大服务量,路网能够承担路网要完成的交通需求任务;d 等于 1,则表明交通需求刚好等于最大服务量;d 大于 1,则表明交通需求大于道路最大的服务量。

基于所提模型、求解算法和 Sioux-Falls 网络,运用蒙特卡罗技术进行仿真测试,研究不同需求水平和 CAV 渗透率(λ)两者对路网容量可靠性的影响,其中 CAV 渗透率为{0、0.2、

0.4、0.6、0.8、1}，设置随机抽样次数 $N_{\max}=5000$，通过反复仿真测试可得到需求水平、CAV 渗透率、路网容量可靠性之间的关系，如图 6-2 所示。

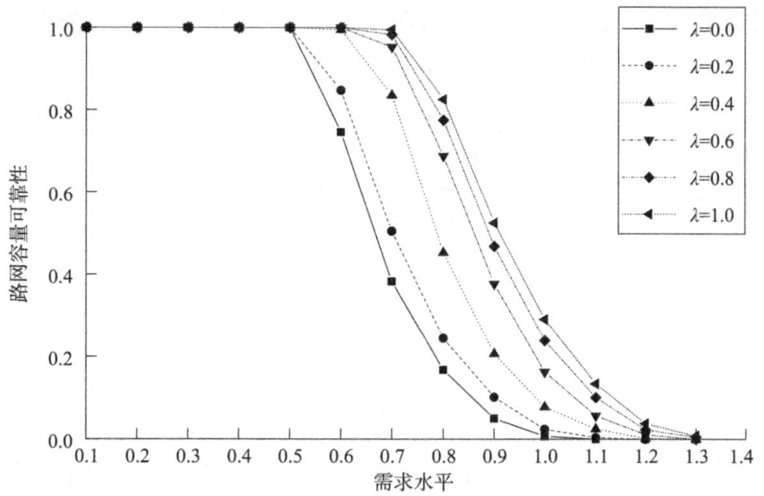

图 6-2 不同 CAV 渗透率下路网容量可靠性

由图 6-2 可知，路网容量可靠性的变化可以划分为三个明显阶段：

第一阶段（$0.1\leqslant d\leqslant 0.5$）：设置随机道路容量服从均匀分布的下限为$\frac{1}{2}c^{\text{theo}}\frac{1}{2}c_{ij}^{\text{theo}}$，故路网内任何道路的随机道路容量均满足交通需求，不论 CAV 渗透率为何值，路网容量可靠性为 1，路网内任何道路都不会拥堵。

第二阶段（$0.5\leqslant d\leqslant 1$）：此阶段由于路网容量存在随机性，可能出现最大服务量不满足交通需求的现象，路网的可靠性随着需求水平的增加逐渐变小，可靠性递减而小于 1，路网内有拥堵现象的道路逐渐变多。但 CAV 渗透率的提高有助于提高路网容量的可靠性。例如，$d=0.7$、$\lambda=0$，路网容量可靠性为 0.39；$d=0.7$、$\lambda=0.2$，路网容量可靠性为 0.45；$d=0.7$、$\lambda=0.4$，路网容量可靠性为 0.84，相较渗透率为 0，可靠性提高了 115%。

第三阶段（$d>1$）：此阶段交通需求大于路网的服务量，路网可靠性下降较快，但是随着 CAV 渗透率升高，路网容量可靠性略有点提高，说明 CAV 较高时能有效优化交通路网的性能，可提高路网容量的可靠性。$d>1.3$ 时，路网容量可靠性等于 0，说明路网已经进入全面拥挤阶段，路网内所有道路都存在拥堵，路网处于瘫痪状态。

2）路段相关性分析

现有研究大多假设路段容量是独立分布的随机变量，而实际情况下路段容量之间具有一定的相关性。为了分析路段相关性对路网容量可靠性的影响，考虑三种相关性假设：

（1）独立分布假设：路网内所有路段的随机道路容量相互独立，互不相关。

（2）弱相关假设：路网内所有路段的相关系数 $p=0.1$。

（3）强相关假设：相邻路段相关系数 $p=0.5$，非相邻路段相关系数 $p=0.1$。同时，为了分析相关性假设影响的普适性，除了均匀分布之外，还以 Gumbel 型极大值分布作为对比。图 6-3 中呈现了 CAV 渗透率为 0.5 时，不同相关性假设下的路网容量可靠性比较结果。实验结果表明：在低需求水平条件下，相关性假设对路网容量可靠性的影响较小；当需求水平大于 0.6 时，相关性假设会对路网容量可靠性分析的结果有显著的影响，强相关性假设下的容量可靠性高于弱相关性假设和独立假设。同时注意到，由于 Gumbel 分布不便于指定明确的容量下限，当需求水平为 0.5 时，图 6-3a）所示的 Gumbel 分布下路网容量可靠性略低于 1，而图 6-3b）所示的均匀分布的路网容量可靠性等于 1。

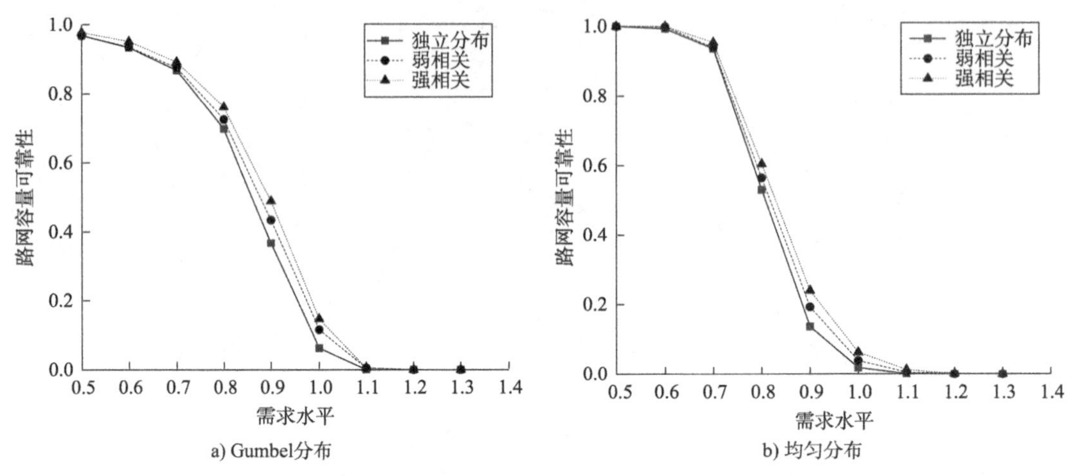

图 6-3 不同相关性假设下的路网容量可靠性

6.3 城市路网自动驾驶专用车道部署方法

6.3.1 专用道设置应用综述

随着机动车数量的急剧增加，交通拥堵已经成为世界各地许多城市的常见现象。正如 6.1.1.1 节所指出的那样，与传统的通过修路、拓路方式拓展现有交通网络容量的策略相比，合理的交通管理策略在缓解城市交通拥堵中扮演着更加重要的角色。近些年来，专用道策略作为交通管理策略之一，广泛应用于现实中，如：公交专用车道（Bus Lane）、HOV 专用道以及为大型特殊事件临时设置的专用道（如奥运会专用道 Olympic Lane）。

6.3.1.1 公交专用车道

公交专用车道作为一个重要的公交优先策略，已经在世界范围内许多国家广泛实施。其主旨思想是在一些特定时段（如早、晚高峰）将一些普通车道转化为公交专用车道。设置公交专用车道的目的是提升公交运输的能力，以增加公交系统吸引和促进旅客由社会车辆转向公交出行，从而达到缓解城市交通拥堵的目的。世界上第一条公交专用车道可以追溯至 1940 年美国芝加哥的专用车道。在欧洲，1963 年德国汉堡建设了第一条公交专用车道。随后，欧洲其他国家，如法国、英国，也开始建设公交专用车道。之后，亚洲国家也开始实施公交专用车道策略以促进公交优先。中国于 1970 年在北京市长安街建设了第一条公交专用车道。如今，在全世界范围内通过实施公交专用车道策略来促进公交优先已经变得越来越流行。仅仅在中国，许多城市如北京、西安、昆明、广州、成都等已经实施了公交专用车道策略。很显然,公交专用车道可以避免公交车陷入交通拥堵,从而实现快速而准时的公交运输服务。

公交专用车道通常有两种类型:永久型和间隔型。因为永久型公交专用道独占一条车道,其他非公交车辆任何时间均不允许通过,它永久地减少了非公交车辆的路段可使用容量,这可能会对非公交出行带来严重的交通压力。因此,很多的研究者建议实施间隔型公交专用道来提升路段车道的使用效率。间隔式公交专用车道即对路段上社会车辆和公交车辆的路权需求进行实时分配。传统道路环境下,间隔式公交专用车道有两种形式:一种是间歇式公交专用车道(Intermittent Bus Lane, IBL),另一种是动态公交专用车道(Dynamic Bus Lane, DBL),车道设置路段的车流运行规则要求当公交到达时,社会车辆禁止换道进入公交专用车道下游的清空距离范围内。

6.3.1.2 HOV 车道

HOV 车道通常在高峰期设置以供 HOV 车辆使用,从而减少其运行时间。HOV 车辆是指装载多个成员的车辆,代表性的车辆包括拼车车辆、公交车。与公交专用车道一样,HOV 车道通常也用特殊的标志标识加以区分。通过 HOV 车道,HOV 车辆能够快速地通过高峰期拥堵的区域。因此,它吸引出行者,特别是通勤者,倾向于拼车出行。世界上第一条 HOV 车道可以追溯至 1960 年代的北美。在 1980—1990 年,HOV 车道也进入了快速发展的轨道,洛杉矶、纽约、旧金山、西雅图及华盛顿等城市已经广泛实施。现如今,HOV 车道不仅广泛实施于北美 40 多个城市,还在世界上的许多其他城市,如英国、西班牙、澳大利亚及荷兰的许多城市都已实施。HOV 车道鼓励出行者拼车,从而避免高峰期的交通拥堵,它有助于用更少的车辆装载更多的人。因此,HOV 车道策略已经被认为是一种有效的提升路段使用率、缓解交通拥堵、减少碳排放及节约能源的交通管理方式。目前主要设置策略可总结如下:

(1)设置 HOV 车道时,对普通车道的交通量或平均车速有一定要求,当道路高峰小时交通量达到 1700 ~ 2000 辆/h 或平均车速低于 48km/h 时,可考虑设置 HOV 车道。

(2)HOV 车道的运营应保证其利用率达到一定水平。

(3)HOV 车道的运营时段应依据道路交通流量高峰时段设置。

6.3.1.3 临时专用道

专用道策略也被应用于一些大规模特殊事件,如大型运动会(如奥运会、大型博览会)。当今,这些大型特殊事件频繁地在世界上很大城市举办。例如 2022 年有约 50 场大型运动赛事在世界各地举办。这些运动赛事通常要求组织者以快速、安全及可靠的方式将特定人员和物资从运动村运送至各比赛场馆。例如,2010 年广州亚运会承诺将运动员在 30min 内运送至各分散的体育场。此外,2018 年青岛上合峰会、2022 年北京冬奥会都实施了专用道策略。为了满足这些特殊的交通要求,组织者采取临时在某些路段上设置专用车道,以供大规模特殊事件期间专用。

6.3.1.4 自动驾驶专用车道

自动驾驶专用车道指专门为自动驾驶车辆设置的独立或非独立路权车道,可设置于城市道路、快速路或高速公路上。在形成纯网联交通流之前,CAV 将存在于混合交通流中。

CAV 由机器和算法控制,HDV 由人类驾驶人操作。为自动驾驶车辆提供优良的运输环境,设置自动驾驶专用车道十分必要。

6.3.2 自动驾驶专用车道基础理论

混合交通流中各种车辆的跟驰、换道和路径选择等驾驶行为是影响交通特性的重要因素。由于,自动驾驶专用车道尚未大规模应用,因此,在研究过程中需使用微观交通仿真技术,在合理假设基础上进行研究。本节结合联网车辆的巡航特性、联网车辆类型以及车与车、车与路之间的信息交互等因素分析联网环境下混合交通流中的驾驶行为与交通特性,并在此基础上提出自动驾驶专用车道的部署策略。

6.3.2.1 自动驾驶专用车道的定义及功能

自动驾驶专用车道指专门为自动驾驶车辆设置的独立或非独立路权车道,可设置于城市道路、快速路或高速公路上。其主要功能为:

(1)在自动驾驶技术应用初期保障自动驾驶技术安全、可靠、高效地落地。

(2)基于车路协同技术,5G 技术、高清摄像头等对自动驾驶车辆实时的信息传输,有效避免二次事故发生。

(3)避免现有检测设备在应对实际交通环境时存在的潜在缺陷。

(4)避免潜在的自动驾驶车辆无法正确感知、预测人类驾驶人的行为。

6.3.2.2 车辆类型定义

纯网联环境的落地需要漫长的时间,混合交通场景(即道路上同时存在 CAV 和 HDV)的管理是 CAV 发展过程中不可避免的问题。国际汽车工程师学会(International Society of Automotive Engineers,SAE)提出了对自动驾驶车辆的六级分级定义:无自动驾驶(L0 级)、初级驾驶辅助(L1 级)、初级自动驾驶(L2 级)、有条件自动驾驶(L3 级)、高等级自动驾驶(L4 级)和完全自动驾驶(L5 级)。本书定义自动驾驶车辆均为 L3 级别技术水平,在自动驾驶专用道条件下能够在专用车道上实现自动驾驶跟车、换道以及队列控制。

常规车辆指无自动驾驶辅助功能的车辆,即 L0 级,由人类驾驶人完成所有驾驶过程中的加速、减速、转向等操作。

6.3.2.3 CAV 驾驶行为特性分析

在传统交通环境下,驾驶人通过自身的感觉器官获取来自路侧的指示标志的信息、天气、路面条件以及周围车辆的运行情况等。但是利用感觉器官获取信息时,驾驶人的主观因素以及环境的客观因素易使驾驶人产生误判,故而存在一定的局限性。在智能网联环境下,车车通信、车路通信使得车辆间的位置、速度、加减速行为以及换道行为等信息公开透明,因此,获取信息的准确度以及获取信息的速度都将大幅提升。

将驾驶行为过程进行划分,可分为感知、判断以及操作三个阶段,其中车联网技术对驾驶行为的影响主要体现在前两个阶段。对于感知阶段,使用车联网技术后,车辆行驶安全性提高、交通事故减少,反映到车联网技术对微观驾驶行为的影响大致有以下几个方面:

(1)安全距离。跟驰行驶的间距条件要求当前车制动时,跟驰车辆需要有足够的反应时间,即前后两车之间需保证足够的安全距离。车联网技术使得前后相邻车辆的速度和位置信息公开且透明，跟驰车辆可以实时获取前导车辆的速度和加速度变化情况，因此，最小安全距离的控制范围缩小，根据安全距离的计算方法，安全距离也相应缩小。

(2)行驶速度。前后相邻两车均为 CAV 时，车车之间共享速度信息，从而前后两车可以在速度上相互配合，后车在与前车距离较短时仍然可以保持较高的行驶速度，使得整体交通流更加稳定，但是如果前后车之中只有一辆车是 CAV，则无法进行信息交互，车速没有显著提高。

(3)加减速行为。传统交通环境下，驾驶人受心理因素的影响，通常会为了确保行车安全频繁进行加速和减速。在智能网联环境下，车联网的环境感知能力使得车辆处于高效率的行驶状态，从而减少了不必要的加速与减速行为。

6.3.2.4　混合交通流特性分析

CAV 的车车通信、车路通信、快速反应、车辆控制其具备稳定的驾驶能力。而 HDV 的驾驶行为由驾驶人的手动操作决定，面对各种交通状况，驾驶人的反应能力在很大程度上决定了车辆的运动趋势。对比 CAV 和 HDV 的运动特性可知，自动化控制系统相较人为反应及操作能力，其具有更大的优势，反映到对宏观交通流的影响大致有以下几个方面：

(1)交通效率。由于车联网技术使得车辆间的安全距离减小、后车跟驰行驶的速度提高，此外车联网的自动控制模块使得车辆处于高效率的行驶状态，因此，行驶的交通效率提高。

(2)交通安全。通过自动驾驶车辆自带的驾驶辅助系统还可以预判可能存在的危险，并及时作出反应，因此，交通流整体的安全性亦将提高。

(3)交通拥堵。在联网环境下，驾驶人的反应时间减少、驾驶安全性提高，因此，能够有效减少甚至避免交通事故的发生，亦可减少由交通事故引起的交通拥堵。

6.3.2.5　混合交通流通行能力分析

道路通行能力指单位时间内通过道路某一断面的最大交通量，平衡态下由车头时距分布决定。在混合交通流环境下，由于 CAV 的跟车时距与 HDV 跟车时距不同，所以交通流车头时距分布不均匀，车头时距的变化也影响了道路通行能力。

6.3.3　网联自动驾驶汽车渗透率扩散预测

CAV 属于新兴产品，目前还处于封闭测试及示范阶段，但其在提升交通安全、缓解交通拥堵和节约能耗等方面具有很大的潜力，有望成为未来交通出行的主要方式。国内外研究表明，CAV 的市场渗透率直接影响道路通行能力、速度和安全等基本交通流特征参数，而大部分道路规划与管理必须以道路通行能力、速度和安全等为基础评估指标展开，故预测 CAV 渗透率对未来交通规划至关重要。本节将基于创新理论建立 CAV 渗透率扩散模型，预测未来 CAV 的发展趋势，为汽车行业和交通行业提供指导。

6.3.3.1　巴斯(Bass)扩散模型

1)基本 Bass 模型

为解析新型产品、新技术的传播机理，Frank M. Bass 拓展了创新扩散理论，提出了巴斯扩散模型(Bass Diffusion Model，Bass 模型)及其相关扩展理论，其认为新产品的扩散为产品逐渐被潜在用户采纳的过程[7,8]。潜在用户分为创新用户和模仿用户,创新用户受新媒体、广告等大众媒体的外部影响而采用新产品,模仿用户受到已经采纳用户之间的口碑传播或推荐等内部影响而采纳新产品。Bass 模型将扩散中创新采用和模仿采用两大效应完美融合,并将预测和市场学的相关定量研究方法引入创新扩散研究,显著提升了模型的实际应用价值,是新产品扩散理论研究的里程碑,非常适用于对新产品、新技术的扩散进行初次预测。此后,大量学者将 Bass 模型应用于家电、汽车和能源等产品扩散的初次预测。

通常,扩散模型假设随着时间的推移,新产品的累计销售额将呈 S 形曲线,增长速率与正态分布曲线相似。在新产品发布的初始阶段,群众的接受率较低,产品购买率很低,反映出消费者对新产品的保守性。随着时间的推移,受到周围朋友及亲人的推荐、社交和媒体广告的推广,可能会吸引部分中立的消费者购买该新产品,此时产品的采用率可能会逐渐增加。总体来说,新产品的采用率先上升再逐渐下降为零,最终达到市场饱和;视新产品的特性而定,不同产品到达饱和的时间不同,可能是几个月、几年甚至几十年。也存在新产品采用率一直下降的情况,说明此新产品不符合市场需求,扩散失败。

Bass 扩散模型(图 6-4)的基本假定包括如下几点:

(1)市场潜在最大需求随时间的推移保持不变;

(2)创新产品的扩散不受其他创新的影响,即独立扩散;

(3)产品的性能随时间推移保持不变;

(4)社会系统的地域界限不随扩散过程而发生改变;

(5)扩散只有两个阶段过程,采用和不采用;

(6)一种创新的扩散不受市场营销策略的影响;

(7)不存在供给约束;

(8)采用者是无差异的、同质的。

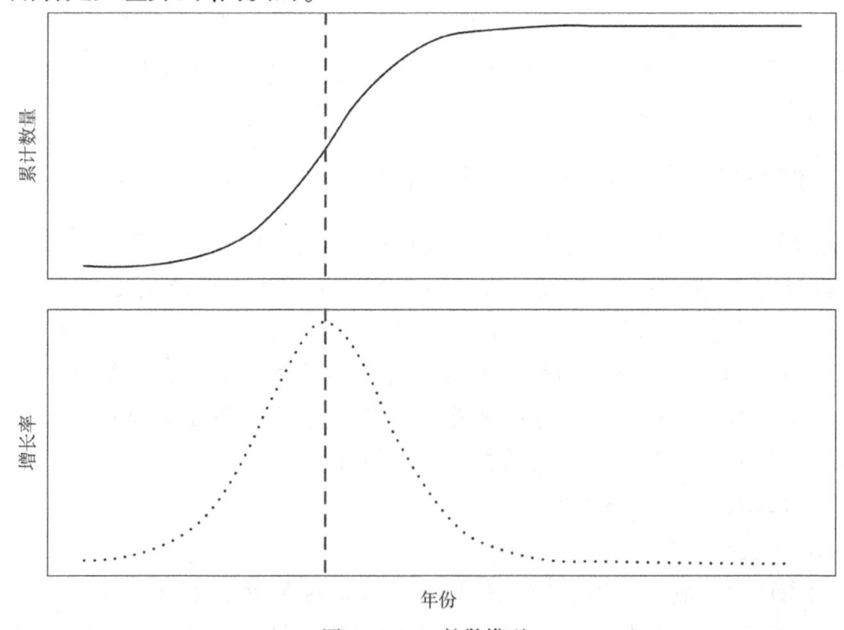

图 6-4　Bass 扩散模型

基于以上基本假定,通过危害函数可得到基础的 Bass 扩散模型[7],如式 6-76 所示:

$$n(t)=\frac{\mathrm{d}N(t)}{\mathrm{d}(t)}=\rho[m-N(t)]+\frac{\phi}{m}N(t)[m-N(t)] \tag{6-76}$$

式中:$n(t)$——t 时间的购买率;

$N(t)$——t 时间接受者的累计总数量;

m——市场潜在最大需求总量;

ρ、ϕ——创新系数和模仿系数,$\rho>0$,$\varphi>0$。

求解一阶微分方程式(6-76),可得:

$$N(t)=m\left(\frac{1-\mathrm{e}^{-\rho+\phi t}}{1-\frac{\phi}{\rho}\mathrm{e}^{-\rho+\phi t}}\right) \tag{6-77}$$

Bass 模型将成功的产品扩散定义为:在新产品传播过程中,单位时间内新增用户数量在初始阶段随着时间推移逐渐增大,达到峰值后逐渐降低,直到最后全部扩散,如图 6-5 所示。扩散成功的基本条件是模仿系数大于创新系数,即 $\phi>\rho$。Bass 模型将失败产品的定义为:在新产品传播过程中,随着时间的推移新增用户数量逐渐降低(图 6-6),该情况下模仿系数小于或等于创新系数,即 $\phi\leqslant\rho$[9]。

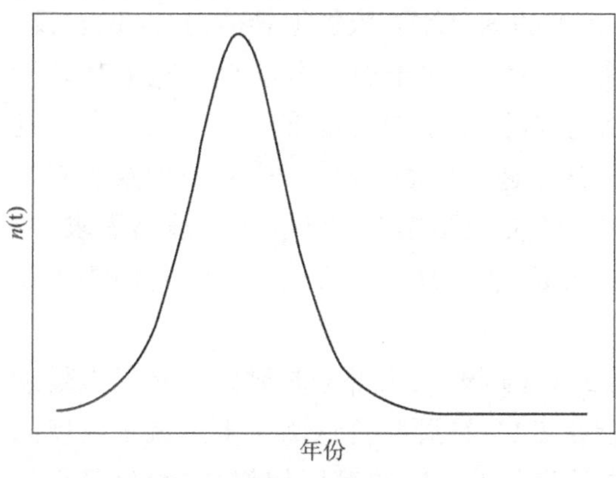

图 6-5　新产品扩散成功曲线

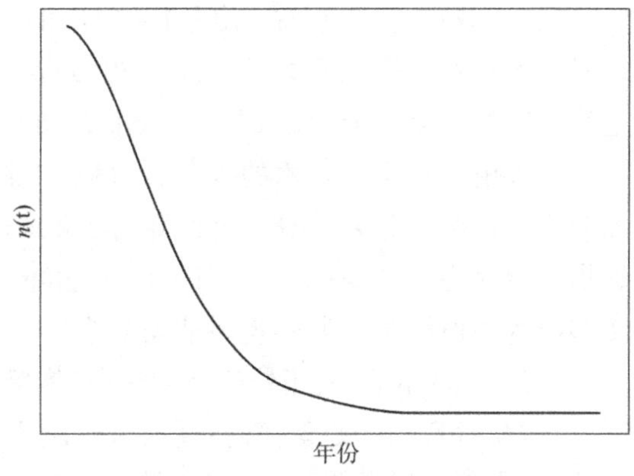

图 6-6　新产品扩散失败曲线

2)广义 Bass 模型

基本的 Bass 扩散模型利用最大市场需求(m)、创新系数(ρ)、模仿系数(φ)三个参数对新产品接受度进行预测,没有考虑其他市场其他因素对新产品推广的影响,例如市场营销策略及政府管控措施等。因此,1994 年 Bass 提出了广义 Bass 扩散模型[8]。

$$n(t)=\frac{\mathrm{d}N(t)}{\mathrm{d}(t)}x(t) \tag{6-78}$$

式中:$x(t)$——决策变量变化创造的效益,其随时间的变化而演化。

$x(t)$ 的基本表达式如下:

$$x(t)=1+\left[\frac{\Delta r(t)}{r(t-1)}\right]\beta_1+\left[\frac{\Delta \mathrm{ADV}(t)}{\mathrm{ADV}(t-1)}\right]\beta_2 \tag{6-79}$$

式中:$r(t)$——t 时刻创新产品的市场价格;

$\mathrm{ADV}(t)$——t 时刻对创新产品的广告投入;

β_1、β_2——影响因素的系数。

由此，可确定累计销售与采纳速率的表达式：

$$N(t) = m\left(\frac{1 - \mathrm{e}^{-\rho+\phi\int_0^t x(\tau)\mathrm{d}\tau}}{1 + \dfrac{\phi}{\rho}\mathrm{e}^{-\rho+\phi\int_0^t x(\tau)\mathrm{d}\tau}}\right) \tag{6-80}$$

$$n(t) = \left(\rho + \phi\frac{N(t)}{m}\right)(m - N(t))x(t) = \left[\rho m + (\rho + \phi)N(t) - \frac{\phi}{m}(N(t))^2\right]x(t) \tag{6-81}$$

3）基于广义 Bass 扩散的自动驾驶汽车渗透率扩散模型

2008 年，为减少交通碳排放，打造绿色城市，中国启动“十城千辆”节能与新能源汽车示范工程，该工程大力推广新能源汽车的使用，此后纯电动汽车（Electric Vehicles，EV）慢慢进入市场。然而，出于蓄电池使用寿命短、充电时间长、充电设施少等一系列原因，导致人们对 EV 的认可度不高，汽车用户对 EV 的性能持怀疑态度。2011 年后，EV 发展进入困难的瓶颈期，之后的 4 年，发展速度极其缓慢，即使我国政府推出了一系列的政策，但是 EV 的市场依然冷淡。“政策热、市场冷”成为 EV 发展的状态，积极的国家政策依然很难推动 EV 的普及，新能源汽车发展遇到极大的瓶颈。2015 年，《国务院办公厅关于加快电动汽车充电基础设施建设的指导意见》印发，拟解决城市电动汽车充电难题，希望能再度推动新能源汽车的发展。另外由于蓄电池技术的提升，使得近年新能源汽车迎来发展的高峰期，目前大众对新能源的汽车认可度越来越高。近两年，国家又相继提出“交通强国”和“新基建”战略需求，明确指明要大力发展新能源汽车产业，碳达峰和碳中和成为 2021 年“两会”的热词，加快汽车转型成为建设绿色交通的重要战略需求。

当前，CAV 的发展还处于孕育阶段，实际上路的 CAV 极少，大部分是园区送货无人驾驶汽车，群众对其功能处于怀疑阶段，接受度不高，但是 CAV 被国际公认为是未来汽车发展的趋势，未来必会慢慢普及。由此可知，CAV 在国内的发展与 EV 的发展相似，初始阶段都是政府部门大力推荐的对象，制定了众多相关政策。但是新产品孕育阶段仍有大部分人对 CAV 持悲观的态度，认为不可能在现实路网中大规模的实施，这与 EV 初始阶段的发展是一致的。但是随着技术的成熟，两者都会成为大众接受的产品。

EV 的发展受到充电桩的约束，现有开发的 CAV 车辆多数属于新能源汽车，且 CAV 还需要配套路侧通信设备。由此可知，EV 和 CAV 的扩散都受到相关基础设施的影响。因此，本节采用充电桩数量作为外部变量，用 EV 扩散模型的 ρ、ϕ 参数作为智能网联汽车发展的参数，建立智能网联汽车渗透率扩散模型。假设 CAV 发展模式与纯电动汽车发展模式相似，以我国新能源汽车历史销售数据作为 CAV 未来发展态势的评估基础。

CAV 渗透率扩散模型：

$$P(t) = \left(\frac{1 - \mathrm{e}^{-\rho+\phi\int_0^t x(\tau)\mathrm{d}\tau}}{1 + \dfrac{\phi}{\rho}\mathrm{e}^{-\rho+\phi\int_0^t x(\tau)\mathrm{d}\tau}}\right) \quad (t,\rho,\phi > 0) \tag{6-82}$$

$$p(t)=\left[\rho m+(\rho+\phi)P(t)-\frac{\phi}{m}(P(t))^2\right]x(t) \tag{6-83}$$

6.3.3.2　模型参数估计

本书收集整理了公安部和中国电动汽车充电基础设施促进联盟发布的2010—2020年的EV保有量和充电站保有量数据(表6-2)。由表6-2可知,自2015年起,EV开始快速发展,保有量增长约4倍,2018年后增长率开始下降,增长量趋于保持稳定,维持在90万辆左右。经计算可得,充电站建设则在2016年迎来大爆发,保有量增长率达到7.6%,这是2015年《国务院办公厅关于加快电动汽车充电基础设施建设的指导意见》印发带来的充电桩建设热潮,此后充电站的建设趋于稳定,2020年的增长率为20%。

中国2010—2020年纯电动车和充电站保有量　　表6-2

年份(年)	EV保有量(辆)	EV年增长量(辆)	充电站保有量(个)
2010	2754	2754	76
2011	8333	5579	161
2012	19708	11375	256
2013	37350	17642	518
2014	82347	44997	780
2015	329829	247482	1069
2016	738829	409000	8683
2017	1250000	511171	16398
2018	2110000	860000	27929
2019	3100000	990000	35849
2020	4000000	900000	42983

广义Bass扩散模型是非线性函数,其参数可以通过非线性最小二乘法估计[10]。Park[11]使用非线性最小二乘法估计广义Bass扩散模型,证实其结果具有统计意义。本书基于我国2010—2020年纯电动汽车和充电站数量数据,使用非线性最小二乘法为扩散模型进行估计参数。2016年,Li等提出了广义Bass扩散模型预测EV的扩散,其假定中国的EV最大潜在市场为500万辆[12]。由表6-2可知,2020年EV保有量为400万辆,且目前还处于增长阶段,其最大潜在市场m远大于500万辆,这与实际是不相符的。为此,分别假定$m=$1000万辆、5000万辆、1亿辆,对模型进行参数估计,结果见表6-3。

广义Bass模型参数估计结果　　表6-3

参数	m(百万)	R^2	调整后的R^2	SSE	ρ	φ	β_1
预测值	10	0.979	0.978	3.351×10^{10}	0.00102	0.367	0.469
	50	0.953	0.951	5.725×10^{10}	0.00101	0.219	1.340
	100	0.942	0.944	5.943×10^{10}	0.00101	0.199	1.451

注:SSE表示残差平方和。

由表 6-3 可知，创新因子 ρ 很小，这是由于 EV 属于价格较高的新产品，用户对其保持谨慎态度，不敢尝试贸然购买；模仿因子 φ 较大，是由于受周围已经购买的朋友或亲戚的推荐，EV 的优势让潜在用户受他人的影响选择购买；$\rho < \phi$ 说明 EV 属于成功扩散的新产品。通过对比分析不同 R^2、调整后的 R^2 和 SSE 可知，EV 的潜在市场用户 m 取值为 1000 万辆时拟合度最好，但是取值 5000 万辆和 1 亿辆时拟合度也较高，说明广义 Bass 模型的适应性较高，适用于 EV 扩散的预测。

由图 6-7 可得，$m = 1000$ 万时，在 2035 年左右，EV 将趋于饱和；$m = 5000$ 万时，在 2050 年左右，EV 将趋于饱和；$m = 1$ 亿时，在 2058 年左右，EV 将趋于饱和。通过表 6-2 中 2018—2020 年 EV 年增长量可知，这三年增长较为稳定，这表明 EV 的增长量在 2019 年附近的几年达到峰值。基于 Bass 模型的特性可知，完成扩散时，$n(t)$ 关于峰值对称。可知未来 EV 的增长将慢慢下降，预计 30 ~ 40 年可能完成潜在市场用户的全面扩散，m 值取 1 亿更符合 EV 的扩散规律。

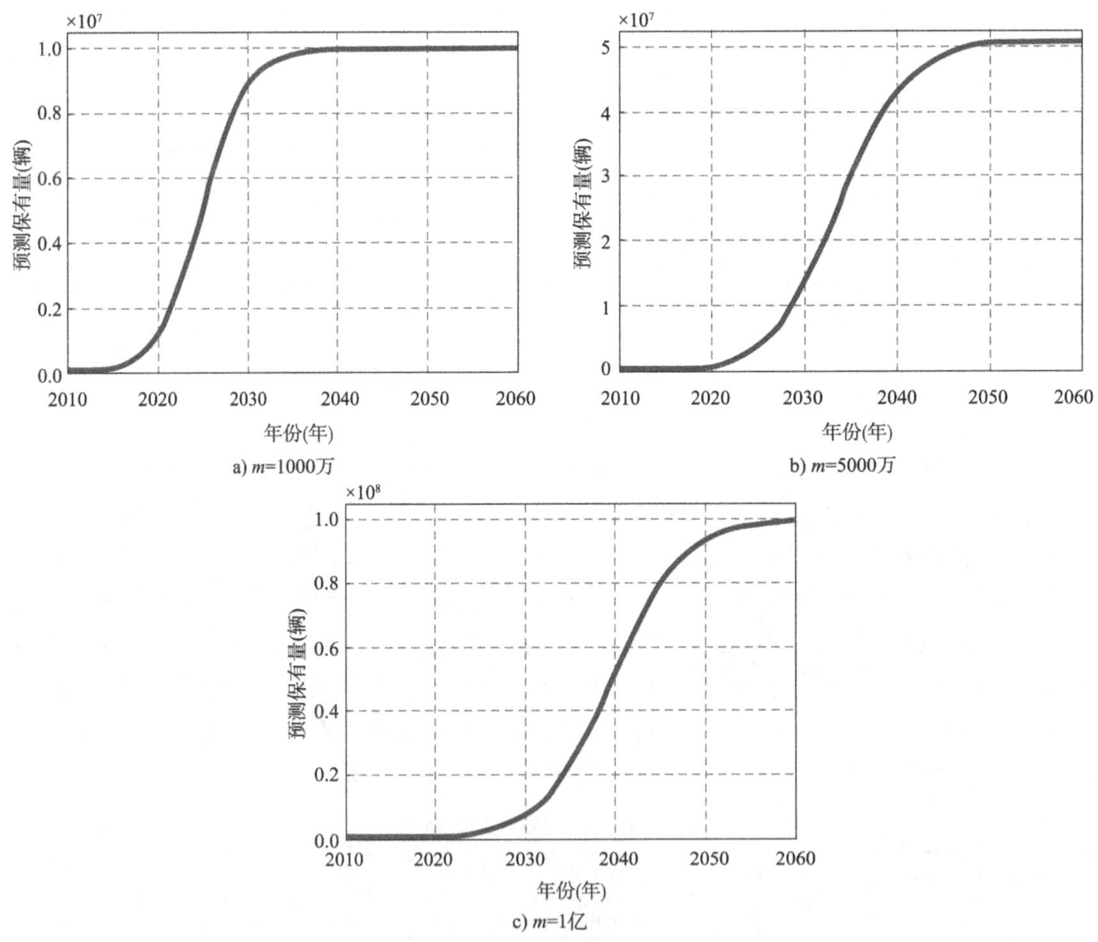

图 6-7　不同 m 值下的 EV 汽车保有量预测

初始阶段，人们对 CAV 和 EV 的都持怀疑态度，但是 CAV 与 EV 的差异还是显著的。首先，EV 与传统汽车的差异在于能源，而 CAV 颠覆了交通模式及部分用户的认知，创新因子和模仿因子都应小于 EV 车辆;其次,CAV 的市场比 EV 的市场要大,在国家层面 EV 可以节能减排,政府通过制定优惠政策鼓励国民使用 EV。在用户层面,大部分用户仍然认为传统汽车更为便捷舒适,不存在里程焦虑,尤其是收入较高的人群并不会因为国家的补贴而购买 EV,这造成 EV 的发展并不能占据大部分汽车销量。而 CAV 则在国家层面还是用户层面都可以提供客观的效益,用户可以享受出行旅程的灵活时间,交通安全和效率也可以得到提升。当 CAV 与车路协同技术完全成熟时,交通将完全变成一种服务,CAV 拥有更大的潜在市场,甚至能够在未来完全覆盖整个交通系统。

鉴于以往相似新产品的扩散经验,根据 EV 数据标定的参数(表 6-3)和 CAV 的特性,采用 $\rho=0.001$ 作为 CAV 扩散的创新因子,采用 $\varphi=0.199$ 作为 CAV 扩散的模仿因子,β_1 取值为 0.469,建立基于广义 Bass 模型描述 CAV 渗透率的扩散。

$$P(t)=\left(\frac{1-\mathrm{e}^{-0.001+0.199\int_0^t 1+0.469\frac{s(\tau)-s(\tau-1)}{s(\tau-1)}\mathrm{d}\tau}}{1+\dfrac{0.001}{0.199}\mathrm{e}^{-0.001+0.199\int_0^t 1+0.469\frac{s(\tau)-s(\tau-1)}{s(\tau-1)}\mathrm{d}\tau}}\right) \tag{6-84}$$

整理后可得:

$$P(t)=\left(\frac{199-199\mathrm{e}^{-0.2\int_0^t 1+0.469\frac{s(\tau)-s(\tau-1)}{s(\tau-1)}\mathrm{d}\tau}}{199+\mathrm{e}^{-0.2\int_0^t 1+0.469\frac{s(\tau)-s(\tau-1)}{s(\tau-1)}\mathrm{d}\tau}}\right) \tag{6-85}$$

式中:$\dfrac{s(\tau)-s(\tau-1)}{s(\tau-1)}$——CAV 配套基础设施(充电站、5G 基站、路侧通信单元等)的增长率。

由于国内自动驾驶发展走的是车路协同路线,考虑政府主导的新基建影响,假设 2025 年后,用户可以在市场自由购买 CAV,CAV 和 HDV 在国内开放道路上都拥有路权。如图 6-8 所示,中国约在 2045 年渗透率达到约 60%,2060 年可实现 CAV 的 100% 覆盖,预计 35 年内 CAV 可在国内普及。而美国 CAV 渗透率的扩散速度比中国快 2~3 年。

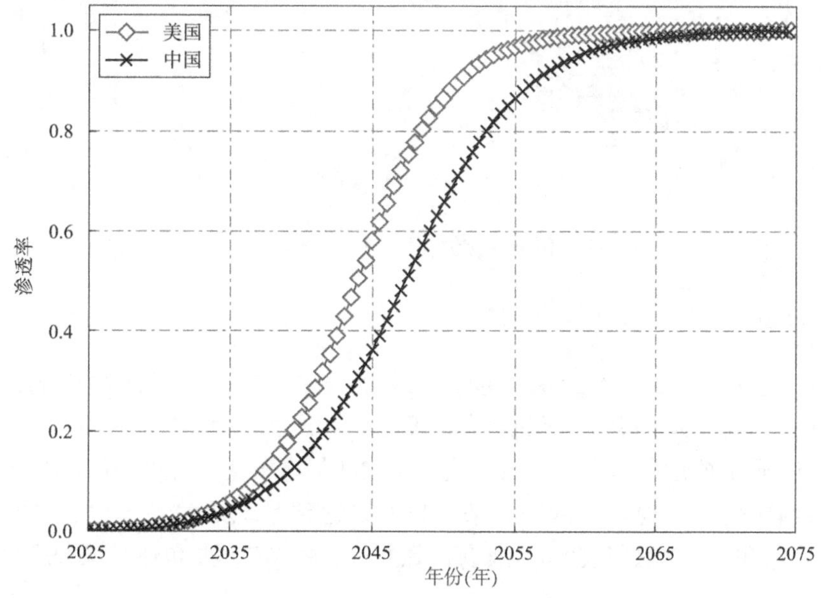

图 6-8 中美 CAV 渗透率扩散对比

CAV 的发展受到自身技术的限制,例如雷达、传感器、定位技术等,但国内自动驾驶发展走的不是欧美等国实施的单车智能路线,而是符合我国国情的车路协同路线。该路线需要新建大量新型智能化、数字化的路侧设施和管控平台,基础设施的完善可以为 CAV 行驶提供基础保障。因此,新型智能化、数字化的路侧设施和管控平台的建设(以下简称"新基建")对 CAV 的扩散具有积极的影响,有必要分析不同新基建速率(同年新增基础设施建设数量与上一年总的基础设施建设数量之比)下的 CAV 渗透率扩散规律。

如图 6-9 所示,在无外部干扰、CAV 自然扩散环境下,约在 2075 年达到完全渗透,而随着基建速率的增大,CAV 渗透的速率增大,当基建速率为 0.5 时,约 2052 年达到完全渗透,比自然扩散下提早 20 多年。由此可见,近年国家提出的"新基建"政策对 CAV 的发展十分重要,为 CAV 大规模的落地提供了重要基础保障。如图 6-10 所示,基建速率影响的是 CAV 渗透率扩散的时间跨度,对其最大增长率并无影响。增长率仅与创新因子和模仿因子相关,由于创新因子很小,其主要是受模仿因子的影响。基建速率越大,CAV 渗透率的增长率达到峰值的时间越短。

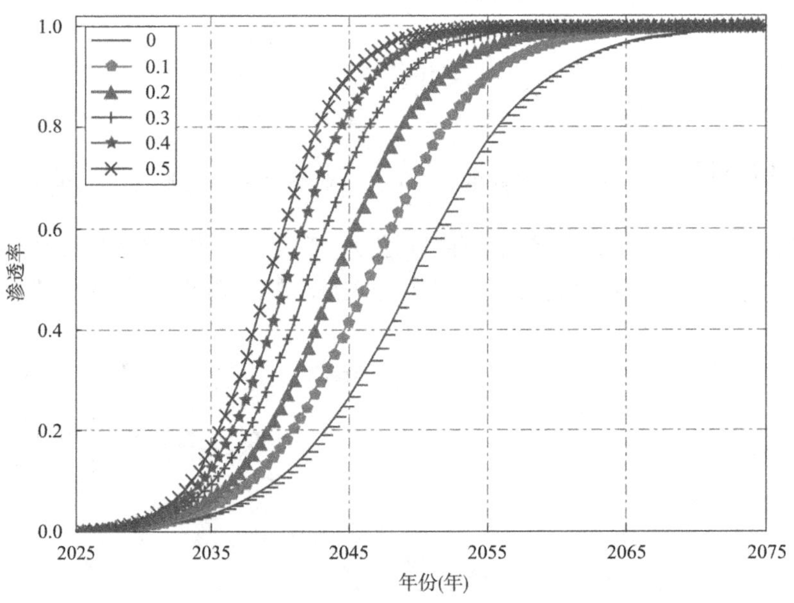

图 6-9 不同基建速率下的 CAV 渗透率累计扩散

6.3.4 自动驾驶专用车道优化部署

随着 CAV 进入路网,有必要考虑其与 HDV 的异质性对交通系统的影响,但目前混行下的理论基础薄弱,法律法规尚不完善,部署 CAVL 成为一种高效的混合交通流管理策略,既能提升交通系统运行性能,还能促进 CAV 的大规模落地。本节以 CAVL 为研究对象,探索在路网中何时何地以及部署几条 CAVL 以达到系统效益最大化,并将其视为离散交通网络设计问题,运用双层规划模型进行建模,采用 MSA 法和遗传算法联合求解所建模型。

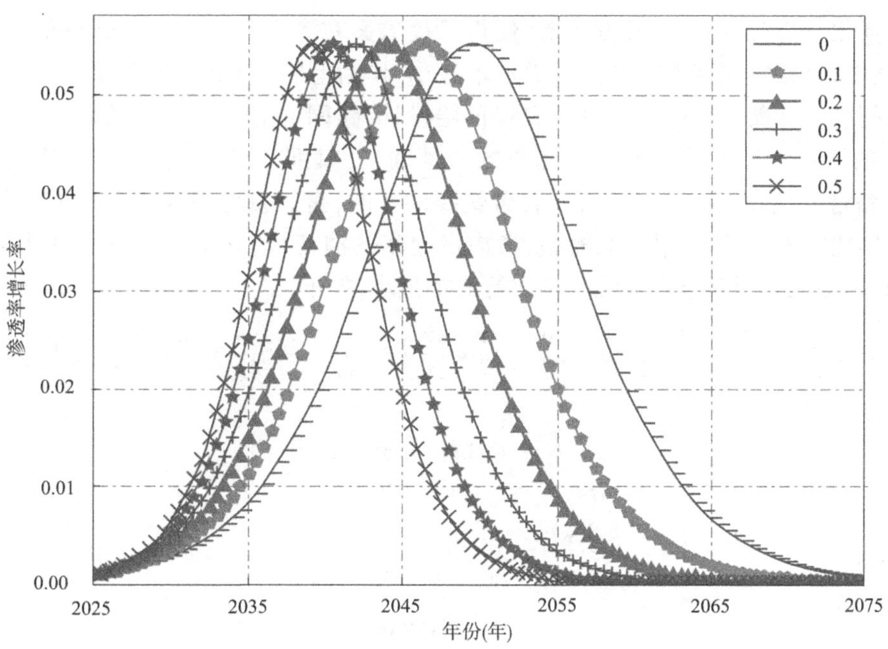

图 6-10 不同基建速率下的 CAV 渗透率增长率

6.3.4.1 自动驾驶专用车道优化部署模型

CAV 可以提高道路通行效率已成为交通领域的共识,其发展得到国家的大力支持,成为国家重要战略需求,有望成为未来交通发展的主要趋势。但是前期混合交通流特性不明晰,理论技术薄弱,安全保障技术匮乏,使得大众对 CAV 的安全性持怀疑态度。为更好地衔接低渗透率至高渗透的过渡阶段和增加 CAV 的路权,美国及国内相关道路都拟设置 CAVL,例如苏州智能网联测试区已经完成了 CAVL 的部署,美国加利福尼亚州、中国京雄高速公路都计划部署 CAVL。由此可知,未来将持续一段很长时间的 CAV 与 HDV 混行的交通模式,如何合理设置 CAVL 达到提高通行效率和保障交通安全的目的成为目前交通网络设计的新问题。CAVL 的规划设计属于离散型交通网络设计问题,因此,有必要基于以往交通网络设计的理论基础,面向未来的大规模混行交通流,构建 CAVL 优化部署的双层规划模型,以解决城市 CAVL 网络设计问题。该双层规划模型的上层问题为交通系统成本最小,下层问题为混合交通配流问题,通过两者的相互作用模拟路网的运行态势。

1)上层:交通系统优化问题

对于上层决策变量而言,交通网络设计问题分为三类:①在原有交通网络中修建新道路,决策变量是离散的,称为离散交通网络设计问题;②提高原有道路的通行能力,决策变量是连续的,称为连续交通网络设计问题;③将以上两者有机融合,即为混合交通网络设计问题。CAVL 的部署问题属于第一类离散交通网络设计问题,上层决策变量为设置 CAVL 的车道数。

对于上层目标函数而言,常用的交通网络设计问题目标函数有四种:①固定交通需求下的系统总成本最小,即交通系统总出行和建设成本总和最小;②固定需求条件下的网络备用能力最大;③弹性需求下的用户盈余最大,适用于评价交通改建为居民带来的社会效益;

④多目标优化,全方位地考虑各方效益,使得所提方案在满足各方要求下达到效益最大化。因此,模型中将“固定交通需求下系统总成本最小”作为上层模型的目标函数。

交通网络设计属于交通设计中的宏观顶层设计,路网的适用年限往往是十年甚至几十年,CAVL 的设置也需要面向未来十几年的交通演变,其间 CAV 可能迎来快速发展阶段,CAV 市场渗透率变化对 CAVL 的布设有着重要的影响,有必要考虑渗透率的变化规律。故基于上文构建的 CAV 渗透率扩散模型,考虑渗透率的演变,建立交通系统总费用最小的上层目标函数,即在规划年限内系统平均出行成本最小,如下:

$$\min F(l'_a,\varpi)=\frac{1}{\Omega}\sum_{\varpi\in\Omega}\left[\sum_{a\in\tilde{A}}(x_{a,\varpi}^{\mathrm{CAV}}t_{a,\varpi}^{\mathrm{CAV}}+x_{a,\varpi}^{\mathrm{HDV}}t_{a,\varpi}^{\mathrm{HDV}})+\sum_{a\in\bar{A}}(x_{a,\varpi}^{\mathrm{CAV}}t_{a,\varpi}^{\mathrm{CAV}}+x_{a,\varpi}^{\mathrm{HDV}}t_{a,\varpi}^{\mathrm{HDV}})\right]+\sum_{a\in A}G_a\,l'_a \tag{6-86}$$

$$1\leqslant l_a-l'_a\leqslant l_a\quad(\forall a\in A) \tag{6-87}$$

$$0\leqslant l'_a\leqslant l_a-1\quad(\forall a\in A) \tag{6-88}$$

$$l_a=l_a^{\mathrm{HDV}}+l'_a\quad(\forall a\in A) \tag{6-89}$$

$$x_a=x_a^{\mathrm{CAV}}+x_a^{\mathrm{HDV}}\quad(\forall a\in A) \tag{6-90}$$

$$\varpi\in 1,2,\cdots,\Omega \tag{6-91}$$

其中,式(6-86)为上层目标函数,表示在ϖ年内总出行成本最小;约束条件式(6-87)~式(6-89)表示 CAVL、GL 和总车道之间的关系;约束式(6-90)表示路段的流量等于 HDV 流量和 CAV 流量之和;约束式(6-91)表示 CAVL 设计年限取值。$\tilde{A}$为不存在 CAVL 的路段集合;$\bar{A}$为存在 CAVL 的路段集合;ϖ为年份;Ω 为交通网络规划设计年限;G_a 函数为路段 a 设置 CAVL 的成本。其他的符号定义与上文一致。

本模型将 CAVL 设计年限这一重要因素融入模型,并将上文提出的 CAV 渗透率扩散模型用于未来的路网规划,使得规划方案更为可靠。以往的模型大都针对特定条件建立 CAVL 优化部署模型,该类模型的显著缺点是适用于固定的渗透率,当渗透率变化时原有的 CAVL 可能不适用,可能造成交通效率降低。如果频繁地改建 CAVL 车道,不仅会浪费政府资金,其相应的管制还会损害路网系统的正常运行。针对此问题,本节面向混合交通流,考虑 CAV 渗透率动态变化,提出 CAVL 双层规划模型的上层模型,弥补了以往研究缺乏考虑设计年限及 CAV 渗透率动态变化的不足,使得模型更适合未来的路网规划设计。

2)下层:交通流分配问题

交通分配是指在路网布局已知的前提下,出行者根据自身出行特性选择最合适的路径以达到出行费用最小。以前文构建的混合交通流网络模型作为双层规划模型的下层模型的基础,考虑渗透率的变化,建立下层交通均衡模型。该均衡模型不仅考虑了 CAV 与 HDV 路径抉择的差异,还综合考虑了 CAV 在通行能力、能源和时间价值上的效益,更符合 CAV 的特性。

HDV 配流:

$$\min_{x_{a,G}^{\mathrm{HDV}}} Z(x)=\sum_{a\in A}\int_0^{x_{a,G}^{\mathrm{HDV}}}T_{a,G,\varpi}^{\mathrm{HDV}}(x_{a,G,\varpi}^{\mathrm{HDV}}+x_{a,G,\varpi}^{\mathrm{CAV}})+E_{a,\varpi}^{\mathrm{HDV}}(x_{a,G}^{\mathrm{HDV}}+x_{a,G,\varpi}^{\mathrm{CAV}})\,\mathrm{d}x \tag{6-92}$$

$$\sum_k f_{rs,\varpi}^{\mathrm{HDV},k}=q_{rs,\varpi}^{\mathrm{HDV},k}\quad(r\in R,s\in S,k\in K_{rs},\varpi\in 1,2,\cdots,\Omega) \tag{6-93}$$

$$f_{rs,\varpi}^{\text{HDV},k} \geqslant 0 \quad (r \in R, s \in S, k \in K_{rs}, \varpi \in 1,2,\cdots,\Omega) \tag{6-94}$$

$$x_{a,G}^{\text{HDV}} = \sum_{rs}\sum_{k} f_{rs,\varpi}^{\text{HDV},k} \cdot \delta_{rs,\varpi}^{a,k} \quad (r \in R, s \in S, k \in K_{rs}, a \in A, \varpi \in 1,2,\cdots,\Omega) \tag{6-95}$$

CAV 配流：

$$\min_{x_{a,G}^{\text{CAV}}} Z(x) = \sum_{a \in A} x_{a,G,\varpi}^{\text{CAV}} \cdot T_{a,G,\varpi}^{\text{CAV}} + E_{a,G,\varpi}^{\text{CAV}} + x_{a,\text{CAVL},\varpi}^{\text{CAV}} \cdot T_{a,\text{CAVL},\varpi}^{\text{CAV}} + E_{a,\text{CAVL},\varpi}^{\text{CAV}} \tag{6-96}$$

$$\sum_{k} f_{rs,\varpi}^{\text{CAV},k} = q_{rs,\varpi}^{\text{CAV},k} \quad (r \in R, s \in S, k \in K_{rs}, \varpi \in 1,2,\cdots,\Omega) \tag{6-97}$$

$$f_{rs,\varpi}^{\text{CAV},k} \geqslant 0 \quad (r \in R, s \in S, k \in K_{rs}, \varpi \in 1,2,\cdots,\Omega) \tag{6-98}$$

$$x_{a,G}^{\text{CAV}} = \sum_{rs}\sum_{k} f_{rs,\varpi}^{\text{CAV},k} \cdot \delta_{rs,\varpi}^{a,k} \quad (r \in R, s \in S, k \in K_{rs}, a \in A, \varpi \in 1,2,\cdots,\Omega) \tag{6-99}$$

其中，下标ϖ表示年份，其他符号与 6.1 节中的符号定义相同。

6.3.4.2 双层规划求解方案

由于构建的 CAVL 优化部署的双层规划模型较为复杂，属于 NP 难题，使用传统的精确解求解方法需要耗费较长的时间，求解效率低。而智能优化算法在求解 NP 难题具有很大的优势，遗传算法适用于求解离散变量问题，同时 MSA 算法常用于求解交通分配问题，且两者求解思路简单，收敛速度较快，故本书使用遗传算法与 MSA 算法联合搜寻最优解[13]。求解的总体流程如图 6-11 所示。

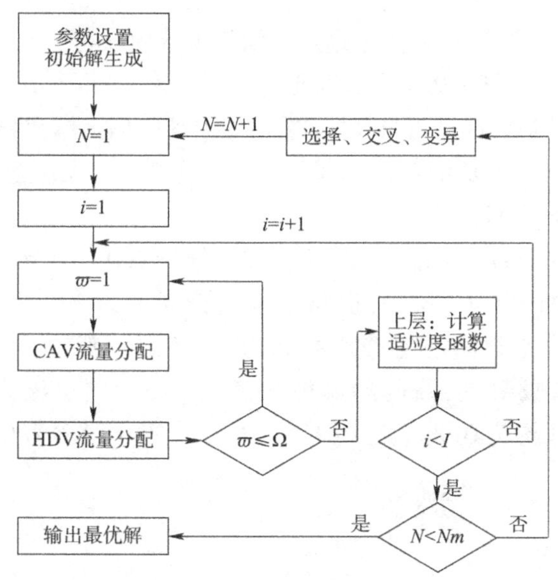

图 6-11 算法流程

具体步骤如下：

步骤 1：初始化。定义遗传算法的基本参数，包括种群大小 I、适应度函数 F、变异概率及最大迭代次数 N_m 等。使用整数编码方式，具体编码方式为：$n_1^{\text{CAV}}, n_2^{\text{CAV}}, \cdots, n_a^{\text{CAV}}$，其取值范围为 $0,1,\cdots,n_a-1$。令迭代次数 $N=1$、种群 $i=1$，随机生成 CAVL 部署方案。

步骤 2：下层交通分配模型求解。令 $\varpi=1$，运用 MSA 算法求解下层混合交通分配模型，具体方法如下：

(1) 初始化。根据各路段自由行驶时间进行 0-1 分配，将交通需求分配至交通网络各道路中,得到初始解 x_a^1。令迭代次数 $n=1$,路阻函数 $c_a^0=c_a 0,\forall a\in A$。

(2)CAV 流量更新。根据步骤 1 生成的初始 CAVL 方案计算路段出行成本 C_a^{CAV},具体的计算方法见式(6-67)~式(6-88)。利用 MSA 算法更新路段 CAV 流量 $\tilde{x}_a^n$。

(3)HDV 流量更新。以 CAV 流量分配结果为基础,进行 HDV 流量分配,HDV 的出行成本 $M=_a^{HDV}=T_a^{HDV}+E_a^{HDV}$,计算方法见式(6-67)和式(6-88)。同样运用 MSA 算法更新路段 HDV 流量 $\tilde{x}_a^n$。

(4)混合流量更新。$x_a=\tilde{x}_a^n+\tilde{x}_a^n$。

(5)判断是否满足收敛条件。如果 x_a^n 已满足收敛精度要求,即 $RG<\varepsilon$,则停止计算,x_a^n 为最终分配结果并将结果反馈至上层模型,否则,令 $n=n+1$,返回步骤(2)。

$$RG=\frac{\sqrt{\sum_a (x_a^n-x_a^{n-1})^2}}{\sum_a x_a^n}\leqslant\varepsilon \tag{6-100}$$

步骤 3:重复步骤 2,直至 $\varpi>\Omega$,将设计年限内每年的结果输入至上层模型。

步骤 4:计算上层适应度函数。本文建立的双层规划的目标函数是系统成本,其值大于零,是一个最小化的问题。因此,选择目标函数的倒数作为适应度函数,每个个体的适应度由 $\bar{x}_a^n$、$\hat{x}_a^n$、M_a^{CAV} 和 M_a^{HDV} 计算获取,四个值通过下层模型求解获得。

步骤 5:令 $i=i+1$。重复步骤 2 和 3 直至 $i\geqslant 1$。

步骤 6:根据个体的适应度进行选择,交叉和变异等进化操作,然后更新种群。

步骤 7:令 $N=N+1$。重复步骤 2 ~5 直至 $N=N_m$;然后可以在迭代结果中获取最优解。

6.3.4.3 数值案例分析

本节使用 Nguyen-Dupuis 网络作为测试网络,路网有 13 个节点、19 条路段、4 对 OD 对[14],基本拓扑结构如图 6-12 所示,道路基本通行能力为 1500veh/h,每条 CAVL 的改建成本与规划年限内的管理养护等费用之和为 5000 元。其中,浅色节点表示需求生成点,深色节点表示需求吸引点,路网的具体信息见表 6-4。遗传算法的初始值设定:令种群大小为 50,遗传代沟为 0.85,交叉概率为 0.75,变异概率为 0.05,最大迭代次数为 100 次。

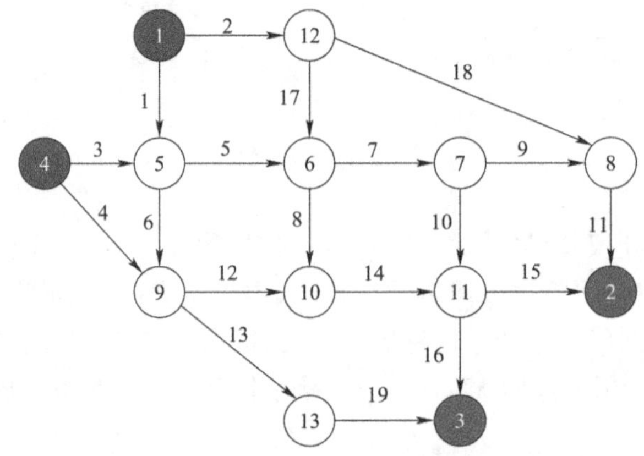

图 6-12 Nguyen-Dupuis 路网图

路网信息表 表6-4

路段编号	起点	终点	车道数(条)	自由流时间(min)
1	1	5	2	4
2	1	12	3	6
3	4	5	2	5
4	4	9	2	8
5	5	6	4	4
6	5	9	3	10
7	6	7	4	4
8	6	10	3	8
9	7	8	4	4
10	7	11	3	10
11	8	2	2	6
12	9	10	4	4
13	9	13	2	8
14	10	11	4	4
15	11	2	3	5
16	11	3	2	7
17	12	6	2	4
18	12	8	2	12
19	13	3	2	6

由 CAV 扩散预测模型可知,预计 CAV 将在 30 年左右完成扩散,2030—2050 年是其扩散的主要阶段。假定 CAVL 的规划年限是 10 年,研究 2030—2040 年、2040—2050 年两个规划阶段的 CAVL 部署方案。由式(6-85)可计算出 2030—2040 年,CAV 渗透率由 1.2% 升至 20.8%;2040—2050 年 CAV 渗透率由 20.8% 上升至 84.5%。

交通需求见表 6-5。为分析不同交通需求下的 CAVL 部署方案,分别研究需求 1(d_1)和需求 2(d_2)条件下的 CAVL 优化部署方案。

OD 对交通需求 表6-5

OD 对编号	起点(O)	讫点(D)	需求 1(d_1)	需求 2(d_2)
1	1	2	2000	4000
2	1	3	2000	4000
3	4	2	1500	3500
4	4	3	1500	3500

(1)路网需求为 d_1。

在路网交通需求为 d_1 的条件下,由图 6-13 可得,算法迭代次数 18 次后收敛,2030—

2040 年系统的总成本为 1.70×10^5 元,运时长为 13.51s。由图 6-14 可知,规划期为 2030—2045 年时,算法在迭代 17 次后收敛,运时长为 12.62s,2040—2050 年系统的总成本是 1.63×10^5 元,系统成本降低 4.1%。

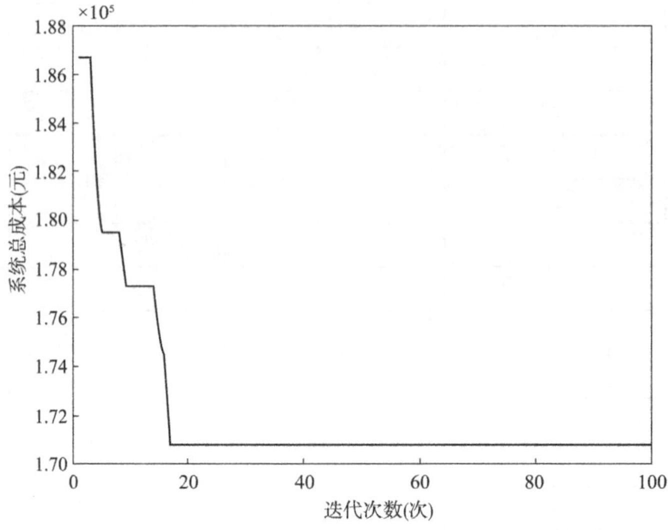

图 6-13　迭代图(2030—2040 年)

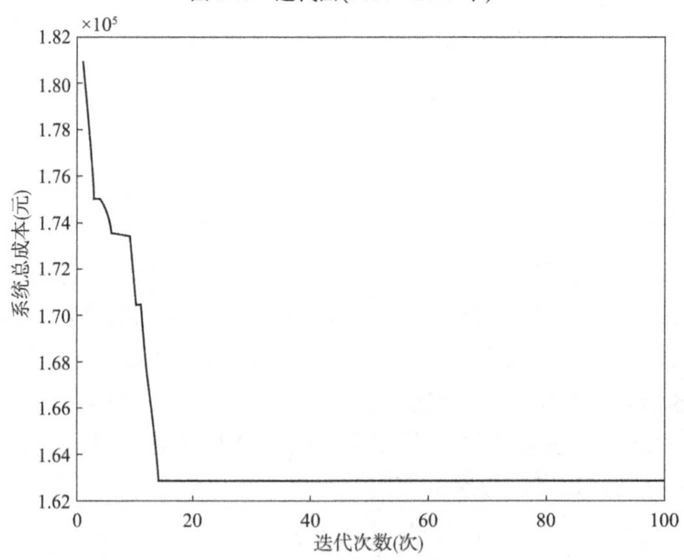

图 6-14　迭代图(2040—2050 年)

由此可知,在交通量较小的情况下,CAV 渗透率的增长带来的通行效益较低,这是由于交通量小,车辆大部分处于自由流,CAV 效益主要体现在时间价值与能耗,对时间成本的效益并不明显。

总体而言,在交通需求为 d_1 的条件下算法收敛速度较快,迭代 20 次左右即可获取最优解;交通量较小时,CAV 的集中在油耗与时间价值,但是减去 CAVL 的建设成本,在路网部署 CAVL 所能降低的成本较少,因此,交通量较小时建设 CAVL 车道效益较低,在建设成本的约束下不宜建设过多 CAVL。

具体的 CAVL 部署方案如表 6-6、表 6-7 和图 6-15、图 6-16 所示。2030—2040 年规划阶段，路段 5 和路段 14 部署 CAVL 可以减少系统成本，两条路段的特点是总车道数为 4，这使得部署 CAVL 不会损耗 HDV 的效益。2030—2040 年规划阶段，CAV 渗透率增长迅速，部署 CAVL 的路段增加，分别是路段 1 和路段 4，两条路段的特点是作为起始路段，交通需求较大，此时设置 CAVL 可以减少系统成本，但是整体路网容量大于交通需求，部署 CAVL 的需求并不大。

2030—2040 年 CAVL 优化部署方案 表 6-6

路段	1	2	3	4	5	6	7	8	9	10	11	12	13	14	15	16	17	18	19
数量	0	0	0	0	1	0	0	0	0	0	0	0	0	1	0	0	0	0	0

2040—2050 年 CAVL 优化部署方案 表 6-7

路段	1	2	3	4	5	6	7	8	9	10	11	12	13	14	15	16	17	18	19
数量	1	0	0	1	1	0	0	0	0	0	0	0	0	1	0	0	0	0	0

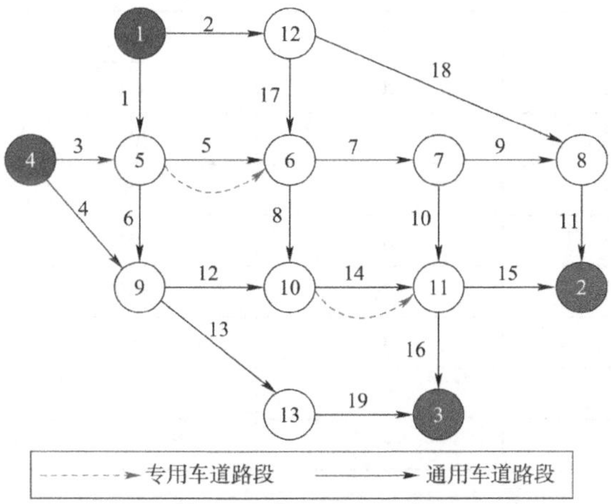

图 6-15 2030—2040 年 CAVL 部署方案

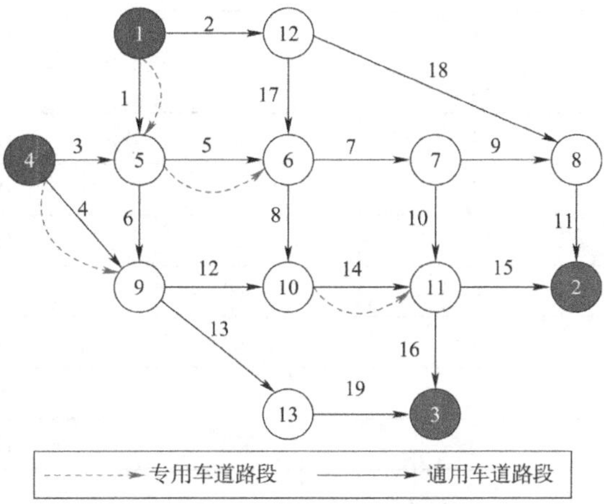

图 6-16 2040—2050 年 CAVL 部署方案

路网需求为 d_1 条件下，CAV 市场渗透率分别为 20% 和 60% 时，路网的交通分配情况见表 6-8。渗透率为 20% 时，CAV 流量主要沿 1→5→7→9→11、4→12→14→15、4→13→19 三条路径分布（数字表示路段编号）；渗透率为 60% 时，CAV 的流量分布规律大致相同，这表明由于 CAV 整体行驶效率高，为达到系统最优，CAV 流量分布较为集中，且优先在最短路行驶，但前提是道路容量大于需求。

同时由表 6-8 可知，渗透率为 20% 和 60% 时，路段 6 都未分布流量，表明路段 6 为零流路段，无建设的必要；路段 3、10 的流量微乎其微，也无建设的必要。路段 6、10 无流量的主要原因是其基础阻抗相对周围路段较大；而路段 3 流量少的主要原因是路段 2、18 阻抗较大，导致需求产生点 1 大部分流量需要流向节点 5，为达到系统平衡，在路段 4 通行能力范围内，需求产生点 4 的大部分流量都流向节点 9，然后流向需求吸引点 2、3。这表明，盲目增加道路基础建设并不能提高路网通行能力，需要考虑交通行为和需求等因素，合理进行道路网络规划才能使得交通系统效益最大化。

d_1 需求下交通量分配　　表 6-8

路段编号	渗透率为 20%		渗透率为 60%	
	CAV 流量	HDV 流量	CAV 流量	HDV 流量
1	800	2016	2400	1584
2	0	1184	0	16
3	0	0	0	12
4	600	2400	1800	1188
5	800	2016	2400	1596
6	0	0	0	0
7	400	1008	1200	812
8	400	1600	1200	792
9	400	1008	1200	798
10	0	0	0	14
11	400	1600	1200	806
12	300	1212	900	594
13	300	1188	900	594
14	700	2816	2100	1386
15	300	1200	900	594
16	400	1612	1200	806
17	0	592	0	8
18	0	592	00	8
19	300	1188	900	594

(2)路网需求为 d_2。

由图 6-17 可知,规划阶段为 2030—2040 年时,算法在迭代 30 次后收敛,系统成本为 8.15×10^5 元,运时长为 13.43s。由图 6-18 可知,规划期为 2030—2045 年时,算法在迭代 38 次后收敛,2040—2050 年系统的成本是 4.37×10^5 元,运时长为 12.43s。CAV 渗透率的增长加上 CAVL 的辅助作用,系统成本降低 46.38%,显著提升了通行效率,节约了系统成本。与交通需求为 d_1 相比,收敛速度降低了 2 倍,说明交通需求的增加会降低收敛速度,但是运行的时长并无明显变化。

各阶段具体的 CAVL 优化部署方案如表 6-9、表 6-10 和图 6-19、图 6-20 所示。由图 6-19 可以看出,CAVL 具有沿一条线路部署的趋势。2030—2040 年阶段,CAVL 的部署主要集中在 1→5→6→7→8 和 11→2、1→9→10→11→2 两条线路上,而 2040—2050 年,CAV 渗透率较大,且交通需求也大,这使得 CAV 流量经过的路段都需部署 CAVL。

由表 6-11 可知,网络均衡后 CAV 流量集中分布在特定的路段上,即为部署的 CAVL 路线,如图 6-19 和图 6-20 所示。深入分析发现,交通需求和渗透率都较大时,CAV 的流量分布较为分散，但是依然集中分布在特定区域。由此可推断出，混合交通流网络均衡过程中为达到系统最优，CAV 流量将会集中在某条存在 CAVL 的线路，利用 CAVL 的优势及自身编队的优势，减少出行成本，尤其是在渗透率较低时该现象明显。这表明适当地为 CAV 提供一些配套政策或提供优先权可以提高系统的通行效率，证明路网设置合理部署 CAVL 能为系统带来显著的效益。同时发现，即使是交通需求较大，路段 6 依然无流量，说明路段 6 是一条无效路段，没有建设的必要；路段 3 流量较少，且随着渗透率的增长其总流量减少，CAV 流量增大。

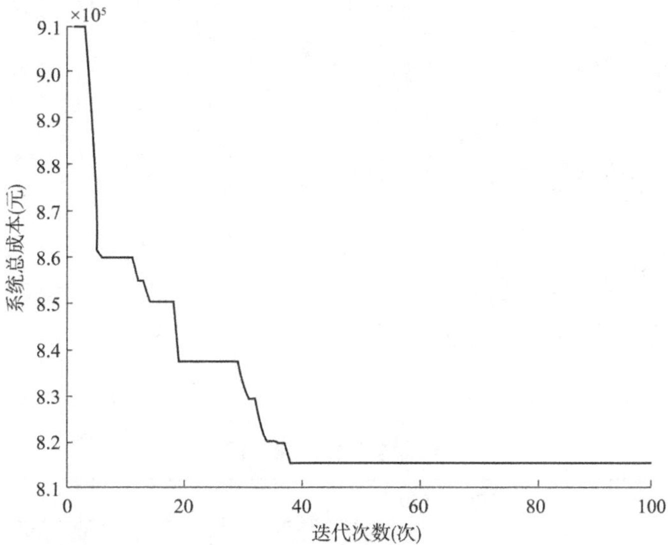

图 6-17　迭代图(2030—2040 年)

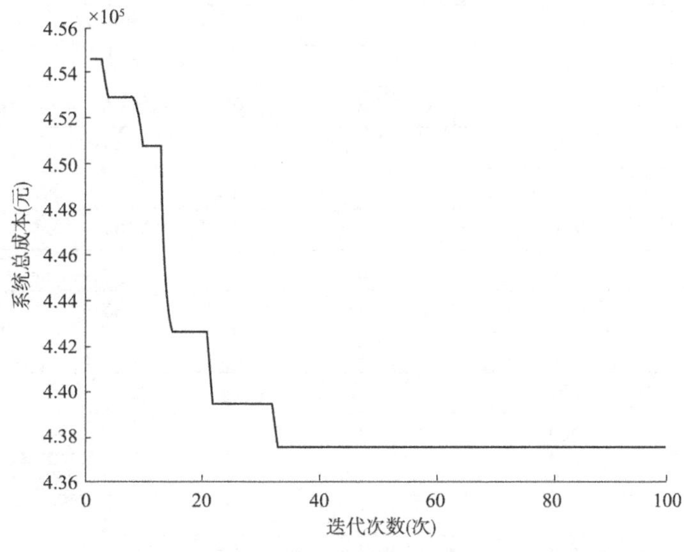

图 6-18　迭代图(2040—2050 年)

2030—2040 年 CAVL 优化部署方案　　表 6-9

路段	1	2	3	4	5	6	7	8	9	10	11	12	13	14	15	16	17	18	19
数量	1	0	0	1	1	0	1	0	0	0	0	0	0	1	0	0	0	0	0

2040—2050 年 CAVL 优化部署方案 表 6-10

路段	1	2	3	4	5	6	7	8	9	10	11	12	13	14	15	16	17	18	19
数量	1	0	0	1	2	0	1	0	1	0	1	1	1	2	1	1	0	0	1

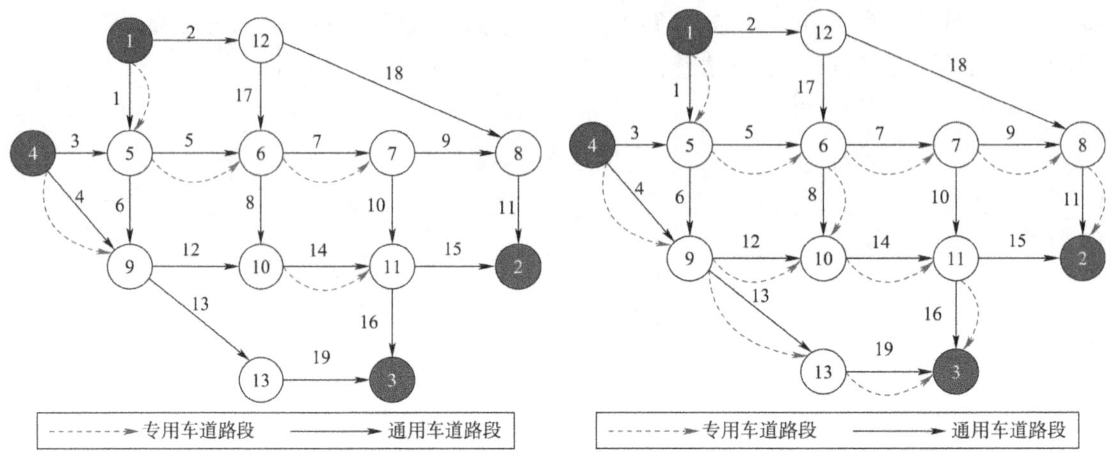

图 6-19　2030—2040 年 CAVL 部署方案

图 6-20　2040—2050 年 CAVL 部署方案

d_2 需求下交通量分配 表 6-11

路段编号	渗透率为 20%		渗透率为 60%	
	CAV 流量	HDV 流量	CAV 流量	HDV 流量
1	1600	1728	3936	3152
2	0	4672	864	48
3	0	952	504	42
4	1400	4648	3696	2758
5	1600	2680	4440	3194
6	0	0	0	0
7	800	3864	2304	1598
8	800	544	2400	1628
9	0	1148	2280	1582
10	0	2716	24	16
11	800	4092	2880	1598
12	700	1876	1596	1372
13	700	2772	2100	1386
14	1500	2420	3996	3000
15	700	1908	1620	1402
16	800	3228	2400	1614
17	0	1728	264	32
18	0	2944	600	16
19	700	2772	2100	1386

6.3.4.4 对比分析

以交通需求 d_2 为基本条件，对比分析文献[15]的 CAVL 部署方案与本书 CAVL 部署方案的差异。文献[15]仅考虑 CAV 与 HDV 路径选择差异、CAVL 通行能力为通用车道的两倍，而本书中额外考虑了 CAV 的多维效益：时间价值、节约能源、动态 GL 通行能力，还有 CAVL 设计速度的优势。

CAVL 方案对比分析结果见表 6-12。不考虑 CAV 的微观效益，随着渗透率的增长，CAVL 的数量并没有显著提升，依然集中在特定路段 5、9、12 等。由表 6-12 可知，部署 CAVL 的路段车道总数为 4，由于没有考虑 CAV 的其他效益，导致 CAVL 一般部署在车道数较多的路段。而本书考虑了 CAVL 在时间价值、节能、通行能力上的效益，使得 CAVL 部署范围更广，当渗透率增大时 CAVL 数量显著增加。当渗透率为 60% ~ 80% 时，CAVL 专用车部署方案没有变化，这表明该阶段 CAVL 的容量是大于需求的，CAV 流量的增大并不需要扩增 CAVL，这与图 6-1 是相符的；但渗透率为 90% 时，由于渗透率的增大会提高通用车道的通行能力，部分路段（路段 7、8、9、15）在该阶段处于自由流状态。基于 CAVL 需要建设费用与管理费用，故没有必要建设 CAVL。

CAVL 方案对比分析 表 6-12

渗透率(%)	方案 1(文献[15])	方案 2(本书)
10	0 0 0 0 1 0 0 0 0 0 0 0 2 0 0 0 0 0 0 0	0 0 0 0 0 0 0 0 0 0 0 0 0 0 0 0 0 0 0
20	0 0 0 0 1 0 0 0 2 0 0 0 0 0 0 0 0 0 0	1 0 0 1 1 0 1 0 0 0 0 0 0 1 0 0 0 0 0
30	0 0 0 0 1 0 0 0 1 0 0 1 0 0 0 0 0 0 0	1 0 0 1 1 0 1 0 0 0 0 0 0 1 0 0 0 0 0
40	0 0 0 0 1 0 0 0 1 0 0 1 0 1 0 0 0 0 0	1 0 0 1 1 0 1 1 0 0 1 0 0 1 0 0 0 0 0
50	0 0 0 0 0 0 0 0 2 0 0 1 0 2 0 0 0 0 0	1 0 0 1 2 0 1 1 0 0 1 0 0 1 0 1 0 0 0
60	0 0 0 0 2 0 0 0 0 0 0 0 2 0 1 0 0 0 1 0	1 0 0 1 2 0 1 1 1 0 1 1 1 2 1 1 0 0 1
70	0 0 0 0 1 0 0 0 1 0 0 3 0 0 0 0 0 0 0	1 0 0 1 2 0 1 1 1 0 1 1 1 2 1 1 0 0 1
80	0 0 0 0 2 0 0 0 2 0 0 2 0 0 0 0 0 0 0	1 0 0 1 2 0 1 1 1 0 1 1 1 2 1 1 0 0 1
90	0 0 0 0 2 0 0 0 2 0 0 2 0 0 0 0 0 0 0	1 0 0 1 3 0 0 0 0 0 1 0 0 3 0 1 0 0 1

注：方案中数字表示路段 1 ~ 19 中各自的 CAVL 数量。

总体而言，CAVL 的部署如果仅考虑出行选择差异与 CAVL 的通行能力效益，其能带来的效益很小，在交通需求小于通行能力时完全不需要 CAVL，但是考虑 CAVL 设计速度、节能性和时间价值后，CAVL 的效益有了显著的提升。

由图 6-21 可知，仅考虑 CAVL 的容量效益，CAVL 的部署需求不大，而多维度考虑 CAVL 的效益，CAVL 部署效益显著，尤其是渗透率大时，CAVL 需求较大。同时由图 6-22 可知，由本书方案的系统成本比文献[15]的结果要低，渗透率低时，成本差别较小，随着渗透率的增大，部署的 CAVL 车道数增加，系统成本差异越大，渗透率为 90% 时，相较于文献[15]，本书所提方案能降低系统成本 29.8%。

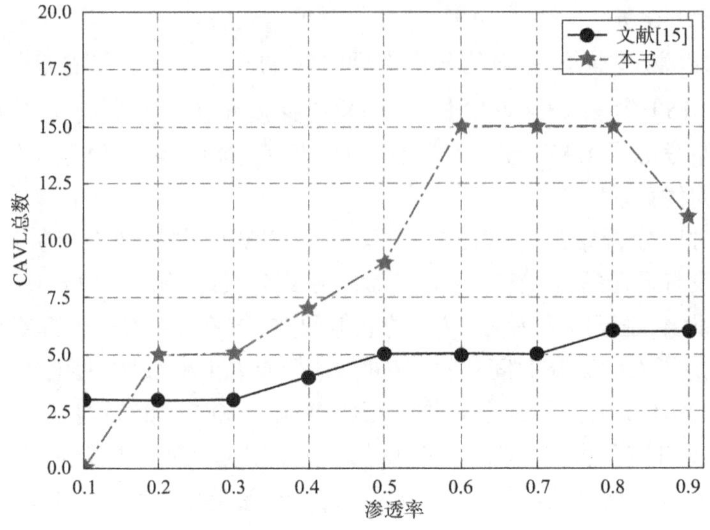

图 6-21　CAVL 总数

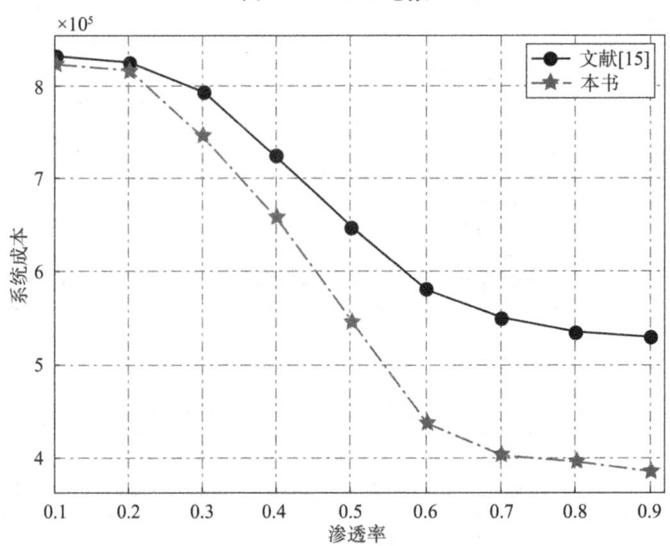

图 6-22　系统成本

本章参考文献

[1] ZHANG S, WU Y, LIU H, et al. Real-world fuel consumption and CO_2 emissions of urban public buses in Beijing[J]. Applied Energy, 2014, 113:1645-1655.

[2] WANG J, PEETA S, HE X. Multiclass traffic assignment model for mixed traffic flow of human-driven vehicles and connected and autonomous vehicles[J]. Transportation Research Part B: Methodological, 2019, 126:139-168.

[3] HUSSAIN O, GHIASI A, LI X. Freeway lane management approach in mixed traffic environment with connected autonomous vehicles[J]. arXiv preprint arXiv:1609.02946, 2016.

[4] GHIASI A, HUSSAIN O, QIAN Z S, et al. A mixed traffic capacity analysis and lane management model for connected automated vehicles: A Markov chain method[J]. Transportation Research Part B: Methodological, 2017, 106: 266-292.

[5] 孙超,王欣,童蔚苹,等. 用户均衡与系统最优原则下交通分配模型的建立与分析[J]. 中国科技论文,2013,8(11):1073-1077.

[6] 王灿,汤宇卿. 博弈论视角下的交通分配系统最优与用户均衡的探讨[J]. 武汉理工大学学报(交通科学与工程版),2014,38(4):850-854.

[7] BASS F M. Comments on "a new product growth for model consumer durables the bass model"[J]. Management science, 2004, 50(12_supplement): 1833-1840.

[8] BASS F M, KRISHNAN T V, JAIN D C. Why the Bass model fits without decision variables[J]. Marketing science, 1994, 13(3): 203-223.

[9] 张旭. 基于改进 Bass 模型的新产品扩散机理研究[D]. 北京:北京理工大学,2017.

[10] SRINIVASAN V, MASON C H. Nonlinear least squares estimation of new product diffusion models[J]. Marketing science, 1986, 5(2): 169-178.

[11] PARK S Y, KIM J W, LEE D H. Development of a market penetration forecasting model for Hydrogen Fuel Cell Vehicles considering infrastructure and cost reduction effects[J]. Energy Policy, 2011, 39(6): 3307-3315.

[12] LI Y, MA G, LI L. Development of a Generalization Bass Diffusion Model for Chinese electric vehicles considering charging stations[C]//2017 5th International Conference on Enterprise Systems (ES). IEEE, 2017: 148-156.

[13] LI R, LIU X, NIE Y M. Managing partially automated network traffic flow: Efficiency vs. stability[J]. Transportation Research Part B: Methodological, 2018, 114: 300-324.

[14] NGUYEN S, DUPUIS C. An efficient method for computing traffic equilibria in networks with asymmetric transportation costs[J]. Transportation Science, 1984, 18(2): 185-202.

[15] GAO Z, WU Z, HAO W, et al. Deployment optimization of connected and automated vehicle lanes with the safety benefits on roadway networks[J]. Journal of advanced transportation, 2020, 2020.

第7章 交通流理论与管控方法新发展

面向自动驾驶的现代交通流理论与传统交通流理论所谓现代交通流理论就是利用计算机等现代化工具对交通流特性进行更加深入的研究。传统交通流理论已经基本趋于成熟，而现代交通流理论正在逐步发展。从目前的应用来看,传统交通流理论仍居主导地位,其方法相对也较容易实现。现代交通流理论以传统交通流理论为基础,只是其所应用的研究工具和手段与以前相比得到了很大改善,从更宽广的领域对交通流理论进行了研究。传统交通流理论是指以数理统计和微积分等传统数学和物理方法为基础的交通流理论。其明显的特点是交通流模型的限制条件比较苛刻,模型推导过程比较严谨,模型的物理意义明确。而现代交通流理论是指以现代科学技术和方法(如模拟技术、神经网络、模糊控制等)为主要研究手段而形成的交通流理论,其特点是所采用的模型和技术不追求严格意义上的数学推导和明确的物理意义,而重视模型或方法对真实交通流的拟合效果。现代交通流理论主要用于对复杂交通流想象的模拟、解释与预测。

近年来,信息感知与获取、大数据、人工智能等技术快速发展,推动了数据驱动现代交通流理论与方法的快速发展。面向自动驾驶的现代交通流理论,是以真实的车辆行驶数据为基础,利用数据科学与机器学习等理论和方法,通过样本数据的训练、学习、迭代、进化,挖掘现代交通流理论的内在规律。

7.1 交通流理论发展方向

交通仿真模型包括跟驰模型,其核心价值在于为现实交通提供指导。对于跟驰模型的研究,要充分考虑人类因素以准确刻画与人类驾驶行为相关的交通现象。当前,各类跟驰模型的可比性不强,应考虑建立统一的标定与评价标准。此外,车联网、大数据、自动驾驶等新技术飞速发展,为跟驰模型带来了新的发展机遇。未来面向自动驾驶的跟驰模型发展应着重考虑以下方面。

1)人类因素

在数据方面,与人类因素相关的模型参数在大多数情况下难以测量,因此,很难用主流的交通数据进行标定和验证。当前跟驰模型标定验证使用的主流交通数据为以下一代交通仿真(Next Generation Simulation,NGSIM)数据为主的车辆轨迹数据,这些高分辨率的轨迹数据只记录了车辆的运动学特征信息。在研究驾驶行为方面仅使用高分辨率的车辆轨迹数据是不够的,仍然需要创新数据采集方法来捕捉驾驶人在跟驰过程中的心理倾向、感知特性和认知能力,如利用驾驶模拟器采集驾驶人在不同驾驶环境中的行为表现。尽管驾驶模拟器采集的数据可能与真实交通流情况下的数据有差异,但可以通过采用先进的数据分析技术,将这种差异的不良影响最小化。在模型构建方面,未来理论驱动类跟驰模型充分考虑人类因素仍是重点发展趋势,并且对于各种人类因素对跟驰行为的影响价值应进行量化。同时,模型融合人类因素势必增加模型复杂性,在模型预测和解释能力最大化及模型复杂性最小化之间保持平衡也是研究者要考虑的问题。

2)模型标定、评价标准统一化

在参数标定方面,数据采集方法、采集地点、交通状况、车辆性能等因素均会对标定结果造成影响。在模型评价方面,当前大多数模型都是通过数值分析或匹配特定的宏观交通流特征来进行测试,使得模型效果难以对比。由此可见,模型的标定与验证缺乏系统、严谨的标准。未来跟驰模型标定需设计统一的参数标定指南。另外,模型评价应采用双级评价策略,在宏观层面上,模型应能够解释实际观测的交通流特征;在微观层面上,预测得到的车辆运动情况应在轨迹、速度、加速度层面接近实际观测值。

3)多种理论方法交叉融合

在跟驰模型的发展过程中,交通工程学者、心理学家、车辆工程学者、物理学家等对跟驰模型研究的侧重点不尽相同,都试图利用本学科的理论方法进行建模,各种理论方法有特定优势和局限。未来跟驰模型发展需综合考虑各种理论方法的优势,以普适性更强、精准度更高为目标。

4)跟驰模型数据库本土化

跟驰模型经过近 70 年的发展,从理论驱动类跟驰模型到数据驱动类跟驰模型已有上百种,传统的理论驱动类跟驰模型由于受到数据量的限制,模型预测精度不高。当前跟驰模型标定验证使用的主流交通数据(如 NGSIM 数据)集中于西方发达国家,但是不同国家的驾驶人驾驶风格不同、车型不同、交通规则和驾驶习惯不同。例如,中国驾驶人面临着频繁换道、攻击性驾驶、大型货车大量存在、机非混行等具有挑战性的驾驶环境,还面临着道路维护不善、道路建设管理不足等基础设施问题。这些影响可能会导致驾驶行为和交通运行状况的巨大差异。Huang 等[1]发现,中国驾驶人比美国驾驶人更具攻击性,因为跟驰模型是基于对驾驶行为的某些假设,所以在西方国家表现良好的跟驰模型,到发展中国家应用时可能表现不佳,因此,建立适合中国国情的跟驰模型数据库就显得十分迫切。近年来,中国学者在跟驰数据采集方面也做了大量的工作,如 Jiang 等[2]在开放路段进行的 25 车及 51 车跟驰试验,Zhu 等[3]进行的上海自然驾驶数据采集,这些工作为建立适合中国交通流特性的跟驰模型作出了贡献。如今,车联网大数据技术迅速发展,数据短缺、获取成本高和计算能力有限等问题都得到了解决,为跟驰模型带来新的发展机遇。

未来跟驰模型的发展应充分利用大数据,首先要有接入车联网和自动驾驶大数据的能力。未来城市所有车辆速度、密度等参数都可借助车联网自动驾驶数据化,跟驰模型可以充分利用大数据提高预测精度[4]。同时,利用大数据进行模型参数标定并自动调优。传统跟驰模型进行参数标定时所用数据样本量少,获取成本较高,未来数据来源于各种传感器,具有精准、全时段、无抽样误差等优势。可利用大数据建立最优解的跟驰模型,设计算法进行最优解计算,从而提高标定过程的自动化程度,增强模型适用性。

5)数据驱动类跟驰模型发挥更大作用

当前,智能交通技术蓬勃发展,车联网技术极大地改变了交通信息的获取方式,从而影响驾驶人的驾驶行为,使得当前基于驾驶经验的理论假设不再适用。因此,当前理论驱动类跟驰模型需要改进其理论假设,从而准确反映车联网环境下的车辆跟驰行为。此外,由于数据驱动方法的数据学习能力强,可从轨迹数据中挖掘新的驾驶行为特性,所以,数据驱动类跟驰模型可更快适应驾驶行为的改变。基于此,数据驱动类跟驰模型将在车联网环境下的驾驶行为特性研究方面发挥重要作用。

此外,车辆驾驶正向着自动化方向发展,自动驾驶车辆需要采用高精度车辆跟驰模型作为其控制策略,以保证行驶可靠性和安全性。当前自动驾驶所采用的人工智能技术可分为2种类型,即自上而下的符号型人工智能和自下而上的数据驱动型人工智能。自上而下的符号型人工智能要求程序员必须先搭建出整体的理论模型,然后写出一系列应对各种状况的指令,在驾驶决策方面,该种人工智能技术需要构建高精度的理论驱动类跟驰模型作为基础。近年来,自动驾驶技术迅速发展,车载传感器等硬件设施的性能得到极大提升,增强了自动驾驶车辆对环境的感知能力,使得自动驾驶车辆在行驶过程中可获取大量的行驶信息及轨迹数据。故基于自下而上的数据驱动型人工智能技术得到了大量关注。例如机器学习,采用大量的数据算法并使用相应的技术进行数据处理,最终使得汽车软件无须人类监管,也能自主学习并识别固定的模式。数据驱动类跟驰模型具有强大的数据学习能力,可更好地为自动驾驶提供驾驶决策支持[5]。综上可见,数据驱动类跟驰模型将为接下来的无人驾驶技术发展提供重要技术支持。

此外,车联网环境下的驾驶人认知机理、人车交互特性以及HDV、CAV混行状态下的车车耦合机理正在吸引越来越多的学者进行研究。自动驾驶技术方面,未来自动驾驶完全普及之前,HDV、CAV混合交通流将会一定程度上长期存在,人工驾驶-自动驾驶混合场景下的驾驶行为机理同样成为研究热点。

6)复杂混合交通流稳定性问题

由于车联网技术和自动驾驶技术的不断发展,会逐步衍生出四种不同的车辆类型:HDV即人工驾驶车辆,不具备自动性和网联性;CV(connected vehicles)即网联人工驾驶车辆,能够与周边车辆和路侧设备通信;AV(Autonomous Vehicle)即自动驾驶车辆,仅具备自动性的车辆,采用车载传感器独立于其他车辆自动驾驶;CAV(Connected Autonomous Vehicle)即网联自动驾驶车辆,同时具备自动性和网联性的车辆,集合了智能汽车和车联网的技术优势。正如前文所述,目前智能网联环境下的混合交通流稳定性研究更多集中于CAV和HDV构成的混合交通流。对于复杂混合交通流稳定性问题尚未深入探究。根据以往的研究经验,该类复杂混合交通流稳定性问题在研究处理上整体框架不变。但对于每一种类型的车辆,由于其有效通信范围、协作交互效果等方面存在明显的差异,构建特定的跟驰模型来表征不同类型车辆的特性十分必要,该方面的研究有待进一步完善。例如对于HDV,需要更多考虑驾驶人的属性(如攻击型和保守型)、驾驶人的记忆效应和后视效应;而对于CV,需要考虑其有效通信范围,研究多少辆前车和后车的速度、速度差、车头时距等信息是有效的,可能还需涉及与前车通信失效的情况;而对于AV,构建驾驶人与车辆交互,合作的扩展的跟驰模型是难点;对于CAV,其形成车队的性质是区别于其他种类车辆的重点,目前该类研究较少。针对这一类问题的研究尚不成熟,可以作为后续的研究方向[6]。

7.2 交通流管控方法发展方向

7.2.1 交通流车道管理方法的新发展

(1)采用多源数据融合的方法进行多车道交通流断面流量测算。作为多车道纵向通过能力和横向分布状况的量化评价基础数据,各车道交通流量通常在交叉口停车线或者其上游某个断面测得,但是实际道路基础设施的几何设计多变,难以为上游测量断面的选择设定标准规程。目前基于路侧视频监测系统的车辆轨迹提取技术、基于位置服务或智能网联设备的车辆轨迹跟踪技术已经发展较为成熟,可以有机结合轨迹数据与有限断面流量数据进行多断面流量测算。开展此工作的难点在于,目前路侧视频覆盖范围有限或浮动车渗透率有限,各条车道之间的换道车流强度和换道位置较难准确计算,因此,需要依靠或开发中观或宏观多车道交通流模型,采用有限断面流量数据和浮动车数据进行多断面流量估算。当未来车路协同技术得到广泛应用后,车辆端和路侧端的交通状态信息收集能力将大幅提升,即使在HDV和CAV混行情况下,有关多车道交通流量测算的精度也将得到进一步提高。

(2)在交通设计方案中,应充分考虑交通流分布不均衡对多车道通行能力的影响。从根本上说,多车道流量分布不均衡反映了多数驾驶人对特定车道的选择偏好,外界因素和驾驶人主观因素可能影响这种偏好。可在有限理性行为理论框架中对这种偏好进行建模,并据此设计驾驶人偏好控制策略,以尽量从源头上抑制多车道交通流分布不均衡现象。另外,有必要加强面向信号控制交叉口的车道级信号配时方法,以及面向多车道路段的动态车道分组技术研究,以合理分配有限的道路资源,提高多车道设施利用率。事实上,随着车路协同和自动驾驶技术逐渐普及,车辆行驶规划的理性化程度将逐步提高,驾驶人个体偏好对车辆运动规划的影响将逐步减小,因此,交通流分布不均衡对多车道通行能力的影响也将逐渐消失。

(3)对于新型多车道交通流控制,本书所述均为目前具有代表性的研究方向,后续发展过程中可以从以下几个角度出发,进一步拓展和深化此领域的研究。首先,与基于浮动车技术类似,智能网联技术也可应用于车道交通状态感知,而且具有定位精度高、受环境影响小、易于与交通控制系统整合等优点。其次,需要充分利用智能网联车辆个体可控性较高的特点,跳出基于传统交通控制设施的无差别集中式控制的算法设计思路,从分布式、分阶段、自组织等角度出发,开展不同智能网联车辆渗透率下的交通控制算法设计与效果评价。另外,现有新型多车道交通流控制方法中较少将车道交通流平衡分布作为控制目标,换言之,微观层面的换道控制目标和宏观层面的流量均衡目标之间仍未建立联系,后续可以借鉴现有多车道交通流建模的研究成果，将维持多车道流量均衡纳入其交通流控制的多目标优化框架中。最后，无论是单车道或多车道，现有研究多采用仿真试验对智能网联环境下的交通流控制算法进行测试，未来需要加强在封闭或开放条件下的算法测试与验证。

7.2.2 匝道合流车辆协同控制方法的新发展

在高速公路匝道合流区域，匝道车辆需要汇入主道车流，不可避免地会影响主路段和匝道交通流的稳定性，引发合流区的交通混乱，因此，高速公路匝道合流区车辆协同控制问题一直是学术研究的热点之一。但是如何构建车路协同环境下的新型控制系统，乃至于最终实现无人驾驶、自动管控的美好愿景，还需要我们每个交通人进行思考与探索。不可否认的一点是，目前我国的高速公路交通管控水平距离欧美发达国家尚有差距，距离无人驾驶还需要一个很长的过渡阶段。那么如何走好这个过渡阶段，使我国高速公路管控水平能够先达到世界先进水平，再去逐步实现高速公路的自动化、智能化，是十分现实的问题。

(1)进一步研究车车协同环境下的交通流机理。车联网环境不仅能够实现车路协同，也能够实现车车协同。车车协同必然会对交通流产生影响，因而需要探讨如何修正现有的交通流模型，或对交通流模型参数重新标定。目前已有一些关于 CACC 车辆跟驰模型方面的研究，但是仍然不够深入，特别是对协同换道行为的研究较少。目前研究主要集中于车路协同控制系统，没有深入探讨车车协同的影响，今后可以对微观交通流模型进一步细化。此外，还可以从车车协同的角度出发研究如何改进现有的宏观交通流模型，进一步明确完全的车联网环境下的交通流变化机理。

(2)将深度学习引入现有的匝道合流协同控制系统中，提升强化学习应对复杂环境的鲁棒性，加快强化学习的收敛速度。强化学习的一个特点在于不依赖于模型，能针对不同的控制场景设计目标函数。由于交通系统的复杂性、随机性、动态性，以及不同的道路几何特性和交通需求情况千差万别，传统强化学习方法通过 Q 值表寻找最优行为的效率比较低。并且，在车联网环境中，可变限速和匝道调节率的变化可以是连续的，连续控制有利于进一步稳定交通流，提升通行效率。而传统强化学习方法对于连续行为的处理效果较差，不适合连续行为控制。所幸的是，深度强化学习的发展日新月异，已经出现了能够解决上述问题的框架。例如，Lillicrap 等人提出的 DDPG 算法，是一种最新的深度强化学习算法。该算法能够求解连续(高维度)行为空间下的强化学习问题。如果结合最新的 PPO、TRRPO 优化算法，可以高效准确地搜索最优行为。目前，DDPG 算法在交通领域内的研究尚不多见，属于国际前沿课题，值得深入研究。此外，对于控制目标(奖励函数)的研究也十分重要。需要进一步研究如何将控制目标规则化和模糊化，提升强化学习应对不同情况的能力(例如，提升应对突发交通事故的能力)。如果能将控制目标抽象为一系列的控制规则，也有利于使用其他人工智能算法对问题进行求解。

(3)将宏观交通管控策略与微观优化策略结合。在将来，可以研究如何将提出的匝道合流车辆协同控制算法(匝道协同汇入算法)和宏观层面的车路协同控制系统，使控制过程更加精细化。同时，也需要评估在引入了其他优化算法以后，对控制系统产生的影响，并对控制系统进行必要的调整。

(4)相邻道路进行多匝道联动控制。目前,控制系统主要是研究如何对高速公路的匝道区域内的交通流进行管控,没有涉及控制系统对相邻道路的影响。实际上,多匝道相互作用机理及协调问题更为复杂,且多匝道协调控制不仅限于线性道路场景,还涉及环形道路场景,在今后的研究中,可以进一步研究出入口匝道和相邻道路在交叉口的协同控制,通过分布式控制等方式,实现多交织区优化,提高匝道利用效率。同时,结合动态交通分配理论和交通需求诱导技术,当高速公路车流量过大时,把一部分车辆分流到相邻道路上去,从而提升路网的整体利用效率。

(5)考虑低碳背景的匝道合流协同控制。当前提出的匝道合流协同控制模型中,在优化目标的选择上仅考虑总通行时间及合流成功率。在低碳出行的大时代背景下,并没有将车辆排放作为评价指标进行优化,后续可以考虑将其他指标作为优化目标。

(6)寻求真实交通数据对系统的控制效果进行评价。目前提出的控制系统和关键技术主要是从理论方面进行推导分析,并使用仿真软件进行验证。由于目前车联网环境尚未有真实数据支持,本书所述系统的实际控制效果还有待实测检验。相信随着车联网技术的飞速发展,道路试验很快会成为现实,并且会有更多的真实数据共享和公开,届时可以在这一方面展开深入研究。

总而言之,智能技术的发展为匝道合流区车辆控制提供了新方向,学者们利用网联环境,从交通运行效率、车辆延误、交通安全等方面提出了不同的控制方法和策略。

7.2.3　瓶颈区可变限速方法新思路

(1)目前研究主要针对理想天气条件下固定交通组成的高速公路线拥挤、区域拥挤及路网拥挤问题提出了相应的交通控制方法,在以后的研究中将补充考虑不同天气因素和交通组成对交通问题的影响情况,并有针对性地加强相关方面的研究。

(2)针对高速公路高频交通拥挤问题的解决提出了高速公路主线可变限速控制与匝道控制及交通诱导协同的方法,随着科学技术的发展,智能交通控制方法越加丰富,在下一步研究中将继续加强同多种智能控制方法和车辆信息发布技术的协同控制研究。

(3)目前研究主要考虑了高速公路常规路段的运行情况没有考虑车道级的状态差异,后续工作中可以相关研究结果为基础,细化特殊场景下的研究方法,考虑长大下坡、急弯路段等特殊线形下的交通运行特点,以及不同交通组织方式下的多车道高速公路车道级管理需求,提出多场景、更全面的雨天可变限速控制策略。

本章参考文献

[1] HUANG Y H, ZHANG W, ROETTING M, et al. Experiences from dual-country drivers: driving safely in China and the US[J]. Safety Science, 2006, 44(9): 785-795.

[2] JIANG R, JIN C J, ZHANG H M, et al. Experimental and empirical investigations of traffic flow instability[J]. Transportation research part C: emerging technologies, 2018, 94: 83-98.

[3] ZHU M, WANG X, TARKO A. Modeling car-following behavior on urban expressways in Shanghai: A naturalistic driving study[J]. Transportation research part C: emerging technologies, 2018, 93: 425-445.

[4] 贺正冰,徐瑞康,谢东繁,等. 数据驱动跟驰模型综述[J]. 交通运输系统工程与信息,2021,21(5):102-113.

[5] 杨龙海,张春,仇晓赟,等. 车辆跟驰模型研究进展[J]. 交通运输工程学报,2019,19(5):125-138.

[6] 蒋阳升,顾秋凡,姚志洪. 智能网联混合交通流稳定性解析方法综述[J]. 西南交通大学学报,2022,57(5):927-940.